A Nova PREVIDÊNCIA DOS SERVIDORES DO ESTADO DE SÃO PAULO (RPPS/SP)

FREDERICO AMADO

A Nova PREVIDÊNCIA DOS SERVIDORES DO ESTADO DE SÃO PAULO (RPPS/SP)

Reforma da Emenda Constitucional Estadual 49/2020 e Lei Complementar Estadual 1.354/2020

Edney Borges
COLABORADOR

2024

EDITORA *Jus*PODIVM
www.editorajuspodivm.com.br

EDITORA *Jus*PODIVM
www.editorajuspodivm.com.br

Rua Canuto Saraiva, 131 – Mooca – CEP: 03113-010 – São Paulo – São Paulo
Tel: (11) 3582.5757
• Contato: https://www.editorajuspodivm.com.br/central-de-relacionamento

Diagramação: Luiz Fernando Romeu *(lfnando_38@hotmail.com)*

Capa: Maitê Coelho *(maitescoelho@yahoo.com.br)*

A481n Amado, Frederico
A Nova Previdência dos Servidores do Estado de São Paulo (Rpps/Sp) - Reforma da Emenda Constitucional Estadual 49/2020 e Lei Complementar Estadual 1.354/2020 / Frederico Amado. – São Paulo: Editora JusPodivm, 2024.
272 p.

ISBN: 978-85-442-4776-1

1. Direito Previdenciário. 2. Aposentadorias Involuntárias. 3. Regras de Transição. I. Amado, Frederico. II. Título.

CDD 341.6

BIBLIOTECÁRIA RESPONSÁVEL

Ana Carolina Ribeiro Mois – CRB7 – RJ 007348/0

1.ª ed., *2.ª tir.:* mai./2024.

FREDERICO AMADO

Procurador Federal/Procuradoria-Geral do INSS em Brasília-DF com atuação perante o STF, o STJ e a TNU. Professor de Direito Previdenciário e Ambiental do Especcial Jus (www.especcialjus.com.br). Autor Exclusivo de Direito Previdenciário e Ambiental da Editora Juspodivm. Coordenador da Pós-graduação EAD em Prática Previdenciária da Faculdade Verbo em parceria com o Especcial Jus. Coordenador da Pós-graduação AO VIVO pelo MEET em Prática Previdenciária da FBB em parceria com o Especcial Jus. Instrutor da Escola da AGU. Mestre em Planejamento Ambiental pela UCSAL. Especialista em Direito do Estado pela Unyahna. Palestrante.

Página de contato: www.especcialjus.com.br.

E-mail: professorfredericoamado@gmail.com

Twitter (X): @FredericoAmado

Facebook: Frederico Amado

Instagram: @fredericoamado

EDNEY BORGES NASCIMENTO

Advogado e Técnico do Seguro Social do Instituto Nacional do Seguro Social, atualmente requisitado à Advocacia-Geral da União. Pós-graduado em Direito e Prática Previdenciária pela Estácio/CERS.

NOTA DO AUTOR

Esta obra tem por objetivo apresentar a nova previdência dos servidores públicos efetivos do Estado de São Paulo, após o advento da Emenda Constitucional 103/2019, que ampliou sobremaneira a autonomia dos estados e municípios para disciplinar as regras de aposentadorias e pensões por morte no âmbito do seu RPPS, trazendo ainda regras nacionais de observância obrigatória.

E o Estado de São Paulo promoveu a sua reforma com a publicação da Emenda à Constituição Estadual 49/2020, assim como pela alteração infraconstitucional aprovada pela Lei Complementar Estadual 1.354/2020.

Dessa forma, a obra irá abordar as novas regras de aposentadoria dos servidores do Estado de São Paulo, tanto as regras comuns quanto as regras especiais de professores do ensino básico, policiais civis e penais, servidores expostos a agentes nocivos e com deficiência, além das aposentadorias involuntárias por incapacidade permanente e compulsória por idade.

Outrossim, as novas regras de pensão por morte também serão detidamente estudadas, inclusive temas infraconstitucionais como o rol de dependentes, procedimento, regras de cessação e acumulação de benefícios.

Ademais, em especial para fins de aferição de direito adquirido, também tratamos das regras anteriores a respeito das aposentadorias e pensões por morte, principalmente as antigas regras permanentes de aposentação e regras de transição das Emendas 41/2003 e 47/2005.

Por sua vez, para quem também busca um curso do RPPS do Estado de São Paulo em videoaulas, recomenda-se o curso com 10 horas/aula gravado pelo Prof. Frederico Amado no www.especcialjus.com.br.

Inclusive, parte da obra é baseada no citado curso em videoaulas, contando com a transcrição em texto do nosso colaborador, Edney Borges, que tanto ajudou no projeto.

Espero que apreciem o nosso trabalho. Bons estudos!

O AUTOR

SUMÁRIO

DEFINIÇÕES BÁSICAS NO RPPS

Presumimos que a grande maioria dos leitores ainda não está familiarizada com os conceitos e definições básicas no âmbito da previdência pública dos servidores públicos efetivos, que se denominada RPPS – Regime Próprio de Previdência Social.

Desse modo, por cautela, vamos iniciar a obra apresentando conceitos normativos básicos desta área, que estão normatizados no Regulamento Nacional dos RPPS's, aprovado pela União por intermédio da Portaria MTP 1.467/2022, que disciplina os parâmetros e as diretrizes gerais para organização e funcionamento dos regimes próprios de previdência social dos servidores públicos da União, dos Estados, do Distrito Federal e dos Municípios, em cumprimento à Lei nº 9.717, de 1998, aos artigos 1º e 2º da Lei nº 10.887, de 2004 e à Emenda Constitucional nº 103, de 2019.

> CAPÍTULO I
>
> DEFINIÇÕES
>
> Art. 2º Para os efeitos desta Portaria, considera-se:
>
> **I - ente federativo:** a União, os Estados, o Distrito Federal e os Municípios;
>
> **II - Regime Próprio de Previdência Social - RPPS:** o regime de previdência instituído no âmbito da União, dos Estados, do Distrito Federal e dos Municípios até 13 de novembro de 2019, data de publicação da Emenda Constitucional n° 103, de 2019, que assegure, por lei, aos seus

segurados, os benefícios de aposentadorias e pensão por morte previstos no art. 40 da Constituição Federal;

III - **segurados:** os segurados em atividade que sejam servidores públicos titulares de cargo efetivo, membros da magistratura, do Ministério Público, da Defensoria Pública e dos Tribunais de Contas de quaisquer dos poderes da União, dos Estados, do Distrito Federal e dos Municípios, incluídas suas autarquias e fundações;

IV - **beneficiários:** os segurados aposentados e os pensionistas amparados em RPPS;

V - **RPPS em extinção:** o RPPS do ente federativo que deixou de assegurar em lei os benefícios de aposentadoria e pensão por morte a todos os segurados, mantendo a responsabilidade pelo pagamento dos benefícios concedidos, bem como daqueles cujos requisitos necessários à sua concessão foram implementados anteriormente à vigência da lei;

VI - **unidade gestora:** entidade ou órgão único, de natureza pública, de cada ente federativo, abrangendo todos os poderes, órgãos e entidades autárquicas e fundacionais, que tenha por finalidade a administração, o gerenciamento e a operacionalização do RPPS, incluindo a arrecadação e gestão de recursos e fundos previdenciários, a concessão, o pagamento e a manutenção dos benefícios previdenciários;

VII - **dirigentes da unidade gestora:** representante legal ou o detentor da autoridade mais elevada da unidade gestora do RPPS, e os demais integrantes do órgão ou instância superior de direção da unidade imediatamente a ele subordinados, correspondentes aos diretores no caso de diretoria executiva, ou aos cargos com funções de direção assemelhadas, em caso de outra denominação do órgão ou instância superior de direção;

VIII - **responsável pela gestão das aplicações dos recursos do RPPS:** o dirigente ou servidor da unidade gestora do RPPS formalmente designado para a função, por ato da autoridade competente;

IX - benefícios previdenciários: aposentadorias e pensão por morte;

X - cargo efetivo: o conjunto de atribuições, deveres e responsabilidades específicas definidas em estatutos dos entes federativos cometidas a um servidor aprovado por meio de concurso público de provas ou de provas e títulos;

XI - carreira: a sucessão de cargos efetivos, estruturados em níveis e graus segundo sua natureza, complexidade e o grau de responsabilidade, de acordo com o plano definido por lei de cada ente federativo;

XII - tempo de efetivo exercício no serviço público: o tempo de exercício de cargo, inclusive militar, função ou emprego público, ainda que descontínuo, na Administração direta e indireta de qualquer dos entes federativos;

XIII - remuneração do cargo efetivo: o valor constituído pelo subsídio, pelos vencimentos e pelas vantagens pecuniárias permanentes do cargo, estabelecidos em lei de cada ente, acrescido dos adicionais de caráter individual e das vantagens pessoais permanentes;

XIV - recursos previdenciários: as contribuições e quaisquer valores, bens, ativos e seus rendimentos vinculados ao RPPS ou aos fundos previdenciários, de que trata o art. 6º da Lei nº 9.717, de 28 de novembro 1998, inclusive a totalidade dos créditos do ente instituidor do benefício, reconhecidos pelo regime de origem, relativos à compensação financeira prevista nos §§ 9º e 9º-A do art. 201 da Constituição Federal e os recursos destinados à taxa de administração;

XV - equilíbrio financeiro e atuarial: a garantia de equivalência, a valor presente, entre o fluxo das receitas estimadas e das despesas projetadas, apuradas atuarialmente, que, juntamente com os bens, direitos e ativos vinculados, comparados às obrigações assumidas, evidenciem a solvência e a liquidez do plano de benefícios;

XVI - taxa de administração: o valor financiado por meio de alíquota de contribuição, a ser somada às alíquotas de cobertura do custo normal do RPPS previstas em lei de cada ente, para custeio das despesas correntes e de capital necessárias à organização, administração e ao funcionamento do regime, inclusive para conservação de seu patrimônio, observados limites anuais de gastos e a sua manutenção de forma segregada dos recursos destinados ao pagamento de benefícios;

XVII - base de cálculo: valor das parcelas da remuneração ou do subsídio adotadas como base para contribuição ao RPPS e para cálculo dos benefícios por meio de média aritmética;

XVIII - cálculo por integralidade: regra de definição do valor inicial de proventos de aposentadoria e das pensões por morte, que corresponderão à remuneração do segurado no cargo efetivo, ao subsídio, ou ao provento, conforme previsto na regra vigente para concessão desses benefícios quando da implementação dos requisitos pelo segurado ou beneficiário;

XIX - cálculo por média: regra de definição dos proventos, que considera a média aritmética simples das bases de cálculo das contribuições aos regimes de previdência a que esteve filiado o segurado ou das bases para contribuições decorrentes das atividades militares de que tratam os arts. 42 e 142 da Constituição Federal, atualizadas monetariamente, correspondentes a todo o período contributivo, ou a parte deste, conforme regra vigente na data do implemento dos requisitos de aposentadoria;

XX - paridade: forma de revisão dos proventos de aposentadoria e das pensões por morte aos quais foi assegurada a aplicação dessa regra, que ocorrerá na mesma proporção e na mesma data, sempre que se modificar a remuneração ou subsídio dos segurados em atividade, sendo também estendidos aos aposentados e pensionistas quaisquer benefícios ou vantagens posteriormente concedidos aos segurados, inclusive quando decorrentes da transformação ou reclassificação do cargo ou função em que se deu a aposentadoria ou que serviu de referência para a concessão de pensão por morte, desde que tenham natureza permanente e geral e sejam compatíveis com o regime jurídico dos segurados em atividade, na forma da lei;

XXI - reajustamento anual: forma de revisão dos proventos e das pensões por morte aos quais não foi garantida a aplicação da paridade, para preservar, em caráter permanente, o valor real desses benefícios, conforme índice definido na legislação de cada ente federativo;

XXII - proventos integrais: regra de definição do valor inicial de proventos, sem proporcionalização, que corresponderão à 100% (cem por cento) do valor calculado conforme inciso XVIII ou, pelo menos a 100% do valor calculado conforme inciso XIX, de acordo com a regra constitucional ou legal aplicável em cada hipótese;

XXIII - proventos proporcionais: proventos de aposentadoria concedidos ao segurado que não cumpriu os requisitos para obtenção de proventos integrais, calculados conforme fração entre o tempo de contribuição do segurado e o tempo mínimo exigido para concessão de proventos integrais, calculado em dias, fração que será aplicada sobre a integralidade da remuneração do segurado ou sobre o resultado da média aritmética das bases de cálculo de contribuição com os percentuais a ela acrescidos, conforme regra constitucional ou legal aplicável em cada hipótese;

XXIV - contribuições normais: as contribuições do ente e dos segurados e beneficiários destinadas à cobertura do custo normal do plano de benefícios, e as contribuições dos aposentados e pensionistas, inclusive em decorrência da ampliação da base de cálculo para o valor dos proventos de aposentadoria e de pensões por morte que supere o valor a partir do salário mínimo;

XXV - contribuições suplementares: as contribuições a cargo do ente destinadas à cobertura do custo suplementar, que corresponde às necessidades de custeio, atuarialmente calculadas, referentes ao tempo de serviço passado, ao equacionamento de déficit e outras finalidades para o equilíbrio do regime não incluídas nas contribuições normais;

XXVI - Notificação de Ação Fiscal - NAF: documento que instaura o Processo Administrativo Previdenciário - PAP, emitido por Auditor-Fiscal da Receita Federal do Brasil - AFRFB credenciado pela Secretaria de Previdência - SPREV do Ministério do Trabalho e Previdência - MTP;

XXVII - Decisão-Notificação - DN: ato pelo qual AFRFB designado pela SPREV decide sobre impugnação apresentada no PAP;

XXVIII - Decisão de Recurso - DR: ato pelo qual a autoridade competente decide sobre o recurso administrativo no PAP;

XXIX - Despacho-Justificativa: ato praticado no PAP por AFRFB designado pela SPREV, homologado pela autoridade imediatamente superior e que não constitua DN ou DR; e

XXX - Certificado de Regularidade Previdenciária - CRP: documento instituído pelo Decreto n ° 3.788, de 11 de abril de 2001, que atesta, para os fins do disposto no art. 7º da Lei nº 9.717, de 1998, o cumprimento, pelos Estados, Distrito Federal e Municípios, dos critérios e exigências aplicáveis aos RPPS e aos seus fundos previdenciários, conforme previsão do inciso IV do art. 9º dessa Lei.

1

INTRODUÇÃO

Primeiramente, cumpre ressaltar que houve uma mudança de paradigma no que diz respeito às normas referentes aos regimes próprios de previdência social. Anteriormente, cerca de 90 % das normas referentes aos RPPS já se encontravam no texto constitucional, seja ele permanente ou transitório.

Dessa forma, em razão das regras previdenciárias constarem estritamente no texto constitucional, o espaço legislativo dos estados e municípios era bastante reduzido, porquanto delimitado pela própria Constituição. Isso acontecia, por exemplo, na definição de alíquotas das contribuições previdenciárias, uma vez que os valores não podiam ser inferiores aos aplicados a servidores federais.

Algo semelhante ocorreu na definição do rol de dependentes, da unidade gestora do RPPS, da lista de doenças graves para fins de aposentadoria por incapacidade permanente e bem como no cálculo da renda mensal, posto que todos os temas já possuíam base constitucional.

Posteriormente o cenário mudou. Sobreveio a Emenda Constitucional 103/2019, editada em um momento político conturbado, o que já era previsto, uma vez que a reforma previdenciária é um tema impopular.

Foram geradas quatro situações jurídicas dos estados, Distrito Federal e municípios em termos de RPPS:

- Os entes que não alteraram a legislação de RPPS após 13/11/2019, aplicando-se as regras constitucionais anteriores à EC 103/2019;
- Os entes que alteraram a legislação local de RPPS e que ratificaram integralmente a EC 103/2019;
- **Os entes que alteraram a legislação local de RPPS que ratificaram parcialmente a EC 103/2019 perpetrando modificações e criando um regramento peculiar (é o caso do Estado de São Paulo);**
- Os entes que alteraram a legislação local de RPPS não adotando a EC 103/2019 e criando um regramento integralmente peculiar nos campos em que possui autonomia.

Atualmente, após a Emenda Constitucional 103/2019, o espaço legislativo estadual se tornou muito mais amplo, pois a maioria dos temas de natureza previdenciária demandam regulamentação pelo ente, ratificando ou até mesmo inovando, complementando a previsão constitucional.

As regras da aposentadoria voluntária, da aposentadoria por incapacidade permanente ou da pensão por morte, bem como o cálculo das rendas mensais iniciais, estão sob o alvedrio da legislação local.

Logo, em razão dessa flexibilidade legislativa, cada RPPS estadual se tornou mundo, com regras próprias e possivelmente distintas entre si, o que torna o estudo da matéria bastante complexo.

Em suma, a Emenda Constitucional 103/2019 estabeleceu um modelo no qual os critérios de concessão dos benefícios são disciplinados pelo próprio ente, também com técnicas legislativas diferenciadas.

Enquanto a idade mínima de aposentadoria pode ser fixada por meio de reforma em lei orgânica municipal ou constituição estadual, os demais critérios de aposentação são definidos lei complementar. Até que o ente federativo crie essas normas, permanecem vigentes os antigos critérios fixados na constituição.

Saliente-se que alguns estados ainda não ratificaram a reforma da previdência integralmente, a exemplo de Pernambuco e Maranhão. Nesse caso, as regras de aposentadorias anteriores à Emenda Constitucional 103/2019 permanecem em vigor.

Eis os principais normativos do novo Regime Próprio de Previdência Social do Estado de São Paulo:

> Estado de São Paulo:
>
> **EMENDA CONSTITUCIONAL Nº 49, DE 6 DE MARÇO DE 2020**
>
> Publicada no Diário Oficial do Estado de 07.03.2020
>
> **LEI COMPLEMENTAR 1.354/2020**
>
> Publicada no Diário Oficial do Estado de 07.03.2020
>
> **DECRETO 65.964/2021**

Nota-se que a Emenda Constitucional 49/2020 e a Lei Complementar 1.354/2020 foram publicadas no mesmo dia, o que favorece a segurança jurídica. A Emenda Constitucional é necessária para fixar as idades mínimas das aposentadorias. Por outro lado, os demais critérios de aposentação estão dispostos em Lei Complementar. Assim, nos aspectos formais, o Estado de São Paulo cumpriu os ditames da Emenda 103/2019.

Ademais, o Decreto 65.964/2021 regulamentou as mudanças da LC 1.354/2020, trazendo nuances interpretativas do próprio poder executivo.

Há uma unidade gestora do RPPS de São Paulo, a **São Paulo Previdência – SPPREV**, gerindo os benefícios concedidos a servidores e dependentes do Executivo, Legislativo, Judiciário e Ministério Público estaduais.

No entanto, o ato de concessão continua sob responsabilidade dos respectivos Poderes, em razão da sua autonomia. A implantação e a gestão do benefício e folha de pagamento ficam a cargo da unidade gestora.

Note-se que a migração previdenciária para o Regime de Previdência Complementar também está disponível aos antigos servidores. Tal migração não se mostra muito vantajosa financeiramente aos servidores antigos do Estado de São Paulo, por inexistir benefício especial que fomente a referida migração, como existe no modelo da previdência complementar no âmbito federal, a fim de compensar o período de recolhimento previdenciário sobre uma base de cálculo que supere o teto do Regime Geral de Previdência Social.

Considerando que o funcionamento do regime de previdência complementar dos servidores do Estado de São Paulo foi autorizado pela Portaria da Superintendência Nacional de Previdência Complementar do Ministério da Previdência MSP/PREVIC/DITEC n. 158, publicada em **23 de março de 2012**, os novos servidores estaduais empossados a partir desta data estão no novo regime de previdência, com aposentadorias e pensões por morte limitados ao teto do RGPS. A gestão é feita pela **SP-PREVCOM**.

Alguns Tribunais de Justiça têm entendimento no sentido de que é obrigatória a existência de um benefício especial aos servidores antigos que realizarem a migração. Por exemplo, há o *leading case* do Rio Grande do Sul. O Tribunal de Justiça do Estado do Rio Grande do Sul decidiu que o benefício especial era um direito constitucional implícito. Assim, restou determinado ao Governador do Estado a criação de uma lei assegurando o benefício especial.

Vários estados e municípios não instituíram o benefício especial, o que desestimula a migração dos servidores antigos ao novo regime. Já outros, como Piauí e Rondônia, possuem o benefício especial.

Há um precedente do Tribunal de Justiça do Rio Grande do Sul, no julgamento da ADI n. 0164608-49.2016.8.21.7000, no sentido de que o Benefício Especial é um direito do servidor. Dessa maneira, o Tribunal determinou ao Governador a obrigação de encaminhar o respectivo projeto de lei, criando o benefício especial.

Assim, há quem defenda a obrigatoriedade do benefício, sob o argumento de que a inexistência do benefício especial criaria uma situação manifestamente desvantajosa para os servidores antigos, pois o período em que houve pagamento de contribuição previdenciária superior ao teto não seria aproveitado para qualquer fim.

Esta também é a posição do Tribunal de Justiça do Estado da Bahia, que determinou em sede de ação abstrata que o Governador encaminhe projeto de lei constituindo o benefício especial em favor dos servidores estaduais que ingressaram no serviço público antes do funcionamento da previdência complementar estadual e que desejem optar pela migração previdenciária:

> **Processo: DIRETA DE INCONSTITUCIONALIDADE n. 8011990-65.2022.8.05.0000** Órgão Julgador: Tribunal Pleno AUTOR: INSTITUTO DOS AUDITORES FISCAIS DO ESTADO DA BAHIA – IAF e outros (4) Advogado(s): JOSE CARLOS TEIXEIRA TORRES JUNIOR REU: GOVERNADOR DO ESTADO DA BAHIA e outros.
>
> **"AÇÃO DIRETA DE INCONSTITUCIONALIDADE POR OMISSÃO DO CHEFE DO PODER EXECUTIVO ESTADUAL. PROMOÇÃO DA INICIATIVA LEGISLATIVA DIRIGIDA A CRIAÇÃO DE COMANDO NORMATIVO INSTITUIDOR/REGULAMENTADOR DO MECANISMO DE RESSARCIMENTO AOS SERVIDORES PÚBLICOS ELEGÍVEIS OPTANTES DA MIGRAÇÃO DO REGIME PRÓPRIO DE PREVIDÊNCIA PARA O REGIME GERAL DE PREVIDENCIA SOCIAL COM ADESÃO AO REGIME DE PREVIDÊNCIA COMPLEMENTAR ESTADUAL, CONSOANTE DICÇÃO DO ART. 40, §§14, 15 E 16 DA CONSTITUIÇÃO FEDERAL, COMBINADO COM ART. ART. 34, II DA EMENDA CONSTITUCIONAL N.º 103/19.** PRELIMINAR DE INCOMPETÊNCIA ABSOLUTA DA JUSTIÇA ESTADUAL. NORMA CONSTITUCIONAL DE REPETIÇÃO OBRIGATÓRIA, AINDA QUE IMPLÍCITA, NA CARTA CONSTITUCIONAL ESTADUAL. COMPETÊNCIA DAS CORTES ESTADUAIS. PRECEDENTES. PRELIMINAR REJEITADA. PRELIMINAR DE ILEGITIMIDADE ATIVA. NECESSIDADE DE ATENDIMENTO DOS REQUISITOS LEGAIS DO ART. 134 DA CONSTITUIÇÃO ESTADUAL, NOTADAMENTE, IN CASU, DO SEU INCISO VI (FEDERAÇÃO SINDICAL E ENTIDADE DE CLASSE

DE ÂMBITO ESTADUAL). RECONHECIMENTO POR ESTE ORGÃO PLENÁRIO QUANTO AO SUBJETIVO ATIVO DE ENQUADRAMENTO EM RELAÇÃO AO INSTITUTO DOS AUDITORES FISCAIS DO ESTADO DA BAHIA – IAF E A ASSOCIACÃO DOS DEFENSORES PÚBLICOS DA BAHIA-ADEP. PRECEDENTES DESTA EGRÉGIA CORTE. PRELIMINAR REJEITADA. PRELIMINAR DE IRREGULARIDADE DE REPRESENTAÇÃO. PREJUDICADA. APRESENTAÇÃO DE DOCUMENTAÇÃO ESPECÍFICA EM ATENDIMENTO SUPERVENIENTE DOS REQUISITOS LEGAIS NOS TERMOS DA LEI PROCESSUAL DE REGÊNCIA. **MÉRITO. NORMA ESTADUAL, LEI ESTADUAL Nº 13.222/2015, INSTITUIDORA DO REGIME DE PREVIDÊNCIA COMPLEMENTAR, QUE ESTABELECE, NO SEU § 5º, ART. 1º, AS CONDIÇÕES E O PRAZO PARA EVENTUAL OPÇÃO PELA MIGRAÇÃO DOS SERVIDORES PÚBLICOS ESTADUAIS ELEGÍVEIS A TAL REGIME, BEM COMO, NO § 6º, ART. 1º E NO § 2º DO ART. 2º, AFASTAM O DIREITO À QUALQUER CONTRAPARTIDA OU DEVOLUÇÃO DE VALORES DE CONTRIBUIÇÕES REALIZADAS ANTERIORMENTE, DURANTE O PERÍODO DE VINCULAÇÃO ÀS REGRAS DO REGIME PRÓPRIO DE PREVIDÊNCIA DOS SERVIDORES DO ESTADO DA BAHIA, ACIMA DO LIMITE MÁXIMO DE CONTRIBUIÇÃO PARA O REGIME GERAL DE PREVIDÊNCIA SOCIAL SOB O QUAL PASSARÁ A SE SUBMETER. INOBSERVÂNCIA DA NORMA CONSTITUCIONAL QUE DETERMINA, DIANTE DA CRIAÇÃO DO REGIME DE PREVIDÊNCIA COMPLEMENTAR, A NECESSIDADE DE INSTITUIÇÃO DE MECANISMO DE RESSARCIMENTO OU DE COMPLEMENTAÇÃO DE BENEFÍCIOS AOS QUE TENHAM CONTRIBUÍDO ACIMA DO LIMITE MÁXIMO DO REGIME GERAL DE PREVIDÊNCIA SOCIAL (INCISO II, DO ART. 34 DA EC103/2019).** OMISSÃO VERIFICADA. FLAGRANTE INOBSERVÂNCIA DA NORMA CONSTITUCIONAL, ALÉM DE MANIFESTO CONFRONTO COM OS PRINCÍPIOS DA EQUIDADE NO FINANCIAMENTO DO CUSTEIO E DA CONTRAPARTIDA (INCISO V, ART. 194 E §5º ART, 195, AMBOS DA CARTA CONSTITUIÇÃO FEDERAL) DE REPETIÇÃO OBRIGATÓRIA NAS CONSTITUIÇÕES ESTADUAIS. PRECEDENTES DO STF E DE CORTES ESTADUAIS. AÇÃO DECLARATÓRIA DE INCONSTITUCIONALIDADE JULGADA PROCEDENTE. DECLARAÇÃO DE INCONSTITUCIONALIDADE POR ARRASTAMENTO QUE SE IMPÕE EM

> RELAÇÃO AOS DISPOSITIVOS LEGAIS CONFLITANTES A IMPLEMENTAÇÃO DO COMANDO NORMATIVO CONSTITUCIONAL INOBSERVADO. AÇÃO DECLARATÓRIA DE INCONSTITUCIONALIDADE POR OMISSÃO JULGADA PROCEDENTE, PARA: **1.) DETERMINAR A ATUAÇÃO DO CHEFE DO EXECUTIVO, NO PRAZO DE 180 (CENTO E OITENTA) DIAS, NO SENTIDO DE DEFLAGRAR O COMPETENTE PROCESSO LEGISLATIVO, DIRIGIDO A INSTITUIR/REGULAMENTAR O BENEFÍCIO ESPECIAL OU OUTRO MECANISMO DE RESSARCIMENTO OU DE COMPLEMENTAÇÃO DE BENEFÍCIOS EM FAVOR DOS SERVIDORES PÚBLICOS MIGRANTES PARA O REGIME DE PREVIDÊNCIA COMPLEMENTAR QUE LOGRARAM VERTER CONTRIBUIÇÕES PREVIDENCIÁRIAS ACIMA DO TETO DO RGPS. 2.) DECLARAR A INCONSTITUCIONALIDADE POR ARRASTAMENTO DO §5º, ART. 1º E DO §6º, ART. 1º E DO §2º DO ART. 2º, TODOS DA LEI ESTADUAL N.º 13222/2015".**

Por outro lado, há quem assevere que a Previdência Social Brasileira opera no modelo de fundo único, e que as contribuições realizadas pelos servidores não necessariamente refletem os benefícios futuros.

O argumento mais forte no sentido de que existe direito subjetivo do servidor antigo ao Benefício Especial é o artigo 34, II da Emenda Constitucional 103, que prevê um mecanismo de ressarcimento ou complementação de benefícios aos servidores que pagaram acima do teto caso haja extinção do RPPS.

Logo, se a extinção do RPPS implica na obrigação de pagamento de uma vantagem pecuniária aos servidores antigos, há o reconhecimento de que estes devem ser recompensados pelo período pago acima do teto:

Esta, inclusive, é a posição do ilustre jurista baiano Paulo Modesto, em artigo publicado no CONJUR[1] denominado "Ingratidão Previdenciária", em 10 de setembro de 2020:

1. https://www.conjur.com.br/2020-set-10/interesse-publico-ingratidao-previdenciaria-beneficio-especial.

"Ora se a extinção do regime próprio estadual ou municipal foi disciplinada em termos a exigir, sempre e obrigatoriamente, a previsão de *"mecanismo de ressarcimento ou de complementação de benefícios aos que tenham contribuído acima do limite máximo do Regime Geral de Previdência Social"*, modo de evitar o enriquecimento sem causa do poder público, *a fortiori* não parece legítimo que esse mesmo poder público, ao instituir a previdência complementar, absorva sem restituição as contribuições realizadas acima do limite máximo do regime geral de previdência social, recusando ao agente público optante a previsão do "benefício especial" (ou benefício ressarcitório). *Seria arrematada contradição que o servidor estivesse mais bem protegido com a extinção do regime próprio de previdência social do que com a continuidade do regime que ajudou a financiar.*

A ausência de previsão expressa do benefício ressarcitório, presente a compulsoriedade da instituição de previdência complementar em todo o país, diante das previsões destacadas, traduz *situação de verdadeira negligência em face de direitos fundamentais dos agentes públicos locais.* Não deixa de ser paradoxal que esse servidor estadual ou municipal lesado, acaso migre para outro Estado ou para a União, e nessa nova unidade opte pela previdência complementar, tenha ressarcido sob forma de benefício especial todo o período contribuído na previdência de sua administração de origem, e o Estado de origem a obrigação de compensar o estado de destino por todas as contribuições vertidas. Será preciso sair do Estado, migrar para outro cargo público, ou esperar a extinção do regime de origem, para receber o ressarcimento dos valores pagos acima do patamar do regime geral da previdência social no regime próprio? *A teratologia das situações descritas demonstra a iniquidade manifesta da omissão normativa lesiva.*

No cenário normativo atual, diante do exposto, incide em *inconstitucionalidade por omissão parcial o Estado ou o município* que institua regime de previdência complementar sem a previsão de benefício ressarcitório (benefício especial) para compensação dos servidores efetivos optantes. Tal omissão traduz verdadeira "ingratidão previdenciária", lacuna imoral e antijurídica estatal frente aos que reservaram parte de seu patrimônio atual para um seguro previdenciário, restringindo o consumo presente em favor de um benefício futuro, em patamar contributivo elevado para manter o sistema em atividade e assegurar a solvabilidade do plano de custeio.

Trata-se de *ingratidão previdenciária* que não deve ser tolerada ou admitida, sob pena do servidor público sentir-se como o personagem anônimo inserido nas teias iniciais dos "Versos Íntimos", herança imortal de Augusto dos Anjos:

"Vês! Ninguém assistiu ao formidável

Enterro de sua última quimera.

Somente a Ingratidão — esta pantera — Foi tua companheira inseparável!".

Entrementes, faz-se necessário lembrar que a migração dos servidores antigos ao novo regime é facultativa, por opção do próprio servidor, com base em seu planejamento previdenciário.

Caso um servidor antigo – sendo esse considerado como o que ingressou antes da criação do Regime de Previdência complementar, migre para outra esfera de governo, ele não conservará o regime jurídico anterior, a menos que assuma o novo cargo sem interrupção. Em suma, a sua vacância do cargo anterior e posse no cargo atual devem no mesmo dia. Esse é o entendimento remansoso do STJ e do STF.

Veja-se decisão administrativa da lavra do STF:

Quarta-feira, 29 de novembro de 2017

Funpresp: servidores do STF oriundos de estados e municípios têm direito ao regime próprio de previdência

O Supremo Tribunal Federal (STF) decidiu, na sessão administrativa realizada nesta quarta-feira (29), que os servidores oriundos de estados, do Distrito Federal e dos municípios que ingressaram no STF depois da criação do regime complementar de previdência dos servidores públicos e da instituição do Fundo de Previdência dos Servidores do Judiciário da União (Funpresp-Jud) têm direito ao regime previdenciário próprio anterior, sem limitação ao teto do Regime Geral de Previdência Social. **A exigência é que tenham sido ocupantes titulares de cargos efetivos nos entes federativos e que não tenha havido descontinuidade no serviço público – ou seja, desde que o servidor tenha saído do poder público local e entrado imediatamente no STF.**

O relator do processo administrativo, ministro Dias Toffoli, explicou que o artigo 40 da Constituição da República, ao instituir, para os servidores titulares de cargos efetivos, um regime de previdência de caráter contributivo e solidário mediante contribuição do ente público, dos servidores ativos e inativos e dos pensionistas, o faz, de maneira indistinta, para os integrantes da União, dos estados, do Distrito Federal e dos municípios. "Em nenhum de seus vinte e um parágrafos, se indica, de forma veemente, que esses servidores deverão ser tratados diferenciadamente a depender do ente federativo a que se encontrem vinculados", afirmou. "Pelo contrário: após indicar, na cabeça do artigo 40, que estava a se referir aos servidores da União, dos estados, do Distrito Federal e dos municípios, o texto constitucional somente volta a se referir aos indivíduos atingidos pela norma como 'servidores públicos', o que permite compreender que em momento algum o legislador pretendeu fazer distinção entre entes da Federação para esse fim".

O ministro observou ainda que, conforme o STF já reconheceu em precedente no qual declarou a inconstitucionalidade de lei que exigia tempo mínimo de serviço público para admissão da compensação entre regimes previdenciários distintos, a contagem recíproca do tempo de contribuição entre entes da Federação não pode ser afastada. "O tempo de contribuição federal, estadual, distrital ou municipal será contabilizado indistintamente para fins de aposentadoria e tempo de serviço correspondente para efeito de disponibilidade", assinalou.

Outro ponto destacado foi o prejuízo à segurança jurídica, à previsibilidade, à certeza e à legítima confiança na Administração. "Não se afigura nada razoável que, após diversos recolhimentos em porcentagem sobre seu vencimento para o regime próprio do ente de origem, o servidor dos estados, do Distrito Federal ou dos municípios que venha a tomar posse em cargo público no Supremo Tribunal Federal, em que pese o regramento previsto na Constituição, veja seus proventos de aposentadoria limitados ao teto do regime geral", explicou.

A decisão foi por maioria. O ministro Marco Aurélio ficou vencido, por considerar que há, de qualquer forma, uma descontinuidade, uma vez que houve o desligamento do servidor do poder local antes de seu exercício no STF.

No RPPS de São Paulo é utilizado um índice específico de reajustamento dos benefícios que é o IPC – Índice de Preços ao Consumidor, apurado pela FIPE. Esse índice vem mostrando resultados mais altos que o Índice Nacional de Preços ao Consumidor, a cargo do IBGE, que é o fator de reajustamento padrão do Regime Geral da Previdência Social, ao menos no ano de 2022.

Outra diferença interessante entre o RPPS de São Paulo e o da União é a postergação de aplicação do artigo 24 da EC 103/2019. O artigo 24 é o que trata da acumulação de benefícios, asseverando nos casos listados que o benefício de menor valor sofrerá a redução da renda em faixas, se superior a um salário mínimo. No RPPS estadual o termo de aplicação do artigo 24 foi definido como a data de publicação da Lei Complementar estadual 1.354/2020, e não da EC 103/2019.

Ademais, se o servidor já conta com o tempo de contribuição suficiente à sua aposentação, não estando pendente averbações de outros entes, este pode requerer uma licença, que implica no **afastamento provisório do servidor conservando sua respectiva remuneração**. Essa licença é concedida após três meses do requerimento da aposentadoria, e possibilita que o servidor aguarde a concessão do benefício sem trabalhar.

No RPPS de SP também há diferenças em relação ao benefício de pensão por morte. O casamento ou união estável do dependente figura como uma hipótese de cancelamento da pensão por morte. Assim, o dependente que contrai novas núpcias, ou constitui união estável, perde o direito ao benefício. Outrossim, o irmão do servidor não é considerado como dependente previdenciário para fins de concessão da pensão por morte.

O RPPS do Estado de São Paulo possui ainda mais algumas diferenças em relação ao RPPS da União, aqui resumidas, mas que serão enfrentadas em detalhes ao longo da obra:

ALGUMAS DIFERENÇAS ENTRE O RPPS DO ESTADO DE SÃO PAULO DO RPPS DA UNIÃO:

- Adoção do IPC como índice de reajuste dos benefícios, e não do INPC;
- Postergação de aplicação do artigo 24 da EC 103/2019 para direitos à acumulação formados até a vigência da LC estadual 1.354/2020;
- Afastamento provisório do cargo, após 90 dias do requerimento da aposentadoria, se já contado o tempo de contribuição suficiente;
- Os irmãos do servidor não são dependentes previdenciários;
- Casamento ou união estável como hipótese de cancelamento da pensão por morte do viúvo;
- Revisão da aposentadoria por incapacidade permanente a cada 5 anos;
- Não exige para a integralidade da pensão por morte do policial que haja agressão sofrida no exercício ou em razão da função;
- Adoção das regras de transição da EC 103/2019 com mínimas variações (fórmula de integralidade);
- Data de formação do direito adquirido em 07/03/2020;
- Pais como dependentes preferenciais mediante declaração escrita do servidor;
- Acatamento de decisão judicial passada em julgado com reconhecimento de união estável.

2

APOSENTADORIAS INVOLUNTÁRIAS

As aposentadorias involuntárias são aquelas concedidas independentemente da manifestação de vontade do servidor. Sua concessão se dá sempre que se realiza uma determinada hipótese legal, independente da vontade do servidor.

As duas modalidades de aposentadoria voluntária no RPPS do Estado de São Paulo são a aposentadoria compulsória por idade, também chamada jocosamente de *aposentadoria "expulsória"*, bem como a aposentadoria por incapacidade permanente, a antiga aposentadoria por invalidez.

Inicialmente trataremos da aposentadoria por incapacidade permanente.

2.1. APOSENTADORIA POR INCAPACIDADE PERMANENTE

A aposentadoria por incapacidade permanente possui previsão constitucional, no artigo 40 da CF/1988, alterada pela Emenda 103/2019:

> "Art. 40 – § 1º O servidor abrangido por regime próprio de previdência social será aposentado:

> I – por incapacidade permanente para o trabalho, no cargo em que estiver investido, quando insuscetível de readaptação, hipótese em que será obrigatória a realização de avaliações periódicas para verificação da continuidade das condições que ensejaram a concessão da aposentadoria, na forma de lei do respectivo ente federativo."

A readaptação é, segundo definição da Lei 8.112/90, a investidura do servidor em cargo de atribuições e responsabilidades compatíveis com a limitação que tenha sofrido em sua capacidade física ou mental. Cumpre destacar que vários estatutos já tinham previsão de uma tentativa de readaptação funcional do servidor antes da concessão da aposentadoria por incapacidade permanente.

A readaptação implica na mudança para um cargo similar, sem prejuízo na remuneração. Essa possibilidade de mudança de cargo sem a realização de prévio concurso público já teve sua constitucionalidade questionada anteriormente, o que motivou a inserção da readaptação no próprio texto constitucional.

Assim, agora com lastro constitucional, o descabimento da readaptação agora se tornou um pressuposto para a concessão da aposentadoria por incapacidade permanente.

Note-se que o artigo 40 da Constituição diz que "será obrigatória a realização de avaliações periódicas para verificação da continuidade das condições que ensejaram a concessão da aposentadoria, **na forma de lei do respectivo ente federativo**".

Assim, o procedimento de readaptação pode ser determinado pelo próprio ente federativo, o qual possui competência legislativa para disciplinar o tema.

Em atendimento ao princípio do *tempus regit actum*, faz-se necessário analisar também a previsão anterior à Emenda Constitucional 103/2019, uma vez que a aposentadoria por invalidez permanente será disciplinada pela lei vigente na época em que constatada a invalidez, à luz da Portaria MTPS 1467/2022, que traz a normatização geral dos Regimes Próprios, **regramento aplicável aos servidores do Estado de São Paulo inválidos até a data de publicação da reforma previdenciária estadual (07/03/2020)**.

Nesse sentido, nos termos do artigo 176 da Portaria MTPS 1467/2022, "a aposentadoria por incapacidade permanente ou por invalidez será concedida **com base na legislação vigente na data em que laudo médico--pericial definir como início da incapacidade total e definitiva para o trabalho**, e vigorará a partir da data da publicação do ato correspondente".

Veja-se o artigo 40, §1º, da Constituição, em sua redação anterior:

> "I – por invalidez permanente, sendo os proventos proporcionais ao tempo de contribuição, exceto se decorrente de acidente em serviço, moléstia profissional ou doença grave, contagiosa ou incurável, na forma da lei"; (Redação dada pela Emenda Constitucional nº 41, 19.12.2003)

O regramento antigo possuía previsão de aposentadoria por invalidez permanente com proventos proporcionais ao tempo de contribuição, em regra. Assim, o cálculo do benefício levava em consideração o tempo que faltava para o servidor atingir os requisitos de uma aposentadoria voluntária.

Na época, os requisitos eram para os homens, 35 anos de contribuição e 60 de idade, e para as mulheres, 55 anos de idade e 30 de contribuição, na regra comum.

Assim, um servidor do sexo masculino que, por exemplo, tenha atingido 20 anos de contribuição, teria seu benefício calculado à razão de 20 sobre 35 avos da média de sua remuneração, sendo descartadas as 20% das menores remunerações nessa média, com base no artigo 1º da Lei 10.887/2004:

> "Art. 1º No cálculo dos proventos de aposentadoria dos servidores titulares de cargo efetivo de qualquer dos Poderes da União, dos Estados, do Distrito Federal e dos Municípios, incluídas suas autarquias e fundações, previsto no § 3º do art. 40 da Constituição Federa l e no art. 2º da Emenda Constitucional nº 41, de 19 de dezembro de 2003, será considerada a média aritmética simples das maiores remunerações, utilizadas como base para as contribuições do servidor aos regimes de previdência a que esteve vinculado, **correspondentes a 80% (oitenta por cento) de todo o período contributivo desde a competência julho de 1994 ou desde a do início da contribuição, se posterior àquela competência".**

Consoante a regra anterior, os proventos só seriam integrais, isto é, calculados com base em 100% incidentes sobre a média remuneratória dos 80% maiores salários do servidor a partir de 7/1994, em caso de acidente de trabalho ou doença grave, contagiosa ou incurável, na forma da lei do ente federativo.

A regra de cálculo anterior era particularmente injusta com o servidor que ficou inválido com pouco tempo de contribuição, incapacitado em razão de uma doença comum, não derivada de acidente de trabalho, moléstia grave, contagiosa ou incurável, podendo até mesmo ser fixado o benefício no valor do salário mínimo, na hipótese de pequeno tempo de contribuição.

Atualmente o benefício tem renda mensal calculada a partir de sessenta por cento da média das remunerações, não havendo mais garantia de proventos integrais ao portador de doença grave, contagiosa ou incurável. Vejamos a previsão do benefício na Constituição do Estado de São Paulo, reformada pela Emenda 49/2020:

> EMENDA CONSTITUCIONAL Nº 49, DE 6 DE MARÇO DE 2020
>
> Publicada no Diário Oficial do Estado de 07.03.2020
>
> "Artigo 126 – O Regime Próprio de Previdência Social dos servidores titulares de cargos efetivos terá caráter contributivo e solidário, mediante contribuição do Estado de São Paulo, de servidores ativos, de aposentados e de pensionistas, observados critérios que preservem o equilíbrio financeiro e atuarial. (NR)
>
> § 1º – ....
>
> 1 – por incapacidade permanente para o trabalho, no cargo em que estiver investido, quando insuscetível de readaptação, hipótese em que será obrigatório realizar avaliações periódicas para verificar a continuidade das condições que ensejaram a concessão da aposentadoria, na forma da lei;" (NR)

No que diz respeito às avaliações periódicas, aduz a Lei Complementar 1.354/2020:

LEI COMPLEMENTAR 1.354/2020

Publicada no Diário Oficial do Estado de 07.03.2020

"Artigo 2º – O servidor público abrangido pelo regime próprio de previdência estadual será aposentado:

I – por incapacidade permanente para o trabalho, no cargo em que estiver investido, quando insuscetível de readaptação, hipótese em que será obrigatória a realização de avaliações periódicas, no mínimo, a cada 5 (cinco) anos, para verificar a continuidade das condições que ensejaram a concessão da aposentadoria, aplicando-se as normas que regem o processo administrativo estadual, naquilo que couber, e também regulamento específico a ser editado pelo Chefe do Poder Executivo."

Na redação acima, observa-se que há a obrigação de se realizar avaliações periódicas, a fim de avaliar a continuidade das condições que ensejaram a concessão da aposentadoria.

No entanto, ao revés do que ocorre no RGPS e no RPPS da União, as avaliações periódicas ocorrem com uma frequência de 5 anos, e não 2 anos. Nós entendemos que essas avaliações periódicas devem realizadas com observância da idade do servidor, devendo ser aplicadas as restrições etárias do art. 101 da Lei 8.213/91 (60 anos de idade), uma vez que a lei estadual é omissa nesse sentido, devendo ser aplicadas supletivamente as regras do Regime Geral de Previdência Social, conforme §12 do art. 40 da Constituição Federal.

Inclusive, sob o mesmo fundamento, entendemos que as regras do acidente de trabalho por equiparação, previstas na Lei 8.213/91 (art. 21) para o RGPS, também se aplicam ao RPPS estadual.

O Decreto 65.964/2021 trata do procedimento operacional de aposentadoria por incapacidade permanente:

DECRETO 65.964/2021

"Artigo 20 – O procedimento de aposentadoria por incapacidade permanente para o trabalho terá início com a publicação do laudo que ateste a incapacidade do servidor elaborado pelo órgão médico oficial do Estado.

> § 1º – O laudo deverá demonstrar, para os fins previstos no artigo 7º, § 5º, da Lei Complementar nº 1.354, de 6 de março de 2020, o nexo causal entre a incapacidade permanente e o acidente do trabalho, a doença profissional ou a doença do trabalho.
>
> § 2º – Para a comprovação do nexo causal a que se refere o § 1º deste artigo, deverá ser apresentada cópia integral do procedimento administrativo de responsabilidade do órgão de origem do servidor que o apurou".

Assim, o laudo que atesta a incapacidade do servidor é elaborado pelo órgão médico do Estado. Esse laudo deve atestar se há nexo causal entra em capacidade e o acidente de trabalho ou doença profissional do trabalho, visto que nesse caso o cálculo dos proventos é realizado de uma forma diferenciada.

Ressalte-se que essa prova é bastante difícil em alguns casos, como na invalidez oriunda da Covid 19, por exemplo. É o caso do médico, no qual se verificou que o período de encubação que precedeu a data estimada da contaminação ele estava no plantão do hospital.

O cálculo de proventos é disciplinado pelo art. 7° da LC 1354/2021:

> "Artigo 7º – O cálculo dos proventos de aposentadoria do servidor público titular de cargo efetivo considerará a média aritmética simples das remunerações adotadas como base para as contribuições aos regimes de previdência a que o servidor esteve vinculado, atualizadas monetariamente, correspondentes a 100% (cem por cento) do período contributivo, desde a competência julho de 1994 ou desde a do início da contribuição, se posterior àquela competência.
>
> ...
>
> § 2º – A média a que se refere o "caput" será limitada ao valor máximo do salário de contribuição do Regime Geral de Previdência Social, para o servidor que ingressou no serviço público, em cargo efetivo, após a implantação do regime de previdência complementar.
>
> ...
>
> § 4º – Os proventos de aposentadoria corresponderão a 60% (sessenta por cento) da média aritmética definida na forma prevista no "caput" e no § 1º, com acréscimo de 2 (dois) pontos percentuais para cada ano que exceder o tempo de 20 (vinte) anos de contribuição":

TEMPO DE CONTRIBUIÇÃO	COEFICIENTE
Até 20 Anos	60%
21 Anos	62%
22 Anos	64%
23 Anos	66%
24 Anos	68%
25 Anos	70%
26 Anos	72%
27 Anos	74%
28 Anos	76%
29 Anos	78%
30 Anos	80%
31 Anos	82%
32 Anos	84%
33 Anos	86%
34 Anos	88%
35 Anos	90%
36 Anos	92%
37 Anos	94%
38 Anos	96%
39 Anos	98%
40 Anos	100%
E assim sucessivamente	E assim sucessivamente

Em relação ao cálculo dos proventos o Estado de São Paulo no artigo 7º da Lei Complementar praticamente transcreveu as regras da Emenda 49/2020, trazendo mais detalhamento. A base de cálculo do benefício é a média de todas as remunerações a partir do Plano Real. De posse desse valor, se aplica o coeficiente, conforme tabela acima.

Note-se que a regra de descarte fixo não está mais vigente. Antes da Emenda Constitucional 103/2019, a base de cálculo do benefício era os 80% maiores salários após julho de 1994. Logo, havia o descarte dos 20% menores salários, o que poderia resultar em uma média mais alta.

Em suma, o cálculo dos proventos de aposentadoria do servidor público titular de carga efetivo considerará a média aritmética simples das remunerações adotadas como base para as contribuições aos regimes de previdência a que o servidor esteve vinculado, atualizadas monetariamente pelo IPC.

Saliente-se que, na situação de **acidente de trabalho**, o coeficiente do benefício será fixado em **100% da média**:

> LC 1.354/2021 – Artigo 7° – [...] "§ 5º – No caso de aposentadoria por incapacidade permanente, prevista no artigo 2º, inciso I, desta lei complementar, quando decorrente de **acidente de trabalho, de doença profissional ou de doença do trabalho, os proventos corresponderão a 100% (cem por cento) da média aritmética** definida na forma prevista no "caput" e no § 1º.
>
> Artigo 8º – Os benefícios calculados nos termos do disposto no artigo anterior serão reajustados na mesma data utilizada para fins de reajuste dos benefícios do Regime Geral de Previdência Social, com base no **Índice de Preços ao Consumidor – IPC**, apurado pela Fundação Instituto de Pesquisas Econômicas – FIPE".

O índice de Preços ao Consumidor do Município de São Paulo é, no dizer da FIPE, o mais tradicional indicador da evolução do custo de vida das famílias paulistanas e um dos mais antigos do Brasil:

Começou a ser calculado em janeiro de 1939 pela Divisão de Estatística e Documentação da Prefeitura do Município de São Paulo. Em 1968, a responsabilidade do cálculo foi transferida para o Instituto de Pesquisas Econômicas, vinculado ao Departamento de Economia da USP e, posteriormente em 1973, com a criação da Fipe, para esta instituição. Ele estima as variações do custo de vida das famílias com renda familiar entre 1 e 10 salários mínimos (https://www.fipe.org.br/pt-br/indices/ipc/).

Note-se que o IPC vem apresentando valores superiores ao INPC, que é o índice padrão do RGPS. O IPC acumulado de 2022 foi de 7,1%, enquanto o INPC acumulado de 2022 foi 5,93%.

Saliente-se que, conforme novo regramento, não há mais previsão de aposentadoria por incapacidade permanente com proventos integrais para doenças graves, contagiosas ou incuráveis. Assim, servidores acometidos por doenças como a AIDS ou o câncer terão benefícios calculados proporcionalmente ao tempo de contribuição.

Assim, se extraem as duas principais conclusões:

- Doenças graves, contagiosas ou incuráveis não mais geram proventos integrais, SALVO para fato gerador até 07/03/2020.
- Regra nova para fato gerador a partir de 08/03/2020.

A previsão legal transcrita acima, listando as doenças graves, contagiosas e incuráveis, se aplica a benefícios que tenham fato gerador até 07/03/2020. Após dessa data, a aposentadoria por incapacidade permanente não possui mais, nesses casos, proventos integrais.

Considerando que a legislação estadual não possuía esta listagem, a PGE do Estado de São Paulo indicava a aplicação das doenças graves que dispensam carência no RGPS:

PROCURADORIA GERAL DO ESTADO
PROCURADORIA ADMINISTRATIVA

1

Processo nº: SGP nº 338/2008 (PGE nº 18487-605292/2007)

Parecer **PA nº 94/2009**

Interessado: Departamento de Perícias Médicas do Estado - DPME

Assunto: **APOSENTADORIA POR INVALIDEZ. PROVENTOS INTEGRAIS. CONTRIBUIÇÃO PREVIDENCIÁRIA. MOLÉSTIA INCAPACITANTE.**
O preceito insculpido no artigo 40, Parágrafo 1º, I da Constituição Federal – ao determinar que os aposentados por invalidez permanente terão direito a proventos integrais se a mesma decorrer, entre outras hipóteses, de doença grave, contagiosa ou incurável – não é regra auto-aplicável. Na ausência de uma específica disciplina legal a nível nacional regulamentadora do conceito de doença grave, contagiosa ou incurável, a legislação ordinária, ainda assim, contém regra que integra a norma constitucional em comento, ao tratar da concessão de benefícios da previdência social independentemente de carência (Lei Federal 8.213/91, art. 151 c/c art. 26, II). Idêntica solução já havia sido alvitrada nos Pareceres PA nº 142/2006 e nº 144/2006 para a concretização do conceito de doença incapacitante previsto no art. 40, Par. 21 da CF/88 – que institui hipótese de limitação à incidência da contribuição previdenciária –, ressalvando-se apenas que, presentemente, a lista de tais moléstias encontra-se estabelecida em Portaria Interministerial dos Ministérios da Previdência Social e da Saúde, com base em autorização expressa do artigo 26, II da Lei 8.213/91, tendo o artigo 151, regra provisória, perdido eficácia. Ratifica-se o teor do Parecer CJ/SGP nº 214/2008.

A Portaria Ministerial MPAS/MS nº 2.998, de 23-08-2001, listava as doenças graves que dispensam a carência para a concessão da aposentadoria por incapacidade permanente e do auxílio-doença:

> "Art. 1º As doenças ou afecções abaixo indicadas excluem a exigência de carência para a concessão de auxílio-doença ou de aposentadoria por invalidez aos segurados do Regime Geral de Previdência Social – RGPS:
>
> I – tuberculose ativa;
>
> II – hanseníase;

III – alienação mental;

IV – neoplasia maligna;

V – cegueira;

VI – paralisia irreversível e incapacitante;

VII – cardiopatia grave;

VIII – doença de Parkinson;

IX – espondiloartrose anquilosante;

X – nefropatia grave;

XI – estado avançado da doença de Paget (osteíte deformante);

XII – síndrome da deficiência imunológica adquirida – Aids;

XIII – contaminação por radiação, com base em conclusão da medicina especializada; e

XIV – hepatopatia grave.

Art. 2º O disposto no artigo 1º só é aplicável ao segurado que for acometido da doença ou afecção após a sua filiação ao RGPS".

No entanto, com a Lei 13.135/2015, o artigo 151 da Lei 8.213/91 foi restaurado, passando a inserir uma nova doença grave para dispensar a carência dos benefícios por incapacidade, qual seja, a **esclerose múltipla**:

"Art. 151. Até que seja elaborada a lista de doenças mencionada no inciso II do art. 26, independe de carência a concessão de auxílio-doença e de aposentadoria por invalidez ao segurado que, após filiar-se ao RGPS, for acometido das seguintes doenças: tuberculose ativa, hanseníase, alienação mental, **esclerose múltipla**, hepatopatia grave, neoplasia maligna, cegueira, paralisia irreversível e incapacitante, cardiopatia grave, doença de Parkinson, espondiloartrose anquilosante, nefropatia grave, estado avançado da doença de Paget (osteíte deformante), síndrome da deficiência imunológica adquirida (aids) ou contaminação por radiação, com base em conclusão da medicina especializada".

Destaque-se que esse rol é taxativo, conforme jurisprudência do STF:

> **Tema 524 – Aposentadoria integral de servidor portador de doença grave não especificada em lei.**
>
> Há Repercussão?
>
> **Sim**
>
> **Relator(a):**
>
> MIN. TEORI ZAVASCKI
>
> **Leading Case:**
>
> RE 656860
>
> **Descrição:**
>
> Recurso extraordinário em que se discute, à luz do art. 40, §1º, I, da Constituição Federal, a possibilidade, ou não, de servidor portador de doença grave e incurável, não especificada em lei, receber os proventos de aposentadoria de forma integral.
>
> **Tese:**
>
> A concessão de aposentadoria de servidor público por invalidez com proventos integrais exige que a doença incapacitante esteja prevista em rol taxativo da legislação de regência.

Saliente-se que os proventos de aposentadoria não podem ser inferiores ao salário mínimo e sem superiores ao teto do RGPS para os servidores sujeitos ao novo regime previdenciário:

> LC 1354/2020: "Artigo 9º – Os proventos de aposentadoria não poderão ser:
>
> I – inferiores ao valor mínimo a que se refere o § 2º do artigo 201 da Constituição Federal;
>
> II – superiores ao limite máximo estabelecido para o Regime Geral de Previdência Social, quanto aos servidores abrangidos pelos §§ 14, 15 e 16 do artigo 40 da Constituição Federal.

Parágrafo único – As aposentadorias decorrentes de incapacidade permanente ou de servidores com deficiência ou de servidores cujas atividades sejam exercidas com exposição a agentes nocivos, químicos, físicos e biológicos prejudiciais à saúde terão os proventos devidos a partir da publicação do ato concessório".

2.2. APOSENTADORIA COMPULSÓRIA POR IDADE

A aposentadoria compulsória por idade é uma das poucas regras do artigo 40 da Constituição Federal que não sofreu alterações pela Emenda Constitucional 103/2019. Por isso, o espaço legislativo do Estado é bastante reduzido, pois o único aspecto da aposentadoria compulsória por idade que pode ser alterado pelo Estado é o cálculo da renda mensal do benefício.

Vejamos sua previsão no artigo 40 da Constituição Federal:

> "§ 1º-A – O servidor público abrangido por Regime Próprio de Previdência Social será aposentado:
>
> II – compulsoriamente, com proventos proporcionais ao tempo de contribuição, aos 70 (setenta) anos de idade, ou aos 75 (setenta e cinco) anos de idade, na forma de lei complementar;" *(redação dada pela Emenda 88/2015).*

A alteração da idade para a aposentadoria compulsória foi feita pelo Congresso Nacional através da Emenda Constitucional 88/2015, determinando que ela se dará com proventos proporcionais ao tempo de contribuição, aos 70 (setenta) ou aos 75 (setenta e cinco) anos de idade para mulheres e homens respectivamente, na forma de lei complementar.

A referida Emenda também possuía uma regra especial para Ministros do Supremo Tribunal Federal, dos Tribunais Superiores e do Tribunal de Contas da União, cuja aposentadoria compulsória se daria automaticamente aos 75 anos de idade (art. 100 do ACDTC da CF/1988).

No final de 2015 sobreveio a Lei Complementar 152, de 3 de dezembro de 2015, fixando o limite etário de 75 anos para todo o funcionalismo público:

> Art. 2º Serão aposentados compulsoriamente, com proventos proporcionais ao tempo de contribuição, aos 75 (setenta e cinco) anos de idade:
>
> I – os servidores titulares de cargos efetivos da União, dos Estados, do Distrito Federal e dos Municípios, incluídas suas autarquias e fundações;
>
> II – os membros do Poder Judiciário;
>
> III – os membros do Ministério Público;
>
> IV – os membros das Defensorias Públicas;
>
> V – os membros dos Tribunais e dos Conselhos de Contas.
>
> Parágrafo único. Aos servidores do Serviço Exterior Brasileiro, regidos pela Lei nº 11.440, de 29 de dezembro de 2006, o disposto neste artigo será aplicado progressivamente à razão de 1 (um) ano adicional de limite para aposentadoria compulsória ao fim de cada 2 (dois) anos, a partir da vigência desta Lei Complementar, até o limite de 75 (setenta e cinco) anos previsto no caput.

Assim, foi estabelecido o limite temporal a partir do dia 3/12/2015, data de publicação da Lei Complementar 152/2015. Assim, todo servidor que completou 70 anos de idade até o dia 3/12/2015 precisou ser aposentado compulsoriamente nesta idade.

A LC 152/2015 estabeleceu uma regra de transição para os servidores do Serviço Exterior Brasileiro, sendo alterado o limite etário consoante a tabela abaixo:

4/12/2017	71 anos
4/12/2019	72 anos
4/12/2021	73 anos
4/12/2023	74 anos
4/12/2025	75 anos

A Lei Complementar estadual 1.354/2020 fez referência expressa ao texto da Constituição Federal no que diz respeito à aposentadoria compulsória:

LEI COMPLEMENTAR 1.354/2020

Publicada no Diário Oficial do Estado de 07.03.2020

"Artigo 2º – O servidor público abrangido pelo regime próprio de previdência estadual será aposentado:

II – compulsoriamente, nos termos do artigo 40, § 1º, inciso II, da Constituição Federal";

Saliente-se que houve uma regra de aposentação compulsória por idade específica para os policiais civis. Essa regra vigeu entre a Lei complementar 144 e a Lei Complementar 152, e asseverava a aposentadoria do policial civil compulsoriamente aos 65 anos de idade.

"Art. 3º Revoga-se o inciso I do art. 1º da Lei Complementar nº 51, de 20 de dezembro de 1985".

Essa regra já era vista pela maioria dos autores como inconstitucional, uma vez que contrariava a regra da aposentadoria compulsória prevista na constituição, aos 70 anos de idade. No entanto, a jurisprudência na época se posicionou no sentido contrário, entendo pela constitucionalidade da regra em comento:

"DECISÃO: Aposentadoria de policial federal anterior à idade limite de 70 anos caracteriza opção do servidor

12/03/18 15:55

A 1ª Turma do Tribunal Regional Federal da 1ª Região (TRF1), por unanimidade, deu provimento à apelação de um policial federal contra a sentença do Juízo da 2ª Vara da Seção Judiciária do Pará, que julgou improcedente o pedido do apelante para não ser aposentado compulsoriamente aos 65 anos.

Descontente com a decisão da 1ª Instância, o autor recorreu ao Tribunal alegando, em síntese, que disposto na Lei Complementar nº 51/1985 contraria a Constituição Federal de 1988, que estabelece, em seu art. 40 § 1º, inciso II, a aposentadoria compulsória somente aos 70 anos, sendo, portanto, uma garantia constitucional e que qualquer disposição somente poderia ser editada com vistas a beneficiar o servidor.

> Ao analisar o caso, a relatora, desembargadora federal Gilda Sigmaringa Seixas, destacou que mesmo que a Constituição Federal de 1988 tenha permitido a adoção de requisitos diferenciados para a concessão de aposentadoria voluntária aos servidores que exerçam atividades de risco (como é o caso dos policiais), definiu, em seu artigo 40, § 1º, inciso II, como termo final para a permanência em serviço, a idade limite de 70 anos. Assim, o § 4º, do artigo 40 da CF/1988 não ampara a aposentadoria compulsória aos 65 anos, pois sua dicção evidencia que ela permite critérios diferenciados para servidores que exerçam atividades de risco, mas apenas para beneficiá-los".
>
> A magistrada enfatizou ainda que "a aposentadoria, em momento anterior à idade limite de 70 anos, caracteriza-se como uma opção do servidor, pelo que não cabe à Administração Pública dar início a qualquer processo nesse sentido, com fundamento no inciso II, do artigo 1º da Lei Complementar 51/85, em descompasso com a Constituição Federal".
>
> Diante do exposto, a Turma, acompanhando o voto do relator, deu provimento à apelação do servidor público.
>
> Processo nº: 0012547-56.2014.4.01.3900/PA
>
> Data de julgamento: 13/12/2017
>
> Data de publicação: 21/02/2018

Nesse sentido, de modo acertado, o Tribunal de Justiça do Estado da Bahia declarou a inconstitucionalidade do artigo 2º, da LC 144/2014:

> "No julgamento da Arguição de Inconstitucionalidade n. 0012707-97.2014.8.05.0000 o Tribunal Pleno desta Côrte, declarou a inconstitucionalidade do inciso I do art. 1ª da LC n. 51/1985, com a nova redação conferida pelo art. 2º da LC n. 144/2014.
>
> A lei complementar nº 144/2014, que deu nova redação à lei complementar nº 51/1985, não foi recepcionada por nosso sistema constitucional, encontrando-se em desalinho com o art. 40, § 1 º, II da Carta Magna.
>
> Desta forma, revela-se ilegal a atuação estatal, no caso dos autos, ao afastar compulsoriamente o Impetrante de suas atividades, com fundamento nas leis 051/1985, e 144/2014, uma vez que as mesmas são consideradas inconstitucionais. SEGURANÇA CONCEDIDA (Classe: Mandado de

> Segurança,Número do Processo: 0008166-50.2016.8.05.0000, Relator (a): Sandra Inês Moraes Rusciolelli Azevedo, Seção Cível de Direito Público, Publicado em: 14/03/2017)".

Por outro lado, em 27 de agosto de 2021, curiosamente à unanimidade, a meu ver de modo equivocado, ao julgar a ADI 5.241, **o STF pronunciou a constitucionalidade da LC 144/2014, que fixou temporariamente em 65 anos a aposentadoria por idade compulsória do policial no RPPS até o advento da LC 152/2015:**

> ADI 5241 / DF – DISTRITO FEDERAL
>
> AÇÃO DIRETA DE INCONSTITUCIONALIDADE
>
> Relator(a): Min. GILMAR MENDES
>
> Julgamento: 30/08/2021
>
> Publicação: 23/09/2021
>
> Órgão julgador: Tribunal Pleno
>
> Ementa
>
> Ação direta de inconstitucionalidade. 2. Lei Complementar 144/2014, que alterou a Lei Complementar 51/1985. 3. Regras de aposentadoria específicas para servidores policiais. 4. Ação conhecida em parte. 5. Ação direta julgada improcedente.

O procedimento de aposentadoria compulsória é previsto pelo Decreto estadual 65.964/2021:

> DECRETO 65.964/2021
>
> "Artigo 18 – **O procedimento de aposentadoria compulsória terá início 120 (cento e vinte) dias antes do atingimento, pelo servidor, da idade limite para permanência no serviço público**".

Normalmente o servidor que está próximo da idade da aposentadoria compulsória já completou uma ou mais regras de aposentadoria. Assim, o procedimento de aposentadoria é aberto, e deve possibilitar o direito de opção ao servidor, visando a concessão do benefício mais vantajoso.

O cálculo da renda mensal da aposentadoria compulsória por idade é feito consoante artigo 7º da Emenda: 49/2020:

> "Artigo 7º – O cálculo dos proventos de aposentadoria do servidor público titular de cargo efetivo considerará a média aritmética simples das remunerações adotadas como base para as contribuições aos regimes de previdência a que o servidor esteve vinculado, atualizadas monetariamente, correspondentes a 100% (cem por cento) do período contributivo, desde a competência julho de 1994 ou desde a do início da contribuição, se posterior àquela competência.
>
> ...
>
> **§ 6º – No caso de aposentadoria compulsória, prevista no artigo 2º, inciso II, desta lei complementar, os proventos corresponderão ao resultado do tempo de contribuição dividido por 20 (vinte), limitado a 1 (um) inteiro, multiplicado pelo valor apurado na forma prevista no "caput" e no § 1º, ressalvado o caso de cumprimento de requisitos para aposentadoria que resulte em situação mais favorável".**

Tome-se como exemplo um servidor estadual que for se aposentar de modo compulsório aos 75 anos de idade, sem ainda preencher os requisitos da aposentadoria idade voluntária, e que tenha 10 anos de tempo de contribuição, sendo necessário dividir 10 por 20, chegando a ½ de 60%, com proventos à razão de **30% da média das 100% maiores remunerações desde Julho de 1994**, assegurado ao menos um salário mínimo de renda mensal.

> – Regra nova para fato gerador a partir de 08/03/2020: *Tempus Regit Actum.*
> – Fato gerador anterior: média pela Lei 10.887/2004, art. 1º (80%).

A base de cálculo da fórmula antiga era a prevista pela Lei 10887/2004:

> "Art. 1º No cálculo dos proventos de aposentadoria dos servidores titulares de cargo efetivo de qualquer dos Poderes da União, dos Estados, do Distrito Federal e dos Municípios, incluídas suas autarquias e fundações,

> previsto no § 3º do art. 40 da Constituição Federa l e no art. 2º da Emenda Constitucional nº 41, de 19 de dezembro de 2003, será considerada a média aritmética simples das maiores remunerações, utilizadas como base para as contribuições do servidor aos regimes de previdência a que esteve vinculado, correspondentes a 80% (oitenta por cento) de todo o período contributivo desde a competência julho de 1994 ou desde a do início da contribuição, se posterior àquela competência".

Suponha-se (mesmo caso acima) um servidor do sexo masculino que fez 75 anos no ano de 2018 com 10 anos de tempo de contribuição. Neste caso, os proventos serão à razão de 10/35 (**28,57%**) da média das 80% maiores remunerações a partir de Julho/1994. Se fosse uma mulher seria 10/30 (**33,33%**) da citada média.

Saliente-se que os proventos de aposentadoria não podem ser inferiores ao salário mínimo e sem superiores ao teto do RGPS para os servidores sujeitos ao novo regime previdenciário, devendo ser reajustada pela variação do IPC do ano anterior:

> LC ESTADUAL 1.354/2020:
>
> "Artigo 8º – Os benefícios calculados nos termos do disposto no artigo anterior serão reajustados na mesma data utilizada para fins de reajuste dos benefícios do Regime Geral de Previdência Social, com base no Índice de Preços ao Consumidor – IPC, apurado pela Fundação Instituto de Pesquisas Econômicas – FIPE.
>
> Artigo 9º – Os proventos de aposentadoria não poderão ser:
>
> I – inferiores ao valor mínimo a que se refere o § 2º do artigo 201 da Constituição Federal;
>
> II – superiores ao limite máximo estabelecido para o Regime Geral de Previdência Social, quanto aos servidores abrangidos pelos §§ 14, 15 e 16 do artigo 40 da Constituição Federal.
>
> Parágrafo único – As aposentadorias decorrentes de incapacidade permanente ou de servidores com deficiência ou de servidores cujas atividades sejam exercidas com exposição a agentes nocivos, químicos, físicos e biológicos prejudiciais à saúde terão os proventos devidos a partir da publicação do ato concessório".

3

ANTIGAS REGRAS PERMANENTES DAS APOSENTADORIAS VOLUNTÁRIAS ORDINÁRIAS COMUNS E DE PROFESSOR DO ENSINO BÁSICO

Este capítulo abordará o regramento permanente das aposentadorias voluntárias no RPPS do Estado de São Paulo, notadamente as regras permanentes de aposentadoria.

É necessário salientar que nem sempre o regramento permanente será mais vantajoso que as regras de transição. É necessário analisar o enquadramento do servidor nas diversas regras, a fim de que possa mensurar o benefício mais vantajoso.

Anteriormente ao advento da reforma estadual da previdência, o RPPS do Estado de São Paulo trazia duas espécies de aposentadorias voluntárias à luz do artigo 40, §1º, da Constituição Federal, no texto anterior à EC 103/2019:

a) Por idade e tempo de contribuição, com proventos integrais;

b) Por idade, com proventos proporcionais.

Vejamos sua previsão legal de época:

> "III – voluntariamente, desde que cumprido tempo mínimo de dez anos de efetivo exercício no serviço público e cinco anos no cargo efetivo em que se dará a aposentadoria, observadas as seguintes condições: (Redação dada pela Emenda Constitucional nº 20, de 15/12/98)
>
> a) sessenta anos de idade e trinta e cinco de contribuição, se homem, e cinqüenta e cinco anos de idade e trinta de contribuição, se mulher; (Redação dada pela Emenda Constitucional nº 20, de 15/12/98)
>
> b) sessenta e cinco anos de idade, se homem, e sessenta anos de idade, se mulher, com proventos proporcionais ao tempo de contribuição". (Redação dada pela Emenda Constitucional nº 20, de 15/12/98)

Saliente-se que em ambas as espécies de aposentadoria se exigia o cumprimento de 10 anos de efetivo exercício no serviço público, bem como cinco anos no cargo efetivo em que se dará a aposentação.

Para ter proventos integrais, o servidor deveria completar 35 anos de contribuição e 60 anos de idade, se homem, ou 30 anos de contribuição e 55 de idade, se mulher.

Para ter proventos proporcionais, por outro lado, bastava completar 65 anos de idade, se homem, ou 60 anos de idade, se mulher, sem a exigência de tempo mínimo de contribuição, bastando 10 anos de efetivo exercício no serviço público, bem como 5 anos no cargo efetivo em que se dará a aposentação.

Assim, um homem com 65 anos de idade com 25 anos de tempo de contribuição teria direito à aposentadoria por idade com proventos proporcionais à razão de 25/30 da média citada no artigo 1º da Lei 10.887/2004:

> "Art. 1º No cálculo dos proventos de aposentadoria dos servidores titulares de cargo efetivo de qualquer dos Poderes da União, dos Estados, do Distrito Federal e dos Municípios, incluídas suas autarquias e fundações, previsto no § 3º do art. 40 da Constituição Federa l e no art. 2º da Emenda Constitucional nº 41, de 19 de dezembro de 2003, será considerada a média aritmética simples das maiores remunerações, utilizadas como base para as contribuições do servidor aos regimes de previdência

> a que esteve vinculado, **correspondentes a 80% (oitenta por cento) de todo o período contributivo desde a competência julho de 1994 ou desde a do início da contribuição, se posterior àquela competência".**

No que tange ao professor do ensino básico, por força do §5º do artigo 40 da Constituição Federal, na redução anterior à EC 103/2019, havia previsão de aposentadoria voluntária com proventos integrais com redução em 5 anos na idade e 5 anos no tempo de contribuição:

> "§ 5º – Os requisitos de idade e de tempo de contribuição serão reduzidos em cinco anos, em relação ao disposto no § 1º, III, "a", para o professor que comprove exclusivamente tempo de efetivo exercício das funções de magistério na educação infantil e no ensino fundamental e médio". (Redação dada pela Emenda Constitucional nº 20, de 15/12/98)

Logo, para ter proventos integrais, o servidor professor do ensino básico deveria completar 30 anos de contribuição e 55 anos de idade, se homem, ou 25 anos de contribuição e 50 de idade, se mulher, com tempo de contribuição exclusivamente nesta condição.

A Emenda Constitucional 103/2019 promoveu a reforma previdenciária, determinando aos estados, DF e municípios a aplicação das regras de aposentadoria antigas, até que o respectivo ente federativo altere sua legislação interna, ratificando a reforma:

> Emenda 103/2019: Art. 10,
>
> "§ 7º Aplicam-se às aposentadorias dos servidores dos Estados, do Distrito Federal e dos Municípios as normas constitucionais e infraconstitucionais anteriores à data de entrada em vigor desta Emenda Constitucional, enquanto não promovidas alterações na legislação interna relacionada ao respectivo regime próprio de previdência social".

Essas regras permanentes vigoraram no ordenamento jurídico até 07/03/2020 para os servidores do Estado de São Paulo, devendo ser aferida a existência de direito adquirido.

Com a reforma previdenciária federal implementada pela EC 103/2019, o servidor federal passou a precisar cumprir 65 ou 62 anos de idade para a aposentadoria voluntária em regra permanente, cabendo aos estados e municípios definir o regramento local, nos termos da atual redação do artigo 40, §1º, da Constituição Federal:

> "III – no âmbito da União, aos 62 (sessenta e dois) anos de idade, se mulher, e aos 65 (sessenta e cinco) anos de idade, se homem, **e, no âmbito dos Estados, do Distrito Federal e dos Municípios, na idade mínima estabelecida mediante emenda às respectivas Constituições e Leis Orgânicas**, observados o tempo de contribuição e os demais requisitos estabelecidos em lei complementar do respectivo ente federativo". (Redação dada pela Emenda Constitucional nº 103, de 2019)

O reajuste anual dar-se-á pelo INPC, índice do RGPS, nos termos do artigo 15 da Lei 10.887/2004, regra aplicável ao RPPS do Estado de São Paulo naquela época:

> "Art. 15. Os proventos de aposentadoria e as pensões de que tratam os arts. 1º e 2º desta Lei serão reajustados, a partir de janeiro de 2008, na mesma data e índice em que se der o reajuste dos benefícios do regime geral de previdência social, ressalvados os beneficiados pela garantia de paridade de revisão de proventos de aposentadoria e pensões de acordo com a legislação vigente". (Redação dada pela Lei nº 11.784, de 2008)

No próximo item iremos estudar as atuais regras permanentes de aposentação do servidor do Estado de São Paulo.

4

ANTIGAS REGRAS PERMANENTES DAS APOSENTADORIAS VOLUNTÁRIAS DOS POLICIAIS CIVIS

Os policiais possuem um regramento especial para a sua aposentação ditado na Lei Complementar 51/1985, garantindo-se no seu texto originário aposentadoria voluntária com proventos integrais, após 30 anos de serviço, desde que conte, pelo menos 20 anos de exercício em cargo de natureza estritamente policial.

No entanto, coube à Lei Complementar 144/2014 alterar essas regras em benefício das mulheres policiais, que passaram a se aposentar com 25 anos de tempo de contribuição. Em síntese, garante-se a aposentadoria voluntária aos policiais, com proventos integrais, independentemente da idade, nas seguintes condições:

a) após 30 (trinta) anos de contribuição, desde que conte, pelo menos, 20 (vinte) anos de exercício em cargo de natureza estritamente policial, se homem;

b) após 25 (vinte e cinco) anos de contribuição, desde que conte, pelo menos, 15 (quinze) anos de exercício em cargo de natureza estritamente policial, se mulher.

Veja-se o dispositivo:

> "Art. 1º O servidor público policial será aposentado: (Redação dada pela Lei Complementar nº 144, de 2014)
>
> ...
>
> II – voluntariamente, com proventos integrais, independentemente da idade: (Redação dada pela Lei Complementar nº 144, de 2014)
>
> a) após 30 (trinta) anos de contribuição, desde que conte, pelo menos, 20 (vinte) anos de exercício em cargo de natureza estritamente policial, se homem; (Incluído pela Lei Complementar nº 144, de 2014)
>
> b) após 25 (vinte e cinco) anos de contribuição, desde que conte, pelo menos, 15 (quinze) anos de exercício em cargo de natureza estritamente policial, se mulher. (Incluído pela Lei Complementar nº 144, de 2014)"

De acordo com o STF, esta norma foi recepcionada pela Constituição de 1988, conforme decisão tomada na ADI 3.817, de 13.11.2008:

> EMENTA: AÇÃO DIRETA DE INCONSTITUCIONALIDADE. ART. 3º DA LEI DISTRITAL N. 3.556/2005. SERVIDORES DAS CARREIRAS POLICIAIS CIVIS CEDIDOS À ADMINISTRAÇÃO PÚBLICA DIRETA E INDIRETA DA UNIÃO E DO DISTRITO FEDERAL: TEMPO DE SERVIÇO CONSIDERADO PELA NORMA QUESTIONADA COMO DE EFETIVO EXERCÍCIO DE ATIVIDADE POLICIAL. AMPLIAÇÃO DO BENEFÍCIO DE APOSENTADORIA ESPECIAL DOS POLICIAIS CIVIS ESTABELECIDO NO ARTIGO 1º DA LEI COMPLEMENTAR FEDERAL Nº 51, DE 20.12.1985. AÇÃO JULGADA PROCEDENTE. 1. Inexistência de afronta ao art. 40, § 4º, da Constituição da República, por restringir-se a exigência constitucional de lei complementar à matéria relativa à aposentadoria especial do servidor público, o que não foi tratado no dispositivo impugnado. 2. Inconstitucionalidade formal por desobediência ao art. 21, inc. XIV, da Constituição da República que outorga competência privativa à União legislar sobre regime jurídico de policiais civis do Distrito Federal. **3. O art. 1º da Lei Complementar Federal n. 51/1985 que dispõe que o policial será aposentado voluntariamente, com proventos integrais, após 30 (trinta) anos de serviço, desde que conte pelo menos 20 anos de exercício em cargo de natureza estritamente policial foi recepcionado pela Constituição da República de**

> **1988**. A combinação desse dispositivo com o art. 3º da Lei Distrital n. 3.556/2005 autoriza a contagem do período de vinte anos previsto na Lei Complementar n. 51/1985 sem que o servidor público tenha, necessariamente, exercido atividades de natureza estritamente policial, expondo sua integridade física a risco, pressuposto para o reconhecimento da aposentadoria especial do art. 40, § 4º, da Constituição da República: inconstitucionalidade configurada. 4. Ação direta de inconstitucionalidade julgada procedente.

Para o TCU, "compete ao Ministério da Justiça, órgão ao qual está atrelada a carreira de policial federal, a regulamentação do alcance a ser dado ao art. 1º da Lei Complementar 51/85, de modo a delimitar as atividades e atribuições que devem ser enquadradas como estritamente policiais para fins de aposentadoria especial da categoria"[2].

Cada legislação dos entes federativos deverá definir os cargos policiais. Por exemplo, na União, nos termos do Decreto-lei 2.251/1985, no Departamento de Polícia Federal, a Carreira Policial Federal, composta de cargos de **Delegado de Polícia Federal, Perito Criminal Federal, Censor Federal, Escrivão de Polícia Federal, Agente de Polícia Federal e Papiloscopista Policial Federal.**

Eis o tratamento no âmbito do Estado de São Paulo (LC 207/1979):

> "**Artigo 12** – As classes e as séries de classes policiais civis integram o Quadro da Secretaria da Segurança Pública na seguinte conformidade:
>
> **I** – na Tabela I (SQC-I):
>
> **a)** Delegado Geral de Polícia;
>
> **b)** Diretor Geral de Polícia (Departamento Policial);
>
> **c)** Assistente Técnico de Polícia;
>
> **d)** Delegado Regional de Polícia;
>
> **e)** Diretor de Divisão Policial;

2. Acórdão 1882/2015 Plenário (Embargos de Declaração, Relator Ministro Vital do Rêgo).

f) Vetado;

g) Vetado;

h) Assistente de Planejamento e Controle Policial;

i) Vetado;

j) Delegado de Polícia Substituto;

l) Escrivão de Polícia Chefe II;

m) Investigador de Polícia Chefe II;

n) Escrivão de Polícia Chefe I;

o) Investigador de Polícia Chefe I;

II – na Tabela II (SQC-II):

a) Chefe de Seção (Telecomunicação Policial);

b) Encarregado de Setor (Telecomunicação Policial);

c) Chefe de Seção (Pesquisador Dactiloscópico Policial);

d) Encarregado de Setor (Pesquisador Dactiloscópico Policial)

e) Encarregado de Setor (Carceragem);

f) Chefe de Seção (Dactiloscopista Policial);

g) Encarregado de Setor (Dactiloscopista Policial);

h) Perito Criminal Chefe; (NR)

- Alínea "h" acrescentada pela Lei Complementar nº 247, de 06/04/1981.

i) Perito Criminal Encarregado. (NR)

- Alínea "i" acrescentada pela Lei Complementar nº 247, de 06/04/1981.

III – na Tabela III (SQC-III)

a) os das séries de classe de:

1. Delegado de Polícia;

2. Escrivão de Polícia;

3. Investigador de Polícia;

b) os das seguintes classes:

1. Perito Criminal;

2. Técnico em Telecomunicações Policial;

3. Operador de Telecomunicações Policial;

4. Fotógrafo (Técnica Policial);

5. Inspetor de Diversões Públicas;

6. Auxiliar de Necrópsia;

7. Pesquisador Dactiloscópico Policial;

8. Carcereiro;

9. Dactiloscopista Policial;

~~**10.** Motorista Policial;~~

10. Agente Policial; (NR)

- Item 10 com redação dada pela Lei Complementar nº 456, de 12/05/1986.

11. Atendente de Necrotério Policial".

A meu ver basta o exercício do cargo policial para a aplicação das regras especiais de aposentação, pois a LC 51 não exige que a função seja exercida em órgãos policiais, **considerando que o policial possui risco diferenciado em sua atuação mesmo na situação de cessão a órgão externo, devendo coibir crimes que presenciar ou mesmo sendo vítima de violência fora do serviço quando o meliante descobre que se trata de um policial.**

Não obstante isso, a meu ver de modo equivocado, o STF entende que a cessão de policiais para órgãos externos não permite o cômputo do tempo de contribuição na condição "exercício em cargo de natureza estritamente policial" durante o período cedido:

ADI 3817/DF – DISTRITO FEDERAL

AÇÃO DIRETA DE INCONSTITUCIONALIDADE

Relator(a): Min. CÁRMEN LÚCIA

Julgamento: 13/11/2008

Publicação: 03/04/2009

Órgão julgador: Tribunal Pleno

Publicação

DJe-064 DIVULG 02-04-2009 PUBLIC 03-04-2009 EMENT VOL-02355-01 PP-00059 RTJ VOL-00209-01 PP-00118

Partes

REQTE.(S): GOVERNADORA DO DISTRITO FEDERAL ADV.(A/S): PGDF – LUIZ LUCAS DA CONCEIÇÃO E OUTRO(A/S) REQDO.(A/S): GOVERNADOR DO DISTRITO FEDERAL REQDO.(A/S): CÂMARA LEGISLATIVA DO DISTRITO FEDERAL INTDO.(A/S): ASSOCIAÇÃO DOS DELEGADOS DE POLÍCIA DO BRASIL – ADEPOL/BRASIL INTDO.(A/S): ASSOCIAÇÃO DOS DELEGADOS DE POLÍCIA DO DISTRITO FEDERAL – ADEPOL/DF ADV.(A/S): WLADIMIR SÉRGIO REALE INTDO.(A/S): FEDERAÇÃO NACIONAL DOS POLICIAIS RODOVIÁRIOS FEDERAIS – FENAPRF ADV.(A/S): EMANUEL SANTOS DE LIMA INTDO.(A/S): ASSOCIAÇÃO NACIONAL DOS DELEGADOS DE POLÍCIA FEDERAL – ADPF ADV.(A/S): FRANCISCO REZEK

Ementa

EMENTA: AÇÃO DIRETA DE INCONSTITUCIONALIDADE. ART. 3º DA LEI DISTRITAL N. 3.556/2005. **SERVIDORES DAS CARREIRAS POLICIAIS CIVIS CEDIDOS À ADMINISTRAÇÃO PÚBLICA DIRETA E INDIRETA DA UNIÃO E DO DISTRITO FEDERAL: TEMPO DE SERVIÇO CONSIDERADO PELA NORMA QUESTIONADA COMO DE EFETIVO EXERCÍCIO DE ATIVIDADE POLICIAL. AMPLIAÇÃO DO BENEFÍCIO DE APOSENTADORIA ESPECIAL DOS POLICIAIS CIVIS ESTABELECIDO NO ARTIGO 1º DA LEI COMPLEMENTAR FEDERAL Nº 51, DE 20.12.1985**. AÇÃO JULGADA PROCEDENTE. 1. Inexistência de afronta ao art. art. 40, § 4º, da Constituição da República, por restringir-se a exigência constitucional de lei complementar à matéria relativa à aposentadoria especial do servidor público, o que não foi tratado no dispositivo impugnado. **2. Inconstitucionalidade formal por desobediência ao art. 21, inc. XIV, da Constituição da República que outorga competência privativa à União legislar sobre regime jurídico de policiais civis do Distrito Federal.** 3. O art. 1º da Lei Complementar Federal n. 51/1985 que dispõe que o policial será aposentado voluntariamente, com proventos integrais, após 30 (trinta) anos de serviço, desde que conte pelo menos 20 anos de exercício em cargo de natureza estritamente policial foi recepcionado pela Constituição da República de 1988. **A combinação desse dispositivo com o art. 3º da Lei Distrital n. 3.556/2005 autoriza a contagem do período de vinte anos previsto na Lei Complementar n. 51/1985 sem que o servidor público tenha, necessariamente, exercido atividades de natureza estritamente policial, expondo sua integridade física a risco, pressuposto para o reconhecimento da aposentadoria especial do art. 40, § 4º, da Constituição da República: inconstitucionalidade configurada**. 4. Ação direta de inconstitucionalidade julgada procedente.

Veja-se voto vencedor da lavra da ilustre Ministra Carmen Lúcia:

> *"7. E assim é que, ao cuidar de estender a definição legal de "efetivo exercício de atividade policial o tempo de serviço prestado pelo servidor das carreiras policiais civis da Policia Civil do Distrito Federal, cedido à Administração Pública Direta e Indireta de qualquer dos Poderes da União e do Distrito Federal, até a data da publicação desta Lei", a norma questionada inovou a) em primeiro lugar, a matéria no que concerne à restrição dos titulares do direito à aposentadoria especial aos que estivessem no desempenho de atividades estritamente policiais;* ***b) não observou o critério que poderia ensejar o cuidado legislativo da matéria, que se tem no inc. III do § 4º do art. 40 da Constituição (norma atual),*** *pois a cessão pode significar – e em geral ou, pelo menos, na maioria dos casos, significa – o afastamento do policial significa exatamente das condições de risco ou prejuízo à sua integridade física; c) alterou por lei distrital matéria adstrita à lei nacional ou federal.*
>
> *8. Por todas as razões assim expostas, considerando recepcionada a Lei Complementar n. 51/85, voto pela procedência da presente ação, declarando inconstitucional formal e materialmente o art. 3º da Lei Distrital n. 3.556, de 18 da janeiro de 2005".*

Tivemos um *overruling* no julgamento do **tema 1019 em repercussão geral**, com superação da posição firmada na ADI 5039. Por unanimidade, o STF fixou tese para garantir a **integralidade** de proventos de aposentadoria para os policiais que adquiriram direito com lastro na LC 51, antes da reforma da previdência do ente federativo, **mesmo aqueles que ingressaram no serviço público após a vigência da Emenda 41/2003.**

No que tange ao **reajuste paritário**, por outro lado, o STF somente o garantiu **se a lei do ente federativo a previr expressamente:**

> **Tema 1019 – Direito de servidor público que exerça atividades de risco de obter, independentemente da observância das regras de transição das Emendas Constitucionais nºs 41/03 e 47/05, aposentadoria especial com proventos calculados com base na integralidade e na paridade.**
>
> Há Repercussão?
>
> **Sim**
>
> **Relator(a):**
>
> MIN. DIAS TOFFOLI
>
> **Leading Case:**
>
> RE 1162672
>
> **Descrição:**
>
> Recurso extraordinário em que se examina, à luz dos arts. 40, §§ 1º, 3º, 4º, 8º e 17, da Constituição Federal; 3º, 6º, 6º-A e 7º da Emenda Constitucional nº 41/03 e 2º e 3º da Emenda Constitucional nº 47/05, se o servidor público que exerce atividades de risco e preenche os requisitos para a aposentadoria especial tem, independentemente da observância das normas de transição constantes das referidas emendas constitucionais, direito ao cálculo dos proventos com base nas regras da integralidade e da paridade.
>
> **Tese:**
>
> O servidor público policial civil que preencheu os requisitos para a aposentadoria especial voluntária prevista na LC nº 51/85 tem direito ao cálculo de seus proventos com base na regra da integralidade e, quando também previsto em lei complementar, na regra da paridade, independentemente do cumprimento das regras de transição especificadas nos arts. 2º e 3º da EC 47/05, por enquadrar-se na exceção prevista no art. 40, § 4º, inciso II, da Constituição Federal, na redação anterior à EC 103/19, atinente ao exercício de atividade de risco.

Registre-se que no caso da **Polícia Federal**, a Lei 4.878/1965 expressamente garante o **reajuste paritário:**

"Art. 38. O provento do policial inativo será revisto sempre que ocorrer:

a) modificação geral dos vencimentos dos funcionários policiais civis em atividade; ou

b) reclassificação do cargo que o funcionário policial inativo ocupava ao aposentar-se".

No âmbito do **Estado de São Paulo**, a LC 207/1979, que instituiu a Lei Orgânica da Polícia Civil do Estado de São Paulo, **não possui essa previsão de paridade**, devendo ser aplicada a regra constante do artigo 15 da Lei 10.887/2004, que manda aplicar a regra de reajuste do RGPS, que, nos termos do artigo 41-A da Lei 8.213/91, é a variação do INPC.

Essas regras permanentes vigoraram no ordenamento jurídico até 07/03/2020 para os servidores policiais do Estado de São Paulo, devendo ser aferida a existência de direito adquirido.

Registre-se, por fim, que o STF estende o regramento da LC 51 aos agentes penitenciários, atuais policiais penais, por diversas decisões monocráticas, não tendo ainda havido manifestação do Plenário:

MI 7057 / DF – DISTRITO FEDERAL

MANDADO DE INJUNÇÃO

Relator(a): Min. ALEXANDRE DE MORAES

Julgamento: 05/12/2018

Publicação

PROCESSO ELETRÔNICO

DJe-264 DIVULG 07/12/2018 PUBLIC 10/12/2018

Decisão

Trata-se de Mandado de Injunção em face de omissão legislativa atribuída ao Presidente da República, ao Presidente do Senado Federal e ao Presidente da Câmara dos Deputados, relativamente à ausência de legislação complementar que regulamente a aposentadoria especial dos servidores públicos que exerçam atividades de risco, o que inviabiliza o exercício do seu direito à aposentadoria diferenciada.

Na inicial, o impetrante alega que: (a) **é servidor público estadual, exercendo a função de agente penitenciário no Estado do Paraná, portando, exposto a constante atividade de risco, o que autoriza a sua aposentadoria especial prevista no art. 40, § 4º, II, da CF/1988**; e (b) no entanto, pela ausência de Lei Complementar no âmbito federal, tal disposição estadual não considera a aposentadoria especial e exigem idade e tempo de contribuições para fins de aposentadoria, da mesma forma exigida por um servidor que trabalha em condições normais (fl. 5). Requer a concessão dos benefícios da gratuidade de justiça e, ao final, (i) o provimento do presente writ, a fim de declarar omissa legislativa, bem como declaração do direito à aposentadoria especial do impetrante por trabalhar há mais de 25 (vinte e cinco) anos em atividade penosa, insalubre, perigosa, com base nos artigos 5º, inciso LXXI, 40, § 4º, incisos II e III e, artigo 102, I q, da Constituição Federal c/c período estabelecido no Regime Geral de Previdência Social, nos termos da Lei Complementar 51/1985; (ii) declaração do impetrante como aposentado para todos os fins de direito, concedendo-se os proventos da aposentadoria com pagamento de forma integral, ou seja, 100% (cem por cento) do salário-benefício, equiparando-se aos servidores públicos estatuais da ativa, conforme disciplina a Lei Complementar 51/1985" (fl. 19).

Nos termos do art. 52, parágrafo único, do Regimento Interno do Supremo Tribunal Federal, dispenso a remessa dos autos à Procuradoria-Geral da República É o relatório. Decido.

DEFIRO a gratuidade de Justiça, pois não há elementos que possam afastar a presunção de insuficiência de recursos de que trata o § 3º do art. 99 do CPC/2015.

O art. 5º, inciso LXXI, da Constituição Federal prevê que se concederá mandado de injunção sempre que a falta de norma regulamentadora torne inviável o exercício de direitos e liberdades constitucionais e das prerrogativas inerentes à nacionalidade, à soberania e à cidadania.

Trata-se de ação constitucional autoaplicável, de caráter civil e de procedimento especial, que visa a suprir uma omissão do Poder Público, no intuito de viabilizar o exercício de um direito, uma liberdade ou uma prerrogativa prevista na Constituição Federal, visando a afastar o que ARICÊ MOACYR AMARAL SANTOS aponta como a "inércia da norma constitucional, decorrente da omissão normativa" (Mandado de injunção. São Paulo: Revista dos Tribunais, 1989. P. 31), ou no dizer de CANOTILHO, buscando "destruir o 'rochedo de bronze' da incensurabilidade do silêncio" legislativo (As garantias do cidadão na justiça.

(coord. Sálvio de Figueiredo Teixera). São Paulo: Saraiva, 1993, p. 367). Em outras palavras, como tive oportunidade de afirmar, o mandado de injunção visa ao combate à síndrome de inefetividade das normas constitucionais (Direito Constitucional. 33. Ed. São Paulo: Atlas, 2017. P. 183).

As normas constitucionais que permitem o ajuizamento do mandado de injunção não decorrem de todas as espécies de omissões do Poder Público, mas tão só em relação às normas constitucionais de eficácia limitada de princípio institutivo de caráter impositivo e das normas programáticas vinculadas ao princípio da legalidade, por dependerem de atuação normativa ulterior para garantir sua aplicabilidade.

Assim, sempre é necessária a presença dos requisitos do mandado de injunção, que são (a) a falta de norma reguladora de uma previsão constitucional (omissão total ou parcial do Poder Público); (b) inviabilização do exercício dos direitos e liberdades constitucionais e das prerrogativas inerentes à nacionalidade, à soberania e à cidadania.

Ressalte-se, portanto, que o cabimento do mandado de injunção pressupõe a existência de nexo de causalidade entre a omissão normativa do Poder Público e a inviabilidade do exercício do direito, liberdade ou prerrogativa, conforme decidido por esta CORTE:

DIREITO SUBJETIVO À LEGISLAÇÃO E DEVER CONSTITUCIONAL DE LEGISLAR: A NECESSÁRIA EXISTÊNCIA DO PERTINENTE NEXO DE CAUSALIDADE. – O direito à legislação só pode ser invocado pelo interessado, quando também existir – simultaneamente imposta pelo próprio texto constitucional – a previsão do dever estatal de emanar normas legais. Isso significa que o direito individual à atividade legislativa do Estado apenas se evidenciará naquelas estritas hipóteses em que o desempenho da função de legislar refletir, por efeito de exclusiva determinação constitucional, uma obrigação jurídica indeclinável imposta ao Poder Público. Para que possa atuar a norma pertinente ao instituto do mandado de injunção, revela-se essencial que se estabeleça a necessária correlação entre a imposição constitucional de legislar, de um lado, e o consequente reconhecimento do direito público subjetivo à legislação, de outro, de tal forma que, ausente a obrigação jurídico-constitucional de emanar provimentos legislativos, não se tornará possível imputar comportamento moroso ao Estado, nem pretender acesso legítimo à via injuncional. Precedentes (MI 542, Rel. Min. CELSO DE MELLO, Plenário, DJ de 28/6/2002).

Em relação a ausência de legislação complementar regulamentadora do artigo 40, § 4º, II, da Constituição da República, a SUPREMA CORTE passou a exigir que a periculosidade seja inequivocamente inerente ao ofício, para que seja reconhecido o nexo de causalidade entre a omissão normativa do Poder Público e a inviabilidade do exercício do direito e, consequentemente, possa ser concedida a ordem no mandado de injunção (Pleno, MIs 833 e 844, Red. P/Acórdão Min. ROBERTO BARROSO, julgamentos em 11/06/2015).

O SUPREMO TRIBUNAL FEDERAL fixou, portanto, como fato determinante para o reconhecimento da atividade de risco a presença de periculosidade como inerente ao ofício, permitindo a colmatação da lacuna legislativa somente nos casos que se adequem a essa hipótese específica.

Nesse sentido, esta CORTE reconheceu a presença desse fato determinante para a categoria dos agentes penitenciários e determinou a aplicação do regime jurídico da LC 51/1985 (MI 6.250, Rel. Min. MARCO AURÉLIO, julgado em 31/1/2018; MI 6.171, Rel. Min. ROBERTO BARROSO, julgado em 1º/2/2018; MI 6.124, Rel. Min. LUIZ FUX, julgado em 30/11/2017; MI 6.219, Rel. Min. RICARDO LEWANDOWSKI, julgado em 9/2/2017; MI 3.973, Rel. Min. EDSON FACHIN, julgado em 26/10/2015; MI 2.045, Rel. Min. ROSA WEBER, julgado em 7/3/2014; MI 5.684, Rel. Min. CELSO DE MELLO, julgado em 28/2/2014).

Diante do exposto, defiro o pedido de justiça gratuita e, com base no art. 205, caput, do Regimento Interno do Supremo Tribunal Federal, CONCEDO PARCIALMENTE A ORDEM para reconhecer a mora legislativa e determinar ao órgão público competente que aprecie o pedido de aposentadoria especial do impetrante, aplicando, no que couber, os termos da LC 51/85.

Publique-se.

Brasília, 5 de dezembro de 2018.

Ministro Alexandre de Moraes

Relator

MI 6975 / PR – PARANÁ

MANDADO DE INJUNÇÃO

Relator(a): Min. CÁRMEN LÚCIA

Julgamento: 05/12/2018

Publicação

PROCESSO ELETRÔNICO

DJe-268 DIVULG 13/12/2018 PUBLIC 14/12/2018

Decisão

DECISÃO

MANDADO DE INJUNÇÃO. ALEGADA AUSÊNCIA DE NORMA REGULAMENTADORA DO ART. 40, § 4º, INC. II, DA CONSTITUIÇÃO DA REPÚBLICA. AGENTE PENITENCIÁRIO FEDERAL. PERICULOSIDADE INERENTE AO OFÍCIO. RECONHECIMENTO DA MORA LEGISLATIVA: PRECEDENTES. ORDEM CONCEDIDA PARA APLICAÇÃO, NO QUE COUBER, DA LEI COMPLEMENTAR N. 51/1985.

5

NOVO REGRAMENTO PERMANENTE DO ESTADO DE SÃO PAULO – REGRA COMUM

Este capítulo tratará das regras permanentes, aplicáveis obrigatoriamente aos servidores empossados a partir de 08/03/2020, data de publicação da Lei Complementar 1.354/2020.

Outrossim, os servidores empossados até 07/03/2020 terão direito, além das regras permanentes descritas neste capítulo (regras permanentes), às regras transitórias que serão estudadas, devendo ser avaliado no caso concreto o regime jurídico que vai gerar o melhor benefício (renda mensal e critério de reajuste).

A regra comum é idêntica à adotada no modelo federal, sem alteração etária. Alguns estados reduziram a idade mínima em um ou dois anos para mulher, como Bahia e Sergipe.

Já o Estado de São Paulo optou por manter mesma rigidez da União, fixando na regra permanente a o a idade de sessenta e cinco anos para o homem e de sessenta e dois anos para a mulher:

EMENDA CONSTITUCIONAL Nº 49, DE 6 DE MARÇO DE 2020

Publicada no Diário Oficial do Estado de 07.03.2020

"Artigo 126 – O Regime Próprio de Previdência Social dos servidores titulares de cargos efetivos terá caráter contributivo e solidário, mediante contribuição do Estado de São Paulo, de servidores ativos, de aposentados e de pensionistas, observados critérios que preservem o equilíbrio financeiro e atuarial. (NR)

§ 1º – ....

3 – voluntariamente, aos 62 (sessenta e dois) anos de idade, se mulher, e aos 65 (sessenta e cinco) anos de idade, se homem, observados o tempo de contribuição e os demais requisitos estabelecidos em lei complementar". (NR)

LEI COMPLEMENTAR 1.354/2020

Publicada no Diário Oficial do Estado de 07.03.2020

"Artigo 2º – O servidor público abrangido pelo regime próprio de previdência estadual será aposentado:

III – voluntariamente, desde que observados, cumulativamente, os seguintes requisitos: a) 62 (sessenta e dois) anos de idade, se mulher, e 65 (sessenta e cinco) anos de idade, se homem; b) 25 (vinte e cinco) anos de contribuição, desde que cumprido o tempo mínimo de 10 (dez) anos de efetivo exercício de serviço público e de 5 (cinco) anos no cargo efetivo, nível ou classe em que for concedida a aposentadoria".

Note-se que o Estado de São Paulo optou por manter a exigência de 5 anos no cargo efetivo em que se dará a aposentadoria. Entendemos que essa exigência é um critério defasado, herança da época em que havia modalidades de aposentação com integralidade e reajuste paritário. Como o cálculo do benefício atualmente é feito pela média das remunerações do servidor, não faz tanto sentido essa exigência.

O tempo mínimo de contribuição será de 25 anos e será necessário, ao menos, 10 anos de efetivo exercício no serviço público.

6

NOVO REGRAMENTO PERMANENTE DO ESTADO DE SÃO PAULO – REGRA DO PROFESSOR DO ENSINO BÁSICO

Agora passemos à análise da regra permanente de aposentadoria do professor do ensino básico. O Estado de São Paulo manteve a redução de cinco anos no requisito etário da aposentadoria do professor básico constante da EC 103/2019, que alterou o artigo 40, §5º, da Constituição Federal de 1988.

ARTIGO 40 DA CONSTITUIÇÃO FEDERAL ALTERADO PELA EC 103/2019:

"§ 5º Os ocupantes do cargo de professor terão idade mínima reduzida em 5 (cinco) anos em relação às idades decorrentes da aplicação do disposto no inciso III do § 1º, desde que comprovem tempo de efetivo exercício das funções de magistério na educação infantil e no ensino fundamental e médio fixado em lei complementar do respectivo ente federativo".

EMENDA CONSTITUCIONAL DE SÃO PAULO Nº 49, DE 6 DE MARÇO DE 2020 (*Publicada no Diário Oficial do Estado de 07.03.2020*):

"Artigo 1º – Os dispositivos adiante indicados da Constituição do Estado de São Paulo passam a vigorar com as seguintes alterações:

...

III – O artigo 126:

§ 5º – Os ocupantes do cargo de professor terão a idade mínima reduzida em 5 (cinco) anos em relação àquelas previstas no item 3 do § 1º, desde que comprovem tempo de efetivo exercício das funções de magistério na educação infantil, no ensino fundamental ou no médio, nos termos fixados em lei complementar".

LEI COMPLEMENTAR 1.354/2020 (*Publicada no Diário Oficial do Estado de 07.03.2020*):

"Artigo 6º – O servidor titular de cargo de professor será aposentado voluntariamente, desde que observados, cumulativamente, os seguintes requisitos:

I – 57 (cinquenta e sete) anos de idade, se mulher, e 60 (sessenta) anos de idade, se homem;

II – 25 (vinte e cinco) anos de contribuição exclusivamente em efetivo exercício das funções de magistério, na educação infantil, no ensino fundamental ou médio;

III – 10 (dez) anos de efetivo exercício de serviço público;

IV – 5 (cinco) anos no cargo efetivo, nível ou classe em que for concedida a aposentadoria.

§ 1º – Será computado como efetivo exercício das funções de magistério, para os fins previstos no inciso II, o período em que o professor de carreira estiver designado para o exercício das funções de Diretor de Escola, Vice-Diretor de Escola, Coordenador Pedagógico e Supervisor de Ensino.

§ 2º – O período em readaptação, desde que exercido pelo professor na unidade básica de ensino, será computado para fins de concessão da aposentadoria de que trata este artigo".

Os ocupantes do cargo do de professor terão a idade mínima reduzida em cinco anos. O homem se aposenta aos 60 e a mulher aos 57 anos de idade, desde que comprovem tempo de efetivo exercício nas funções do magistério na educação infantil, ensino fundamental e médio por, ao, menos, 25 anos.

Exige-se, ainda, 10 anos de efetivo exercício no serviço público e 5 anos no cargo efetivo, nível ou classe em que for concedida a aposentadoria.

O Estado de São Paulo assegura a contagem do período em readaptação do professor em outro cargo. O não cabimento de readaptação em cargo similar é condição para o deferimento da aposentadoria por incapacidade permanente.

Em outros regimes, o professor que é readaptado para outro cargo que não seja de docência perde automaticamente o direito à contagem do período para fins de aposentadoria do professor. O Estado de São Paulo, acertadamente, garante que o período trabalhado pelo professor em outro cargo em função de readaptação deve ser contabilizado normalmente.

São consideradas funções de magistério no ensino básico as exercidas por professores no desempenho de atividades educativas, quando exercidas em estabelecimento de educação básica em seus diversos níveis e modalidades, **incluídas, além do exercício da docência, as de direção de unidade escolar e as de coordenação e assessoramento pedagógico**, nos termos do artigo 1º, da Lei 11.301/06, norma validada pelo STF por intermédio da ADI 3.772, de 29.10.2008, **desde que exercidas em estabelecimentos de ensino básico, por professores de carreira, excluídos os especialistas em educação.**

Logo, a regra estadual que prevê ser considerado como magistério básico o período em que o professor de carreira estiver designado para o exercício das funções de Diretor de Escola, Vice-Diretor de Escola, Coordenador Pedagógico e Supervisor de Ensino é plenamente válida.

Em 2017 restou fixada tese em repercussão geral:

> Segunda-feira, 16 de outubro de 2017
>
> **STF reafirma jurisprudência sobre critérios para aposentadoria especial de professor**

O Supremo Tribunal Federal (STF) reafirmou sua jurisprudência dominante no sentido de que o tempo de serviço prestado por professor fora da sala de aula, em funções relacionadas ao magistério, deve ser computado para a concessão da aposentadoria especial (artigo 40, parágrafo 5º, da Constituição Federal). O tema foi abordado no Recurso Extraordinário **(RE) 1039644**, de relatoria do ministro Alexandre de Moraes, que teve **repercussão geral reconhecida** e julgamento de mérito no Plenário Virtual, com reafirmação de jurisprudência.

No caso dos autos, uma professora da rede pública de ensino do Estado de Santa Catarina pediu aposentadoria especial após ter exercido, entre 1985 e 2012, as funções de professora regente de classe, auxiliar de direção, responsável por secretaria de escola, assessora de direção e responsável por turno. O requerimento foi indeferido pela administração pública ao argumento de que nem todas as atividades se enquadravam no rol previsto em ato normativo da Procuradoria-Geral do Estado, definindo quais são as funções de magistério passíveis de serem utilizadas em cálculo para fins de aposentadoria especial.

Decisão de primeira instância da Justiça estadual, contudo, determinou a concessão da aposentadoria a partir de janeiro de 2013. Ao julgar recurso de apelação do estado, o Tribunal de Justiça do Estado de Santa Catarina (TJ-SC) excluiu do cômputo da aposentadoria especial o período em que a professora trabalhou como responsável por secretaria de escola.

No recurso ao STF, ela buscou a reforma do acórdão do TJ-SC sob o argumento de que a Lei 11.301/2006, ao modificar a Lei de Diretrizes e Bases da Educação (LDB), dispõe como funções de magistério, para fins de aposentadoria especial, as de direção de unidade escolar e as de coordenação e assessoramento pedagógico.

Sustentou que não apenas a regência de classe, mas todas as demais atividades-fim nas unidades escolares, vinculadas ao atendimento pedagógico, estariam abrangidas como de magistério. Argumentou também que a decisão do STF no julgamento da Ação Direta de Inconstitucionalidade (ADI) 3772 autoriza o cômputo, como tempo especial, de todas as atividades que desempenhou ao longo de sua carreira.

Manifestação

Ao se manifestar no Plenário Virtual, o relator observou que, em diversos precedentes, o STF entende que atividades meramente

administrativas não podem ser consideradas como magistério, sob pena de ofensa à autoridade da decisão proferida na ADI 3772. Na ocasião, foi dada interpretação conforme a Constituição a dispositivo da LDB para assentar que, além da docência, atividades de direção de unidade escolar, coordenação e assessoramento pedagógico, desde que exercidas por professores em estabelecimento de educação básica em seus diversos níveis, contam para efeito de aposentadoria especial.

Nesse sentido, o relator julgou acertado o acórdão do TJ-SC ao não considerar, para fins da aposentadoria especial, o tempo de exercício na função de responsável por secretaria de escola. Segundo destacou o ministro, o ato da Procuradoria-Geral do Estado que baliza a administração sobre a matéria elencou, em seu Anexo I, as atividades que se abrigam no conceito de magistério.

A manifestação do relator quanto ao reconhecimento da repercussão geral foi seguida por unanimidade. No mérito, seu entendimento pela reafirmação da jurisprudência e pelo desprovimento do RE foi seguido por maioria, vencido neste ponto o ministro Marco Aurélio.

Foi fixada a seguinte tese de repercussão geral: "Para a concessão da aposentadoria especial de que trata o artigo 40, parágrafo 5º, da Constituição, conta-se o tempo de efetivo exercício, pelo professor, da docência e das atividades de direção de unidade escolar e de coordenação e assessoramento pedagógico, desde que em estabelecimentos de educação infantil ou de ensino fundamental e médio".

PR/AD

Processos relacionados

RE 1039644

O caso concreto julgado pelo STF **afastou do cômputo diferenciado** para a aposentadoria de professor período em que o autor do processo exerceu a sua atividade na **secretaria da escola**:

"Portanto, inteiramente acertado o acórdão recorrido ao não considerar, para fins da aposentadoria especial de que trata o art. 40, § 5º, da CF/88, o tempo de exercício da parte autora na função de "responsável por Secretaria de Escola". Com efeito, as atividades arroladas nos Anexos II e III da

> *Determinação de Providência 001/2012, da Procuradoria-Geral do Estado de Santa Catarina, não se abrigam no conceito de magistério. Apenas o tempo de exercício nos cargos e funções do Anexo I propicia a concessão da aposentadoria especial"* (passagem do voto do Ministro Alexandre de Moraes).

Note-se que sempre deve ser avaliado o caso concreto com as atribuições das funções do cargo, sendo uma decisão que se aplica tanto ao RGPS quanto ao RPPS na aposentadoria do professor.

De acordo com o TCU "o tempo de serviço prestado na condição de especialista em educação só pode ser considerado válido para aposentadoria especial se exercido por professor de carreira"[3].

Ainda de acordo com o TCU, é indevida a contagem de tempo exercido no cargo de auxiliar de ensino para fins de aposentadoria especial, destinada apenas aos ocupantes de cargo de provimento efetivo de professor no efetivo exercício do magistério (Acórdão 8039/2017 Primeira Câmara).

De acordo com o artigo 61 da Lei 9.394/1996, consideram-se **profissionais da educação escolar básica** os que, nela estando em efetivo exercício e tendo sido formados em cursos reconhecidos, são:

> I – professores habilitados em nível médio ou superior para a docência na educação infantil e nos ensinos fundamental e médio;
>
> II – trabalhadores em educação portadores de diploma de pedagogia, com habilitação em administração, planejamento, supervisão, inspeção e orientação educacional, bem como com títulos de mestrado ou doutorado nas mesmas áreas;
>
> III – trabalhadores em educação, portadores de diploma de curso técnico ou superior em área pedagógica ou afim;
>
> IV – profissionais com notório saber reconhecido pelos respectivos sistemas de ensino, para ministrar conteúdos de áreas afins à sua formação

3. **Acórdão 2078/2014 Segunda Câmara** (Pedido de Reexame, Relatora Ministra Ana Arraes).

ou experiência profissional, atestados por titulação específica ou prática de ensino em unidades educacionais da rede pública ou privada ou das corporações privadas em que tenham atuado, exclusivamente para atender a formação técnica e profissional;

V – profissionais graduados que tenham feito complementação pedagógica, conforme disposto pelo Conselho Nacional de Educação.

Registre-se que, mesmo que fora da aula de aula, o professor da educação básica em instituição desta natureza que apenas **elabora e corrige provas faz jus à regra especial de aposentação do professor**. Veja-se o STF:

ARE 714566 AgR / MG – MINAS GERAIS

AG.REG. NO RECURSO EXTRAORDINÁRIO COM AGRAVO

Relator(a): Min. ROSA WEBER

Julgamento: 30/09/2014

Publicação: 14/10/2014

Órgão julgador: Primeira Turma

Publicação

PROCESSO ELETRÔNICO DJe-200 DIVULG 13-10-2014 PUBLIC 14-10-2014

Partes

AGTE.(S): MUNICÍPIO DE BELO HORIZONTE PROC. (A/S)(ES): PROCURADOR-GERAL DO MUNICÍPIO DE BELO HORIZONTE AGDO. (A/S): NEREIDA ASSUNÇÃO CARVALHO ADV. (A/S): EDUARDO MACHADO DIAS E OUTRO(A/S)

Ementa

EMENTA DIREITO PREVIDENCIÁRIO. SERVIDOR PÚBLICO MUNICIPAL. APOSENTADORIA ESPECIAL. PROFESSOR. ATIVIDADES EXERCIDAS FORA DA SALA DE AULA. POSSIBILIDADE. ADI Nº 3.772/DF. JURISPRUDÊNCIA DESTA CORTE. ALEGAÇÃO DE VIOLAÇÃO DO ART. 5º, XXXVI, DA

> CONSTITUIÇÃO FEDERAL. ÂMBITO INFRACONSTITUCIONAL DO DEBATE. ACÓRDÃO RECORRIDO PUBLICADO EM 28.9.2011. O acórdão recorrido está em harmonia com a jurisprudência deste Supremo Tribunal Federal, firmada após decisão proferida no julgamento da ADI 3.772/DF, no sentido de que a aposentadoria especial concedida aos professores deve ser estendida àqueles que exerçam atividades relacionadas com a **correção de provas**, o atendimento aos pais e alunos, a preparação de aulas, a coordenação e o assessoramento pedagógico e a direção da unidade escolar. Precedentes. O exame da alegada ofensa ao art. 5º, XXXVI, da Constituição Federal dependeria da reelaboração da moldura fática delineada no acórdão regional e prévia análise da legislação infraconstitucional aplicada à espécie, o que refoge à competência jurisdicional extraordinária, prevista no art. 102 da Constituição Federal. Agravo regimental conhecido e não provido.

No julgamento da ADI 856 uma norma gaúcha foi invalidada pelo STF, pois ampliou indevidamente a definição do magistério no ensino básico para fins do regramento especial do professor do ensino básico:

> **STF invalida ampliação de atividades de magistério para aposentadoria especial no RS**
>
> Para o Plenário, a norma extrapola a competência do estado para tratar do tema.
>
> 19/09/2023 17h24 – Atualizado há
>
> 560 pessoas já viram isso
>
> O Supremo Tribunal Federal (STF) declarou inconstitucional uma lei do Rio Grande do Sul que considerava como efetivo exercício na função de magistério, para os efeitos de aposentadoria especial, as atividades administrativas, técnico-pedagógicas e de representação sindical desempenhadas por professores. A decisão foi tomada na sessão virtual finalizada em 1º/9, no julgamento da Ação Direta de Inconstitucionalidade (ADI) 856. A lei estadual já estava suspensa por liminar anteriormente concedida pela Corte.
>
> **Iniciativa do Executivo**
>
> A ação foi ajuizada pelo governo estadual. No voto que prevaleceu no julgamento, o relator, ministro Luiz Fux, verificou que a Lei estadual

9.841/1993 não decorreu de projeto de iniciativa do governador. Essa situação, a seu ver, afronta a regra constitucional que confere ao chefe do Executivo a iniciativa privativa de leis que disponham sobre servidores públicos e seu regime jurídico. Ele ressaltou também que o STF reconheceu como privativa do Executivo a iniciativa de lei para alterar o sistema estadual de ensino.

Caráter geral

Ainda de acordo com o relator, a norma extrapola a competência do estado para tratar do tema, pois compete privativamente à União legislar sobre seguridade social, diretrizes e bases da educação nacional e editar normas gerais sobre previdência social.

Fux explicou que o artigo 40, parágrafo 5º, da Constituição assegura aposentadoria especial aos professores que comprovem tempo de efetivo exercício das funções de magistério na educação infantil e no ensino fundamental e médio. A Lei de Diretrizes e Bases da Educação Nacional (Lei 9.394/1996), que regulamenta esse dispositivo, define quais funções se enquadram como de magistério.

Por sua vez, a lei estadual estendeu a aposentadoria especial a atividades administrativas, técnico-pedagógicas e outras que não são propriamente as de professor, inclusive a de representação sindical. "Não se admite que cada estado fixe requisitos diferenciados para a concessão de aposentadoria especial, cuidando-se de regramento de evidente caráter geral", concluiu.

Ficou vencido o ministro Edson Fachin.

EC/AD//CF

O **professor universitário** tinha regra especial de aposentação também até o advento da emenda 20/98. Após a referida Emenda ele não se enquadra mais na regra da aposentadoria do professor, sendo mantidos na regra apenas professores do ensino infantil, fundamental e médio.

Para as atividades de direção de unidade escolar, coordenação e assessoramento pedagógico não tem mais aplicabilidade a Súmula 726, do STF:

> "Súmula 726 – Para efeito de aposentadoria especial de professores, não se computa o tempo de serviço prestado fora da sala de aula".

Vale registrar que é remansoso que a aposentadoria do professor deixou de ostentar a natureza de aposentadoria por agentes nocivos à saúde desde a EC 18/1981, somente existindo direito de conversão de tempo de contribuição até essa alteração constitucional.

Veja-se o TCU:

> Acórdão 10569/2017 Primeira Câmara (Aposentadoria, Relator Ministro Benjamin Zymler)
>
> Pessoal. Tempo de serviço. Professor. Penosidade. Tempo ficto. Marco temporal. Magistério.
>
> O tempo de contribuição relativo às atividades de magistério no regime celetista pode ser considerado como atividade penosa, portanto sujeito à contagem ponderada pelo fator 1,166 para conversão em tempo comum, até 9/7/1981, antes do advento da EC 18/1981, desde que não contrarie decisão judicial proferida em processo do qual o servidor tenha sido parte.

No mesmo sentido, o STF:

> "EMENTA: AGRAVO REGIMENTAL NO RECURSO EXTRAORDINÁRIO. ADMINISTRATIVO. CONTAGEM PROPORCIONAL DE TEMPO DE SERVIÇO EXERCIDO NO MAGISTÉRIO PARA FINS DE APOSENTADORIA COMUM. IMPOSSIBILIDADE. AGRAVO REGIMENTAL IMPROVIDO. I – Consoante a jurisprudência do STF, é vedada a contagem proporcional de tempo de serviço no magistério para fins de aposentadoria comum. II – Agravo regimental improvido" (RE 486.155, AgR, de 01.02.2011).

7

NOVO REGRAMENTO PERMANENTE DO ESTADO DE SÃO PAULO – REGRA DOS POLICIAIS CIVIS E PENAIS

A Constituição Federal estabelece a faculdade do ente federativo estabelecer, por meio de lei complementar, requisitos diferenciados para aposentadoria de ocupantes do cargo de agente penitenciário (atuais policiais penais), de agente socioeducativo ou de policial civil dos estados:

> **Art. 40, CF:**
>
> § 4º-B. Poderão ser estabelecidos por lei complementar do respectivo ente federativo idade e tempo de contribuição diferenciados para aposentadoria de ocupantes do cargo de agente penitenciário, de agente socioeducativo ou de policial dos órgãos de que tratam o inciso IV do caput do art. 51, o inciso XIII do caput do art. 52 e os incisos I a IV do caput do art. 144. Emenda 103/2019:

No âmbito do Estado de São Paulo, em reprodução à regulamentação feita para os policiais federais pela EC 103/2019, temos a seguinte regulamentação:

> Lei Complementar Estadual nº 1.354/2020:
>
> "Artigo 4º – O servidor integrante das carreiras de Policial Civil, Polícia Técnico-Científica, Agente de Segurança Penitenciária ou Agente de Escolta e Vigilância Penitenciária será aposentado voluntariamente, desde que observados, cumulativamente, os seguintes requisitos:
>
> I – 55 (cinquenta e cinco) anos de idade;
>
> II – 30 (trinta) anos de contribuição;
>
> III – 25 (vinte e cinco) anos de efetivo exercício em cargo de natureza estritamente policial;
>
> IV – 5 (cinco) anos na carreira em que se dará a aposentadoria.
>
> Parágrafo único – Serão considerados tempo de exercício em cargo de natureza estritamente policial, para os fins do inciso III do "caput", o tempo de atividade militar nas Forças Armadas, nas polícias militares e nos corpos de bombeiros militares e o tempo de atividade como Agente de Segurança Penitenciária ou Agente de Escolta e Vigilância Penitenciária".

O regramento da aposentadoria do integrante de carreira de segurança pública é idêntico ao adotado no modelo federal. Assim, o servidor integrante das carreiras de policial civil, polícia técnico-científica, agente de segurança penitenciária (atualmente chamado de policial penal), tem direito a essa espécie de aposentadoria, sem distinção de sexo, sendo exigidos 55 anos de idade, 30 anos de contribuição, 25 anos de efetivo exercício em cargo de natureza estritamente policial e 5 anos na carreira em que se dará a aposentação.

Isso segue uma tendência das reformas previdenciárias, no sentido de igualar os requisitos de aposentadoria para homens e mulheres nas carreiras de segurança pública.

O STJ não enquadra o tempo de contribuição às Forças Armadas para fins de tempo de contribuição de cargo estritamente policial:

> **STJ – RECURSO ESPECIAL REsp 1357121 DF 2012/0256024-8 (STJ)**
>
> Data de publicação: 05/06/2013
>
> **Ementa:** "ADMINISTRATIVO. PROCESSUAL **CIVIL. MÉDICO LEGISTA** DA **POLÍCIA CIVIL**. CÔMPUTO DE TEMPO DE SERVIÇO NAS FORÇAS ARMADAS. APOSENTADORIA ESPECIAL.

> LEI COMPLEMENTAR N. 51 /1985. EXIGÊNCIA DE ATIVIDADE ESTRITAMENTE POLICIAL. RESTRIÇÃO LEGAL. JURISPRUDÊNCIA DO STJ. 1. O Tribunal a quo não se manifestou sobre o Estatuto dos Militares, sobre as Leis n. 3.313/1957 e 4.878 /1965, logo, não se fez o necessário prequestionamento. Aplicação das súmulas 282 e 356 do STF. **2. Não é possível computar o tempo de serviço prestado nas Forças Armadas para concessão de aposentadoria especial de policial civil, porquanto o art. 1º da Lei Complementar n. 51 /1985 exige pelo menos 20 anos de exercício em cargo de natureza estritamente policial. 3. As atribuições dos militares das Forças Armadas não são idênticas às dos policiais civis, militares, federais, rodoviários ou ferroviários. Enquanto aquelas destinam-se à defesa da Pátria, à garantia dos poderes constitucionais, da lei e da ordem, as atribuições dos policiais estão relacionadas com a segurança pública, preservação da incolumidade das pessoas e do patrimônio. Apesar das atividades se assemelharem, em razão do uso de armas, hierarquia e coerção para a ordem, possuem finalidades e atribuições distintas.** 4. Ademais, a atividade estritamente policial a que se refere a Lei Complementar n. 51 /1985 não diz respeito apenas ao exercício do cargo em si, mas deve ser entendida como o efetivo desempenho de atividades em condições de risco ou que representem prejuízo à saúde ou à integridade física, conforme interpretação dada pelo Supremo Tribunal Federal (ADI 3817/DF). Tais condições não poderiam ser examinadas em sede de recurso especial, em razão da súmula 7/STJ. Precedente do STJ. Recurso especial conhecido em parte e improvido".

No entanto, essa jurisprudência foi superada pelo artigo 5º da EC 103/2019, regra reproduzida pelo Estado de São Paulo:

> *"§ 1º Serão considerados tempo de exercício em cargo de natureza estritamente policial, para os fins do inciso II do art. 1º da Lei Complementar nº 51, de 20 de dezembro de 1985, o tempo de atividade militar nas Forças Armadas, nas polícias militares e nos corpos de bombeiros militares e o tempo de atividade como agente penitenciário ou socioeducativo".*

8

NOVO REGRAMENTO PERMANENTE DO ESTADO DE SÃO PAULO – REGRA DO SERVIDOR EXPOSTO A AGENTES NOCIVOS

Saliente-se que há regra estadual de aposentadoria específica para os servidores que trabalhem expostos a agentes físicos, químicos e biológicos lesivos à saúde.

Essa regra de aposentação exige a exposição a agentes nocivos por 25 anos. Não foi reconhecida a possibilidade de aposentação aos 15 ou 20 anos de exposição. Entendemos que a ausência da previsão de aposentação aos 15 ou 20 anos não trouxe qualquer prejuízo aos servidores do RPPS de São Paulo, pois no RGPS essa regra corresponde à atividade do mineiro de subsolo e do mineiro de superfície, atividades não desenvolvidas no âmbito do Estado de São Paulo.

A regra é idêntica à do modelo federal, sendo pouco vantajosa na prática, visto que a idade mínima (60 anos) é bem próxima da estabelecida na regra geral:

> **Emenda 103/2019:**
>
> **Art. 40, CF:**
>
> "§ 4º-C. Poderão ser estabelecidos por lei complementar do respectivo ente federativo idade e tempo de contribuição diferenciados para

aposentadoria de servidores cujas atividades sejam exercidas com efetiva exposição a agentes químicos, físicos e biológicos prejudiciais à saúde, ou associação desses agentes, vedada a caracterização por categoria profissional ou ocupação".

Lei Complementar nº 1.354/2020:

"Artigo 5º – O servidor cujas atividades sejam exercidas com efetiva exposição a agentes nocivos químicos, físicos e biológicos prejudiciais à saúde, ou a associação desses agentes, vedada a caracterização por categoria profissional ou ocupação, será aposentado voluntariamente, desde que observados, cumulativamente, os seguintes requisitos:

I – 60 (sessenta) anos de idade;

II – 25 (vinte e cinco) anos de contribuição e de efetiva exposição;

III – 10 (dez) anos de efetivo exercício de serviço público;

IV – 5 (cinco) anos no cargo efetivo, nível ou classe em que for concedida a aposentadoria.

§ 1º – O tempo de exercício nas atividades previstas no "caput" deverá ser comprovado nos termos do regulamento.

§ 2º – A aposentadoria a que se refere este artigo observará adicionalmente as condições e os requisitos estabelecidos para o Regime Geral de Previdência Social, naquilo em que não conflitarem com as regras específicas aplicáveis ao Regime Próprio de Previdência Social do Estado, vedada a conversão de tempo especial em comum".

Outrossim, a regra do RPPS não definiu o que seria exposição a agentes nocivos para fins de reconhecimento do benefício, sendo omissa nesse sentido, sequer fazendo remissão à Lei 8.213/91, que prevê os critérios de aposentadoria especial no Regime Geral de Previdência Social.

Assim, ante a lacuna legal quanto à definição de nocividade, impõe-se a aplicação da Súmula Vinculante 33:

> Aplicam-se ao servidor público, no que couber, as regras do Regime Geral da Previdência Social sobre aposentadoria especial de que trata o artigo 40, § 4º, inciso iii da Constituição Federal, até a edição de lei complementar específica.

Logo, ante a omissão do RPPS de São Paulo, devem ser aplicadas as regras do Regime Geral da Previdência Social. No entanto, isso traz um problema de ordem procedimental, que é a documentação necessária para viabilizar a concessão do benefício nos moldes da Súmula Vinculante n° 33. Por exemplo, o Laudo Técnico de Condições do Ambiente de Trabalho – LTCAT, não é comumente elaborado pela administração pública, o que dificulta o reconhecimento da exposição a agentes lesivos.

Saliente-se que o laudo de comprovação de condições insalubres pode não ser útil para a concessão da aposentadoria especial, uma vez que a insalubridade tem pressupostos diferentes, que não se confundem com os requisitos da aposentadoria especial. A aposentadoria especial exige a exposição permanente ao agente nocivo, ao contrário da insalubridade, que dispensa tal permanência.

O regime jurídico da aposentadoria especial no RGPS é bastante complexo, conforme pode ser visto abaixo:

Período trabalhado	Enquadramento
Até 28/4/1995	Quadro Anexo ao Decreto nº 53.831, de 1964. Anexos I e II do RBPS, aprovado pelo Decreto nº 83.080, de 1979. Formulário; CP/CTPS; LTCAT, obrigatoriamente para o agente físico ruído.
De 29/4/1995 a 13/10/1996	Código 1.0.0 do Quadro Anexo ao Decreto nº 53.831, de 1964. Anexo I do RBPS, aprovado pelo Decreto nº 83.080, de 1979. Formulário; LTCAT ou demais Demonstrações Ambientais, obrigatoriamente para o agente físico ruído.
De 14/10/1996 a 5/3/1997	Código 1.0.0 do Quadro Anexo ao Decreto nº 53.831, de 1964. Anexo I do RBPS, aprovado pelo Decreto nº 83.080, de 1979. Formulário; LTCAT ou demais Demonstrações Ambientais, para todos os agentes nocivos
De 6/3/1997 a 31/12/1998	Anexo IV do RBPS, aprovado pelo Decreto nº 2.172, de 1997. Formulário; LTCAT ou demais Demonstrações Ambientais, para todos os agentes nocivos.
De 1º/1/1999 a 6/5/1999	Anexo IV do RBPS, aprovado pelo Decreto nº 2.172, de 1997. Formulário; LTCAT ou demais Demonstrações Ambientais, para todos os agentes nocivos, que deverão ser confrontados com as informações relativas ao CNIS para homologação da contagem do tempo de serviço especial, nos termos do art. 19 e § 2º do art. 68 do RPS, com redação dada pelo Decreto nº 4.079, de 2002.

Período trabalhado	Enquadramento
De 7/5/1999 a 31/12/2003	Anexo IV do RPS, aprovado pelo Decreto nº 3.048, de 1999. Formulário; LTCAT ou demais Demonstrações Ambientais, para todos os agentes nocivos, que deverão ser confrontados com as informações relativas ao CNIS para homologação da contagem do tempo de serviço especial, nos termos do art. 19 e § 2º do art. 68 do RPS, com redação dada pelo Decreto nº 4.079, de 2002.
A partir de 1º/1/2004	Anexo IV do RPS, aprovado pelo Decreto nº 3.048, de 1999. Formulário, que deverá ser confrontado com as informações relativas ao CNIS para homologação da contagem do tempo de serviço especial, nos termos do art. 19 e § 2º do art. 68 do RPS, com redação dada pelo Decreto nº 4.079, de 2002.

Eis as orientações da Portaria MTP 1.467/2022 para o cumprimento da Súmula Vinculante 33:

> **ANEXO IV**
>
> **INSTRUÇÕES PARA O RECONHECIMENTO DE TEMPO DE SERVIÇO PÚBLICO EXERCIDO SOB CONDIÇÕES ESPECIAIS PREJUDICIAIS À SAÚDE OU À INTEGRIDADE FÍSICA PELOS REGIMES PRÓPRIOS COM BASE NAS NORMAS CONSTITUCIONAIS E INFRACONSTITUCIONAIS ANTERIORES À 13 DE NOVEMBRO DE 2019, POR FORÇA DA SÚMULA VINCULANTE Nº 33**
>
> Art. 1º Enquanto não promovida alteração na legislação do Regimes Próprios de Previdência Social – RPPS nos termos do disposto no § 4º-C do art. 40 da Constituição Federal, aplicam-se às aposentadorias especiais dos segurados dos Estados, do Distrito Federal e dos Municípios, cujas atividades sejam exercidas sob condições especiais que prejudiquem a saúde ou a integridade física, as normas constitucionais e infraconstitucionais anteriores à data de entrada em vigor da Emenda Constitucional nº 103, de 12 de novembro de 2019.
>
> § 1º A análise do direito à concessão de aposentadoria especial de que trata o inciso III do § 4º do art. 40 da Constituição Federal, na redação vigente até a publicação da Emenda Constitucional nº 103, de 2019, dar-se-á em cumprimento à Súmula Vinculante nº 33 ou nos casos em

que o segurado esteja amparado por ordem concedida em mandado de injunção.

§ 2º Estende-se o disposto no caput às normas sobre aposentadoria de segurados incompatíveis com a redação atribuída pela Emenda Constitucional nº 103, de 2019, aos §§ 4º e 4º-C do art. 40 da Constituição Federal.

Art. 2º A caracterização e a comprovação do tempo de atividade sob condições especiais obedecerão ao disposto na legislação em vigor na época do exercício das atribuições do segurado.

§ 1º O reconhecimento de tempo de serviço público exercido sob condições especiais prejudiciais à saúde ou à integridade física pelos regimes próprios dependerá de comprovação do exercício de atribuições do cargo público de modo permanente, não ocasional nem intermitente, nessas condições, inclusive no período em que o segurado estiver em exercício de mandato eletivo; cedido, com ou sem ônus para o cessionário, a órgão ou entidade da administração direta ou indireta, do mesmo ou de outro ente federativo, ou afastado do país por cessão ou licenciamento.

§ 2º Não será admitida a comprovação de tempo de serviço público sob condições especiais por meio de prova exclusivamente testemunhal ou com base no mero recebimento de adicional de insalubridade ou equivalente.

Art. 3º Até 28 de abril de 1995, data anterior à vigência da Lei nº 9.032, o enquadramento de atividade especial admitirá os seguintes critérios:

I – por cargo público cujas atribuições sejam análogas às atividades profissionais das categorias presumidamente sujeitas a condições especiais, consoante as ocupações/grupos profissionais agrupados sob o código 2.0.0 do Quadro anexo ao Decreto nº 53.831, de 25 de março de 1964, e sob o código 2.0.0 do Anexo II do Regulamento dos Benefícios da Previdência Social, aprovado pelo Decreto nº 83.080, de 24 de janeiro de 1979; ou

II – por exposição a agentes nocivos no exercício de atribuições do cargo público, em condições análogas às que permitem enquadrar as atividades profissionais como perigosas, insalubres ou penosas, conforme a classificação em função da exposição aos referidos agentes, agrupados sob o código 1.0.0 do Quadro anexo ao Decreto nº 53.831, de 1964 e sob o código 1.0.0 do Anexo I do Regulamento dos Benefícios da Previdência Social, aprovado pelo Decreto nº 83.080, de 1979.

Art. 4º De 29 de abril de 1995 até 5 de março de 1997, o enquadramento de atividade especial somente admitirá o critério inscrito no inciso II do caput do art. 3º.

Art. 5º De 6 de março de 1997 até 6 de maio de 1999, o enquadramento de atividade especial observará a relação dos agentes nocivos prejudiciais à saúde ou à integridade física que consta do Anexo IV do Regulamento dos Benefícios da Previdência Social, aprovado pelo Decreto nº 2.172, de 5 de março de 1997.

Art. 6º A partir de 7 de maio de 1999, o enquadramento de atividade especial observará a relação dos agentes nocivos prejudiciais à saúde ou à integridade física que consta do Anexo IV do Regulamento da Previdência Social, aprovado pelo Decreto nº 3.048, de 6 de maio de 1999.

Art. 7º O procedimento de reconhecimento de tempo de atividade especial pelo órgão competente da União, dos Estados, do Distrito Federal e dos Municípios, incluídas as suas autarquias e fundações, deverá ser instruído com os seguintes documentos:

I – formulário de informações sobre atividades exercidas em condições especiais;

II – Laudo Técnico de Condições Ambientais do Trabalho – LTCAT, observado o disposto no art. 9º, ou os documentos aceitos em substituição àquele, consoante o art. 10; e

III – parecer da perícia médica, em relação ao enquadramento por exposição a agentes nocivos, na forma do art. 11.

Art. 8º O formulário de informações sobre atividades exercidas em condições especiais de que trata o inciso I do caput do art. 7º é o modelo de documento instituído para o regime geral de previdência social, segundo seu período de vigência, sob as siglas SB-40, DISESBE 5235, DSS-8030 ou DIRBEN 8030, que serão aceitos, quando

emitidos até 31 de dezembro de 2003, e o Perfil Profissiográfico Previdenciário – PPP, que é o formulário exigido a partir de 1º de janeiro de 2004.

Parágrafo único. O formulário será emitido pelo órgão ou entidade responsável pelos assentamentos funcionais do segurado no correspondente período de exercício das atribuições do cargo, observado o disposto no art. 2º.

Art. 9º O LTCAT será expedido por médico do trabalho ou engenheiro de segurança do trabalho que integre, de preferência, o quadro funcional da Administração Pública responsável pelo levantamento ambiental, podendo esse encargo ser atribuído a terceiro que comprove o mesmo requisito de habilitação técnica.

§ 1º O enquadramento de atividade especial por exposição ao agente físico ruído, em qualquer época da prestação do labor, exige laudo técnico pericial.

§ 2º Em relação aos demais agentes nocivos, o laudo técnico pericial será obrigatório para os períodos laborados a partir de 14 de outubro de 1996, data de publicação da Medida Provisória nº 1.523, posteriormente convertida na Lei nº 9.528, de 10 de dezembro de 1997.

§ 3º É admitido o laudo técnico emitido em data anterior ou posterior ao exercício da atividade do segurado, se não houve alteração no ambiente de trabalho ou em sua organização, desde que haja ratificação, nesse sentido, pelo responsável técnico a que se refere o caput.

§ 4º Não serão aceitos:

I – laudo relativo a atividade diversa, salvo quando efetuada no mesmo órgão público;

II – laudo relativo a órgão público ou equipamento diversos, ainda que as funções sejam similares; e

III – laudo realizado em localidade diversa daquela em que houve o exercício da atividade.

§ 5º Nas avaliações ambientais deverão ser considerados, além do disposto nos arts. 3º a 6º, a metodologia e os procedimentos de avaliação estabelecidos pela Fundação Jorge Duprat Figueiredo de Segurança e Medicina do Trabalho – Fundacentro.

§ 6º Na hipótese de não terem sido estabelecidos pela Fundacentro a metodologia e os procedimentos de avaliação, caberá ao Ministério do Trabalho e Previdência – MTP indicar outras instituições para estabelecê-los.

§ 7º O laudo técnico a que se refere este artigo conterá informações sobre a existência de tecnologia de proteção coletiva ou individual e sobre a sua eficácia e será elaborado com observância às normas editadas pelo MTP e aos procedimentos adotados pelo INSS.

Art. 10. Poderão ser aceitos em substituição ao LTCAT, ou ainda de forma complementar a este, os seguintes documentos:

I – laudos técnico-periciais emitidos por determinação da Justiça do Trabalho, em ações trabalhistas, acordos ou dissídios coletivos;

II – laudos emitidos pela Fundacentro;

III – laudos emitidos pelo MTP, ou, ainda, pelas Delegacias Regionais do Trabalho – DRT;

IV – laudos individuais acompanhados de:

a) autorização escrita do órgão administrativo competente, se o levantamento ambiental ficar a cargo de responsável técnico não integrante do quadro funcional da respectiva Administração;

b) cópia do documento de habilitação profissional do engenheiro de segurança do trabalho ou médico do trabalho, indicando sua especialidade;

c) nome e identificação do servidor da Administração responsável pelo acompanhamento do levantamento ambiental, quando a emissão do laudo ficar a cargo de profissional não pertencente ao quadro efetivo dos funcionários; e

d) data e local da realização da perícia; e

V – demonstrações ambientais constantes dos seguintes documentos:

a) Programa de Prevenção de Riscos Ambientais – PPRA;

b) Programa de Gerenciamento de Riscos – PGR;

c) Programa de Condições e Meio Ambiente de Trabalho na Indústria da Construção – PCMAT; e

d) Programa de Controle Médico de Saúde Ocupacional – PCMSO.

Art. 11. A análise para a caracterização e o enquadramento do exercício de atribuições com efetiva exposição a agentes nocivos prejudiciais à saúde ou à integridade física será de responsabilidade de Perito Médico que integre, de preferência, o quadro funcional da Administração Pública do ente concessor, mediante a adoção dos seguintes procedimentos:

I – análise do formulário e laudo técnico ou demais demonstrações ambientais referidas no inciso V do caput do art. 10;

II – a seu critério, inspeção de ambientes de trabalho com vistas à rerratificação das informações contidas nas demonstrações ambientais; e

III – emissão de parecer médico-pericial conclusivo, descrevendo o enquadramento por agente nocivo, indicando a codificação contida na legislação específica e o correspondente período de atividade.

Art. 12. Considera-se especial a atividade exercida com exposição a ruído quando a exposição ao ruído tiver sido superior a:

I – 80 decibéis (dB), até 5 de março de 1997;

II – 90 dB, a partir de 6 março de 1997 até 18 de novembro de 2003; e

III – 85 dB, a partir de 19 de novembro de 2003.

Parágrafo único. O enquadramento a que se refere o inciso III do caput, será efetuado quando o Nível de Exposição Normalizado – NEN se situar acima de oitenta e cinco decibéis ou for ultrapassada a dose unitária, observados:

I – os limites de tolerância definidos no Quadro Anexo I da NR-15 do MTE; e

II – as metodologias e os procedimentos definidos na Norma de Higiene Ocupacional – NHO-01 da Fundacentro.

Art. 13. Consideram-se tempo de serviço sob condições especiais, para os fins deste Anexo, desde que o segurado estivesse exercendo atividade considerada especial ao tempo das seguintes ocorrências:

I – períodos de descanso determinados pela legislação do regime estatutário do ente federativo, inclusive férias;

II – licença/afastamento por motivo de acidente, doença profissional ou doença do trabalho;

III – aposentadoria por invalidez acidentária;

IV – licença gestante, adotante e paternidade; e

V – ausência por motivo de doação de sangue, alistamento como eleitor, participação em júri, casamento e óbito de pessoa da família.

Art. 14. No cálculo e no reajustamento dos proventos de aposentadoria especial aplica-se o disposto nos §§ 2º, 3º, 8º, 14, 15, 16 e 17, do art. 40

da Constituição Federal, na redação vigente até a publicação da Emenda Constitucional nº 103, de 2019.

Art. 15. O responsável por informações falsas, no todo ou em parte, inserida nos documentos a que se referem os arts. 7º e 8º, responderá pela prática dos crimes previstos nos arts. 297 e 299 do Código Penal.

Art. 16. Aplicam-se, no que couber, as disposições da Instrução Normativa INSS nº 77, de 21 de janeiro de 2015, na redação vigente até a publicação da Emenda Constitucional nº 103, de 2019, para o reconhecimento do tempo de serviço exercido sob condições especiais que prejudiquem a saúde ou a integridade física e concessão da respectiva aposentadoria, nos casos omissos neste Anexo, até que lei complementar do ente federativo discipline o disposto no § 4º-C do art. 40 da Constituição Federal.

Art. 17. Salvo decisão judicial expressa em contrário, este Anexo não será aplicado para:

I – conversão do tempo exercido pelo segurado a partir de 13 de novembro de 2019 sob condições especiais prejudiciais à saúde ou à integridade física em tempo de contribuição comum, inclusive para fins de contagem recíproca de tempo de contribuição; e

II – revisão de benefício de aposentadoria em fruição.

O **ANEXO III** da **Portaria SGP/SEDGG/ME 10.360/2022** rege o reconhecimento do temo especial por agentes nocivos dos servidores federais até 13.11.2019, com base na Súmula Vinculante 33, sendo plenamente aplicável aos servidores do Estado de São Paulo ao menos até a publicação reforma estadual:

ANEXO III

RECONHECIMENTO DE TEMPO DE SERVIÇO PÚBLICO EXERCIDO SOB CONDIÇÕES ESPECIAIS PREJUDICIAIS À SAÚDE OU À INTEGRIDADE FÍSICA REALIZADOS ATÉ 13 DE NOVEMBRO DE 2019, DATA DA EMENDA CONSTITUCIONAL Nº 103, DE 2019, PARA OS SERVIDORES AMPARADOS POR MANDADO DE INJUNÇÃO OU POR FORÇA DA SÚMULA VINCULANTE Nº 33.

Art. 1º Será instituído processo administrativo com vista a caracterização e comprovação da exposição do servidor a agentes químicos, físicos e biológicos prejudiciais à saúde para as seguintes finalidades:

I – aposentadoria especial de que trata o inciso II do art. 12 do Anexo I; e

II – conversão de tempo especial para utilização no âmbito do RPPS da União, nos termos do art. 41 do Anexo II;

§1º O processo a que se refere o caput será instruído pelo órgão ou entidade no qual o servidor exerceu atividades especiais e, obrigatoriamente, deverá integrar os autos de aposentadoria ou de emissão da Certidão de Tempo de Contribuição – CTC.

§2º A responsabilidade pelas informações prestadas nos autos a que se refere o caput é da autoridade que o instruiu, respondendo solidariamente a autoridade responsável pela concessão de aposentadoria em caso de utilização de tempo convertido em que não seja observada as questões formais disciplinadas neste Anexo.

§ 3º E vedada a instrução processual de que trata o caput para fins conversão de tempo especial em comum de que trata o Capítulo IV do Anexo II para concessão de aposentadoria de servidor na condição de pessoa com deficiência ou de que trata a Lei Complementar nº 51, de 1985.

Art. 2º A caracterização e a comprovação do tempo de serviço público prestado sob condições especiais obedecerão ao disposto na legislação em vigor à época do exercício das atribuições do cargo público.

§ 1º O reconhecimento de tempo de serviço público do Poder Executivo federal prestado sob condições especiais, prejudiciais à saúde ou à integridade física, dependerá de comprovação do exercício das atribuições do cargo público nessas condições, de modo permanente, não ocasional ou intermitente, inclusive no período em que o servidor estiver em exercício de mandato eletivo; cedido, com ou sem ônus para o cessionário, a órgão ou entidade da administração direta ou indireta, do mesmo ou de outro ente federativo, ou afastado do país por licenciamento.

§ 2º Não será admitida prova exclusivamente testemunhal ou apenas a comprovação da percepção de adicional de insalubridade ou periculosidade ou gratificação por trabalhos com Raios-X ou substâncias radioativas para fins de comprovação do tempo de serviço público prestado sob condições especiais.

§ 3º É vedada a caracterização de submissão a condições de que trata o §1º deste artigo de forma presumida, em face da nomenclatura e atribuições dos cargos públicos se assemelharem aos existentes na iniciativa privada.

§ 4º O tempo em que o servidor público prestou as atividades sob condições especiais, como celetista, deverá ser comprovado por intermédio de CTC emitida pelo Regime Geral de Previdência Social – RGPS.

§5º O disposto previsto no § 4º deste artigo não se aplica à caracterização e a comprovação realizadas com base na Orientação Normativa SEGEP nº 15, de 23 de dezembro de 2013, até 25 de janeiro de 2018, data da suspensão dos efeitos do Capítulo II da referida orientação normativa, nos termos do Ofício-Circular nº 37/2018-MP.

Art. 3º O enquadramento de atividade em condições especiais observará os seguintes marcos temporais e critérios:

I – até 28 de abril de 1995, data anterior à vigência da Lei nº 9.032, de 29 de abril de 1995:

a) pela investidura de cargo cujas atribuições sejam análogas às atividades profissionais das categorias presumidamente sujeitas a condições especiais, consoante as ocupações/grupos profissionais agrupados sob o código 2.0.0 do Quadro anexo ao Decreto nº 53.831, de 25 de março de 1964, e sob o código 2.0.0 do Anexo II do Regulamento dos Benefícios da Previdência Social, aprovado pelo Decreto nº 83.080, de 24 de janeiro de 1979; ou

b) por exposição a agentes nocivos no exercício de atribuições do cargo público, em condições análogas às que permitem enquadrar as atividades profissionais como perigosas, insalubres ou penosas, conforme a classificação em função da exposição aos referidos agentes, agrupados sob o código 1.0.0 do Quadro anexo ao Decreto nº 53.831, de 1964, e sob o código 1.0.0 do Anexo I do Regulamento dos Benefícios da Previdência Social, aprovado pelo Decreto nº 83.080, de 1979.

II – de 29 de abril de 1995 até 5 de março de 1997 o enquadramento de atividade especial somente admitirá o critério contido da alínea "b" do inciso I deste artigo.

III – De 6 de março de 1997 até 6 de maio de 1999 o enquadramento de atividade especial observará a relação dos agentes nocivos prejudiciais à saúde ou à integridade física que consta do Anexo IV do Regulamento dos Benefícios da Previdência Social, aprovado pelo Decreto nº 2.172, de 5 de março de 1997.

IV – a partir de 7 de maio de 1999, o enquadramento de atividade especial observará a relação dos agentes nocivos prejudiciais à saúde ou à integridade física que consta do Anexo IV do Regulamento da Previdência Social, aprovado pelo Decreto nº 3.048, de 6 de maio de 1999.

Art. 4º O processo administrativo a que se refere o art. 1º deste Anexo deverá ser individualizado e deverá ser instruído com os seguintes documentos, cumulativamente:

I – formulário de informações sobre atividades exercidas em condições especiais;

II- Laudo Técnico de Condições Ambientais do Trabalho – LTCAT – observado o disposto no art. 6º ou os documentos aceitos em substituição àquele, consoante o que dispõe o art. 7º deste Anexo;

III – parecer da perícia médica, em relação ao enquadramento por exposição a agentes nocivos, na forma do art. 8º deste Anexo; e

IV – portaria de nomeação do servidor para investidura em cargo público efetivo, cujas atividades sejam análogas às dos profissionais das categorias presumidamente sujeitas a condições especiais estabelecidas no Anexo.

V – portaria de designação do servidor para operar com raios X e substâncias radioativas, na forma do Decreto nº 81.384, de 22 de fevereiro de 1978, quando for o caso.

Art. 5º Somente será aceito como formulário de informações sobre atividades exercidas em condições especiais, de que trata o inciso I do art. 4º deste Anexo, que o modelo de tal documento instituído para o RGPS, segundo seu período de vigência, sob as siglas SB-40, DISESBE 5235, DSS-8030 ou DIRBEN 8030, quando emitidos até 31 de dezembro de 2003, e o Perfil Profissiográfico Previdenciário – PPP, conforme Anexo V, que é o formulário exigido a partir de 1º de janeiro de 2004.

Parágrafo único. O formulário de informações sobre atividades exercidas em condições especiais ou o Perfil Profissiográfico Previdenciário – PPP – será emitido pelo órgão ou entidade responsável pelos assentamentos funcionais do servidor público no correspondente período de exercício das atribuições do cargo ou emprego público em condições especiais.

Art. 6º O LTCAT será elaborado por servidor público da esfera federal, estadual, distrital ou municipal, ou militar, ocupante de cargo público ou posto militar de médico com especialização em medicina do trabalho, ou de engenheiro ou de arquiteto com especialização em segurança do trabalho.

§ 1º O enquadramento de atividade especial por exposição ao agente físico ruído, em qualquer época da prestação do labor, exige laudo técnico pericial.

§ 2º Em relação aos demais agentes nocivos, o laudo técnico pericial será obrigatório para os períodos laborados a partir de 14 de outubro de 1996, data de publicação da Medida Provisória nº 1.523, de 11 de outubro de 1996, convertida na Lei nº 9.528, de 10 de dezembro de 1997.

§ 3º É admitido o laudo técnico emitido em data anterior ou posterior ao exercício da atividade do servidor, se não houve alteração no ambiente de trabalho ou em sua organização, desde que haja ratificação nesse sentido, pelo responsável técnico a que se refere o caput.

§ 4º Para fins de comprovação do tempo de serviço público prestado sob condições especiais não serão aceitos os seguintes documentos:

I – laudo relativo à atividade diversa, salvo quando a atividade que se pretende comprovar tiver sido exercida no mesmo órgão público;

II – laudo relativo a órgão público ou equipamentos diversos, ainda que as funções sejam similares; e

III – laudo realizado em localidade diversa daquela em que houve o exercício da atividade.

§ 5º Nas avaliações ambientais deverão ser considerados, além do disposto nos incisos do art. 3º, a metodologia e os procedimentos de avaliação estabelecidos pela Fundação Jorge Duprat Figueiredo de Segurança e Medicina do Trabalho – Fundacentro.

§ 6º Na hipótese de não terem sido estabelecidos pela Fundacentro a metodologia e os procedimentos de avaliação, caberá ao Ministério do Trabalho e Previdência – MTP – indicar outras instituições para estabelecê-los.

§ 7º O laudo técnico a que se refere este artigo conterá informações sobre a existência de tecnologia de proteção coletiva ou individual e sobre a sua eficácia e será elaborado com observância às normas editadas pelo Ministério do Trabalho e Previdência – MTP e aos procedimentos adotados pelo INSS.

Art. 7º Poderão ser aceitos em substituição ao LTCAT, ou ainda de forma complementar a este, os seguintes documentos:

I – laudos técnico-periciais emitidos por determinação da Justiça do Trabalho, em ações trabalhistas, acordos ou dissídios coletivos;

II – laudos emitidos pela Fundacentro;

III – laudos emitidos pelo Ministério do Trabalho e Previdência – MTP ou pelas delegacias Regionais do Trabalho – DRT; e

IV – laudos técnicos individuais acompanhados de:

a) autorização escrita do órgão administrativo competente, se o levantamento ambiental ficar a cargo de responsável técnico integrante dos quadros funcionais de outra esfera de Poder da União ou de governo;

b) cópia do documento de habilitação profissional do engenheiro de segurança do trabalho ou médico do trabalho, indicando sua especialidade; e

c) nome e identificação do servidor da Administração responsável pelo acompanhamento do levantamento ambiental, quando a emissão do laudo técnico ficar a cargo de servidor público pertencente aos quadros funcionais de outras esferas de governo ou Poder; e

d) data e local da realização da perícia.

V – demonstrações ambientais quando constantes dos seguintes documentos:

a) Programa de Prevenção de Riscos Ambientais – PPRA;

b) Programa de Gerenciamento de Riscos – PGR;

c) Programa de Condições e Meio Ambiente de Trabalho na Indústria da Construção – PCMAT;

d) Programa de Controle Médico de Saúde Ocupacional – PCMSO.

Art. 8º A análise para a caracterização e o enquadramento do exercício de atribuições com efetiva exposição a agentes nocivos prejudiciais à saúde ou à integridade física será de responsabilidade de Perito Médico que integre, de preferência, o quadro funcional da Administração Pública Federal, mediante a adoção dos seguintes procedimentos:

I – análise do formulário e laudo técnico ou demais demonstrações ambientais referidas no inciso V do art. 7º, deste Anexo;

II – a seu critério, inspeção de ambientes de trabalho com vistas à rerratificação das informações contidas nas demonstrações ambientais;

III – emissão de parecer médico-pericial conclusivo, descrevendo o enquadramento por agente nocivo, indicando a codificação prevista na legislação específica e o correspondente período de atividade.

Art. 9º Considera-se especial a atividade exercida com exposição a ruído quando a referida exposição tiver sido superior a:

I – 80 decibéis (dB), até 5 de março de 1997;

II – 90 decibéis (dB), a partir de 6 março de 1997 até 18 de novembro de 2003; e

III – 85 decibéis (dB), a partir de 19 de novembro de 2003.

Parágrafo único. O enquadramento a que se refere o inciso III do caput será efetuado quando o Nível de Exposição Normalizado – NEN – situar-se acima de oitenta e cinco decibéis ou for ultrapassada a dose unitária, observados:

I – os limites de tolerância definidos no Quadro Anexo I da NR-15 do Ministério do Trabalho e Previdência – MTP; e

II – as metodologias e os procedimentos definidos na Norma de Higiene Ocupacional – NHO-01 da Fundacentro.

Art. 10. Consideram-se tempo de serviço sob condições especiais, para os fins deste Anexo, desde que o segurado estivesse exercendo atividade considerada especial ao tempo das seguintes ocorrências:

I – períodos de descanso determinados pela legislação do regime estatutário da União, inclusive férias;

II – licença/afastamento por motivo de acidente, doença profissional ou doença do trabalho;

III – aposentadoria por invalidez acidentária;

IV – licença gestante, adotante e paternidade; e

V – ausência por motivo de doação de sangue, alistamento como eleitor, participação em júri, casamento e óbito de pessoa da família.

Art. 11. O responsável por informações falsas, no todo ou em parte, inserida nos documentos a que se referem os arts. 4º e 5º, responderá pela prática dos crimes previstos nos arts. 297 e 299 do Código Penal.

Art. 12. Aplicam-se, no que couber, as disposições da Instrução Normativa SGP/SEDGG/ME Nº 15, de 16 de março de 2022, da Secretaria de Gestão e Desempenho de Pessoal, que estabelece orientações sobre a concessão dos adicionais de insalubridade, periculosidade, irradiação ionizante e gratificação por trabalhos com raios-x ou substâncias radioativas, e dá outras providências.

Cumpre destacar que o RGPS sempre autorizou a conversão do tempo especial em comum. Logo, faz-se necessário analisar a possibilidade de realizar tal conversão no âmbito do RPPS estadual, uma vez que existem vários cargos estaduais que demandam a exposição a agentes nocivos, como os enfermeiros hospitalares, policiais civis lotados em departamento de polícia técnica, etc.

Outrossim, a fixação de uma idade mínima para a aposentadoria especial no RPPS tornou essa espécie de aposentadoria pouco atrativa, pois não mais resulta em uma aposentação precoce. Por outro lado, a conversão do tempo especial em comum não tem idade mínima, o que pode reduzir bastante o caminho até a aposentação.

Cumpre destacar que o RGPS sempre autorizou a conversão do tempo especial em comum até o advento da EC 103/2019.

Logo, faz-se necessário analisar a possibilidade de realizar tal conversão no âmbito do RPPS estadual, uma vez que existem vários cargos estaduais que demandam a exposição a agentes nocivos, como os enfermeiros hospitalares, médicos lotados em departamento de polícia técnica etc.

Outrossim, a fixação de uma idade mínima para a aposentadoria especial no RPPS tornou essa espécie de aposentadoria pouco atrativa, pois não mais resulta em uma aposentação precoce. Por outro lado, a conversão do tempo especial em comum é vantajosa para a majoração do tempo de contribuição.

O STF sempre autorizou a conversão de tempo especial em comum no Regime Geral. Por outro lado, não aplicava essa regra na contagem recíproca de tempo de contribuição, ao levar tempo especial do Regime Próprio ao Regime Geral. Esse panorama perdurou até a edição do Tema STF 942 em repercussão geral.

Vale registrar que dentro do RPPS o Supremo Tribunal Federal passou a admitir a conversão do tempo especial em comum até o advento da EC 103/2019, ao julgar o RE 1.014.286, em 31/08/2020 (tema 942 em Repercussão Geral):

> Tese firmada: "Até a edição da Emenda Constitucional nº 103/2019, o direito à conversão, em tempo comum, do prestado sob condições especiais que prejudiquem a saúde ou a integridade física de servidor público decorre da previsão de adoção de requisitos e critérios diferenciados para a jubilação daquele enquadrado na hipótese prevista no então vigente inciso III do § 4º do art. 40 da Constituição da República, devendo ser aplicadas as normas do regime geral de previdência social relativas à aposentadoria especial contidas na Lei 8.213/1991 para viabilizar sua concretização enquanto não sobrevier lei complementar disciplinadora da matéria. **Após a vigência da EC n.º 103/2019, o direito à conversão em tempo comum, do prestado sob condições especiais pelos servidores obedecerá à legislação complementar dos entes federados, nos termos da competência conferida pelo art. 40, § 4º-C, da Constituição da República".**

No âmbito do RPPS dos servidores federais, a Emenda 103/2019 veda a conversão do tempo especial em comum no seu artigo 10 após 13/11/2019:

> "Art. 10. Até que entre em vigor lei federal que discipline os benefícios do regime próprio de previdência social dos servidores da União, aplica-se o disposto neste artigo.
>
> ...

§ 3º A aposentadoria a que se refere o § 4º-C do art. 40 da Constituição Federal observará adicionalmente as condições e os requisitos estabelecidos para o Regime Geral de Previdência Social, naquilo em que não conflitarem com as regras específicas aplicáveis ao regime próprio de previdência social da União, **vedada a conversão de tempo especial em comum".**

Somente será possível no RPPS dos entes políticos a conversão de tempo especial em comum após 13/11/2019 se houver lei complementar da lavra da entidade política autorizando, o que inclusive foi vedada pela legislação do Estado de São Paulo (art. 5º, §2º, da LC 1.354/2020):

"§ 2º – A aposentadoria a que se refere este artigo observará adicionalmente as condições e os requisitos estabelecidos para o Regime Geral de Previdência Social, naquilo em que não conflitarem com as regras específicas aplicáveis ao Regime Próprio de Previdência Social do Estado, **vedada a conversão de tempo especial em comum".**

Serão utilizados os fatores de conversão usados no Regime Geral, conforme o artigo 70 do Decreto 3.048/99, limitando-se a conversão a 13.11.2019:

TEMPO A CONVERTER	MULTIPLICADORES	
	MULHER (PARA 30)	HOMEM (PARA 35)
DE 15 ANOS	2,00	2,33
DE 20 ANOS	1,50	1,75
DE 25 ANOS	**1,20**	**1,40**

Assim, um servidor homem exposto permanentemente a agentes biológicos (aposentadoria especial de 25 anos) terá o tempo majorado em 40% após a conversão. Já a mulher em 20% após a conversão.

9

CÁLCULO DOS PROVENTOS NO REGRAMENTO PERMANENTE DAS APOSENTADORIAS VOLUNTÁRIAS DO ESTADO DE SÃO PAULO E CRITÉRIO DE REAJUSTAMENTO

O cálculo dos proventos da aposentadoria é feito de acordo do art. 7º da Lei Complementar 1.354/2020:

> "Artigo 7º – O cálculo dos proventos de aposentadoria do servidor público titular de cargo efetivo considerará a média aritmética simples das remunerações adotadas como base para as contribuições aos regimes de previdência a que o servidor esteve vinculado, atualizadas monetariamente, correspondentes a **100% (cem por cento) do período contributivo, desde a competência julho de 1994 ou desde a do início da contribuição**, se posterior àquela competência.
>
> § 1º – As remunerações consideradas no cálculo do valor inicial dos proventos terão os seus valores atualizados mês a mês de acordo com a variação integral do **índice fixado para a atualização dos salários-de-contribuição considerados no cálculo dos benefícios do Regime Geral de Previdência Social**.

> § 2º – A média a que se refere o "caput" será limitada ao valor máximo do salário de contribuição do Regime Geral de Previdência Social, para o servidor que ingressou no serviço público, em cargo efetivo, após a implantação do regime de previdência complementar".

Curiosamente, para atualização monetária dos salários, não foi utilizado o IPC, fazendo-se remissão ao INPC, índice utilizado pelo RGPS, nos termos da Lei 8.213/91:

> "Art. 41-A. O valor dos benefícios em manutenção será reajustado, anualmente, na mesma data do reajuste do salário mínimo, pro rata, de acordo com suas respectivas datas de início ou do último reajustamento, com base no Índice Nacional de Preços ao Consumidor – INPC, apurado pela Fundação Instituto Brasileiro de Geografia e Estatística – IBGE". (Incluído pela Lei nº 11.430, de 2006)

O Estado de São Paulo adotou a regra de descarte móvel, aduzindo que poderão ser excluídas da média as contribuições que resultem em redução do valor do benefício, desde que mantido o tempo mínimo de contribuição exigido, vedada a utilização do tempo excluído para qualquer finalidade previdenciária.

> "§ 3º – Poderão ser excluídas da média definida no "caput" as contribuições que resultem em redução do valor do benefício, desde que mantido o tempo mínimo de contribuição exigido, vedada a utilização do tempo excluído para qualquer finalidade previdenciária".

Dessa forma, é possível descartar os salários menores do período base de cálculo, a fim de obter uma renda inicial mais alta. Saliente-se que essa pode se tornar uma fonte de judicialização, uma vez que o cálculo da renda mensal inicial pode trazer incorreções por não ter havido o correto descarte das remunerações menores, mormente inexistir um sistema que realize tal descarte de forma automatizada.

Assim, o cálculo do benefício é feito através da média de cem por cento das remunerações a partir do plano real, com atualização monetária pelo INPC, aplicado o coeficiente conforme tabela abaixo, que decorre do §4º, que parte de 60% da média:

"§ 4º – Os proventos de aposentadoria corresponderão a **60% (sessenta por cento) da média aritmética** definida na forma prevista no "caput" e no § 1º, **com acréscimo de 2 (dois) pontos percentuais para cada ano que exceder o tempo de 20 (vinte) anos de contribuição".**

IDENTIDADE HOMEM/MULHER

TEMPO DE CONTRIBUIÇÃO	COEFICIENTE
Até 20 Anos	60%
21 Anos	62%
22 Anos	64%
23 Anos	66%
24 Anos	68%
25 Anos	70%
26 Anos	72%
27 Anos	74%
28 Anos	76%
29 Anos	78%
30 Anos	80%
31 Anos	82%
32 Anos	84%
33 Anos	86%
34 Anos	88%
35 Anos	90%
36 Anos	92%
37 Anos	94%
38 Anos	96%
39 Anos	98%
40 Anos	100%
E assim sucessivamente	E assim sucessivamente

O Estado de São Paulo, assim como a União, não limita o teto da aposentadoria dos servidores anteriores à previdência complementar a remuneração do cargo. **Isso permite que a renda da aposentadoria possa superar a remuneração do cargo, observado o teto do funcionalismo público.**

Com lastro no artigo 72, §16, da Portaria SGP/SEDGG/ME 10.360/2022, **o valor dos proventos iniciais calculados conforme o**

artigo 26 da EC 103/2019 poderá ser superior à remuneração ou subsídio do cargo efetivo em que se der a aposentadoria, ressalvado o servidor submetido ao Regime de Previdência Complementar de que trata a Lei nº 12.618, de 30 de abril de 2012:

> **"§ 16. O valor dos proventos iniciais calculados conforme este artigo pode ser superior à remuneração ou subsídio do cargo efetivo em que se der a aposentadoria, ressalvado o servidor submetido ao Regime de Previdência Complementar de que trata a Lei nº 12.618, de 30 de abril de 2012".**

Isso porque **a EC 103/2019 retirou o limitador máximo do valor da aposentadoria à remuneração do cargo efetivo em que se der a aposentação do servidor federal**, devendo apenas ser observado o teto federal do subsídio dos ministros do STF, exceto no que tange aqueles limitados ao teto do RGPS, quer porque ingressaram após o funcionamento da previdência complementar, quer porque são antigos mas optaram pela migração de regime de previdência.

Esse entendimento se aplica ao RPPS do Estado de São Paulo, pois neste ponto incorporou as regras da EC 103/2019.

Ademais, os proventos podem ser ***ultra* integrais**, pois são calculados acima de cem por cento de coeficiente, se o segurado possuir a partir de 41 anos de tempo de contribuição, a exemplo do servidor com 45 anos de tempo de contribuição, que será 110% da média.

Como salientado, para o reajuste dos benefícios, o índice aplicado pelo Estado de São Paulo é o IPC:

> **Lei Complementar nº 1.354/2020:**
>
> "Artigo 8º – Os benefícios calculados nos termos do disposto no artigo anterior serão reajustados na mesma data utilizada para fins de reajuste dos benefícios do Regime Geral de Previdência Social, com base no Índice de Preços ao Consumidor – IPC, apurado pela Fundação Instituto de Pesquisas Econômicas – FIPE".

10

APOSENTADORIA DA PESSOA COM DEFICIÊNCIA

As pessoas com deficiência passaram a ter previsão normativa a uma aposentadoria com requisitos diferenciados com a Emenda Constitucional 47/2005. Esse direito é assegurado no Regime Geral de Previdência Social, bem como nos Regimes Próprios.

A aposentadoria da pessoa com deficiência foi regulamentada 8 anos depois de sua inserção no texto constitucional. No Regime Geral de Previdência Social a regulação se deu com a Lei Complementar 142/2013.

Por outro lado, a regulamentação dessa espécie de aposentadoria nos Regimes Próprios dependia de lei complementar nacional, nunca editada pela União, o que levou o STF a dar provimento a diversos mandados de injunção, visando suplantar a mora legislativa em disciplinar o tema, ao determinar a aplicação, no que couber, da LC 142/2013:

> "Sexta-feira, 04 de outubro de 2013
>
> Ministro define critérios para aposentadoria de servidores com deficiência.
>
> Ao analisar agravo regimental no **Mandado de Injunção (MI) 5126**, o ministro Luiz Fux, do Supremo Tribunal Federal (STF), determinou a

> aplicação, ao caso, do disposto no artigo 57 da Lei 8.213/1991 (que dispõe sobre os benefícios da Previdência Social) até a entrada em vigor da Lei Complementar 142/2013 para fins de verificação do preenchimento dos requisitos para a aposentadoria especial do servidor com deficiência. Após a vigência da LC 142/2013, a aferição será feita nos moldes ali previstos.
>
> Processos relacionados.
>
> MI 5126; FONTE: STF; https://www.jusbrasil.com.br/noticias/stf-ministro-define-criterios-para-aposentadoria-de-servidores-com-deficiencia/100703414".

Assim, o STF firmou posicionamento no sentido de que, até a superveniência de lei complementar nacional disciplinando o benefício da aposentadoria do deficiente, se aplica, no que couber, o regramento da Lei Complementar 142/2013. No entanto, esse posicionamento não possuía efeito vinculante, permanecendo indefinida a questão dos servidores com deficiência.

Posteriormente, com o advento da Emenda Constitucional 103/2019, a disciplina da matéria passou para a competência de cada ente federativo, nos termos do artigo 40 da Constituição Federal:

> "§ 4º-A. Poderão ser estabelecidos **por lei complementar do respectivo ente federativo** idade e tempo de contribuição diferenciados para aposentadoria de **servidores com deficiência**, previamente submetidos a avaliação biopsicossocial realizada por equipe multiprofissional e interdisciplinar". (Incluído pela Emenda Constitucional nº 103, de 2019)

Por sua vez, no âmbito do RPPS da União e do RGPS, o artigo 22 da Emenda 103/2019 regulamentou o tema:

> "Art. 22. Até que lei discipline o § 4º-A do art. 40 e o inciso I do § 1º do art. 201 da Constituição Federal, a aposentadoria da pessoa com deficiência segurada do Regime Geral de Previdência Social ou do servidor público federal com deficiência vinculado a regime próprio de previdência social, desde que cumpridos, no caso do servidor, o tempo mínimo de 10 (dez) anos de efetivo exercício no serviço público e de 5 (cinco) anos no cargo efetivo em que for concedida a aposentadoria, será

concedida na forma da **Lei Complementar nº 142, de 8 de maio de 2013**, inclusive quanto aos critérios de cálculo dos benefícios".

Vejamos a forma como o Estado de São Paulo disciplinou o tema:

LEI COMPLEMENTAR 1.354/2020

Publicada no Diário Oficial do Estado de 07.03.2020

"Artigo 3º – O servidor com deficiência será aposentado voluntariamente, desde que cumprido tempo mínimo de 10 (dez) anos de efetivo exercício de serviço público e 5 (cinco) anos no cargo efetivo, nível ou classe em que for concedida a aposentadoria, observadas as seguintes condições:

I – 20 (vinte) anos de contribuição, se mulher, e 25 (vinte e cinco) anos de contribuição, se homem, no caso de deficiência grave;

II – 24 (vinte e quatro) anos de contribuição, se mulher, e 29 (vinte e nove) anos de contribuição, se homem, no caso de deficiência moderada;

III – 28 (vinte e oito) anos de contribuição, se mulher, e 33 (trinta e três) anos de contribuição, se homem, no caso de deficiência leve;

IV – 55 (cinquenta e cinco) anos de idade, se mulher, e 60 (sessenta) anos de idade, se homem, independentemente do grau de deficiência, desde que cumprido tempo mínimo de contribuição de 15 (quinze) anos e comprovada a existência de deficiência durante igual período.

§ 1º – Para o reconhecimento do direito à aposentadoria de que trata o "caput", considera-se pessoa com deficiência aquela que tem impedimentos de longo prazo de natureza física, mental, intelectual ou sensorial, os quais, em interação com diversas barreiras, podem obstruir sua participação plena e efetiva na sociedade em igualdade de condições com as demais pessoas.

§ 2º – O deferimento da aposentadoria prevista neste artigo fica condicionada à realização de prévia avaliação biopsicossocial por equipe multiprofissional e interdisciplinar, nos termos do regulamento.

§ 3º – Se o servidor, após a filiação ao Regime Próprio de Previdência Social, tornar-se pessoa com deficiência ou tiver seu grau de deficiência alterado, os parâmetros mencionados no "caput" serão proporcionalmente ajustados, considerando-se o número de anos em que exerceu atividade laboral sem e com deficiência, observado o grau correspondente, nos termos do regulamento".

Temos ainda o seguinte dispositivo do Decreto estadual 65.964/2021:

> *"SEÇÃO V*
> *Da Aposentadoria Especial do Servidor com Deficiência*
>
> **Artigo 22** – O pedido de aposentadoria especial do servidor com deficiência terá início com o requerimento do interessado e será condicionado à apresentação de prévia avaliação biopsicossocial por equipe multiprofissional e interdisciplinar, conforme critérios definidos pelo órgão médico oficial do Estado.
>
> **§ 1º** – O ajuste proporcional de parâmetros de que trata o § 3º do artigo 3º da Lei Complementar nº 1.354, de 6 de março de 2020, dependerá da realização prévia de nova perícia.
>
> **§ 2º** – Ato da SPPREV disciplinará a proporcionalidade de que trata o § 1º deste artigo, bem como o prazo de validade do laudo prévio exigido no "caput" deste artigo para postulação do benefício.
>
> **§ 3º** – O procedimento previsto no "caput" deste artigo será tratado com prioridade e deverá ser atendido pelos órgãos envolvidos através de listagem para tratamento e análise preferencial, distinta dos outros procedimentos de aposentadoria.
>
> **§ 4º** – Aplicam-se ao procedimento de aposentadoria tratado nesta seção as disposições previstas no artigo 17 deste decreto".

Nota-se que o Estado reproduziu os critérios de aposentação da respectiva Lei Complementar 142, inclusive os critérios de renda mensal. São três categorias de aposentadorias por tempo de contribuição, sem idade mínima, que variam em função do grau de deficiência do servidor, e uma modalidade de aposentadoria por idade.

A perícia biopsicossocial é o instrumento utilizado para avaliar o grau de deficiência. Esse grau de deficiência ele pode ser leve, moderado ou grave, e tem reflexo direto sobre a regra de aposentação por tempo de contribuição. Por outro lado, a aposentadoria por idade do servidor deficiente não tem seus requisitos alterados em função do grau de deficiência.

Ora, a pessoa com deficiência é conceituada como aquela que tem impedimentos de longo prazo, de natureza física, mental, intelectual ou sensorial os quais interação com diversas barreiras pode obstruir participação plena efetiva na sociedade e igualdade de condições. Assim, a avaliação biopsicossocial visa identificar o grau de impedimento, bem como os reflexos do mesmo na vida do servidor. Para essa avaliação são mensurados diversos critérios, como data de início da deficiência, escolaridade, impedimentos enfrentados no cotidiano, dentre outros.

Diante da omissão regulamentadora, temos que aplicar as regras do RGPS (LC 142 e Decreto 3.048) por força do §12 do artigo 40 da Constituição:

> "§ 12. Além do disposto neste artigo, serão observados, em regime próprio de previdência social, no **que couber, os requisitos e critérios fixados para o Regime Geral de Previdência Social".**

Note-se que é possível a conversão do tempo de contribuição da pessoa com deficiência quando houver variação do grau:

> **Decreto 3.048/99:**
>
> Art. 70-E. Para o segurado que, após a filiação ao RGPS, tornar-se pessoa com deficiência, ou tiver seu grau alterado, os parâmetros mencionados nos incisos I, II e III do caput do art. 70-B serão proporcionalmente ajustados e os respectivos períodos serão somados após conversão, conforme as tabelas abaixo, considerando o grau de deficiência preponderante, observado o disposto no art. 70-A:
>
> ...
>
> Art. 70-F.
>
> § 1º É garantida a conversão do tempo de contribuição cumprido em condições especiais que prejudiquem a saúde ou a integridade física do segurado, inclusive da pessoa com deficiência, para fins da aposentadoria de que trata o art. 70-B, se resultar mais favorável ao segurado, conforme tabela abaixo:
>
> § 2º É vedada a conversão do tempo de contribuição da pessoa com deficiência para fins de concessão da aposentadoria especial de que trata a Subseção IV da Seção VI do Capítulo II.
>
> § 3º (Revogado pelo Decreto nº 10.410, de 2020)

Logo, se o servidor após filiação ao regime próprio torna-se pessoa com deficiência ou tiver o seu grau de deficiência alterado, os parâmetros serão proporcionalmente ajustados considerando o número de anos que exerceu atividade laboral sem deficiência observado o grau correspondente nos termos do regulamento:

MULHER				
	MULTIPLICADORES			
TEMPO A CONVERTER	Para 20	Para 24	Para 28	Para 30
De 20 anos	1,00	1,20	1,40	1,50
De 24 anos	0,83	1,00	1,17	1,25
De 28 anos	0,71	0,86	1,00	1,07
De 30 anos	0,67	0,80	0,93	1,00

HOMEM				
TEMPO A CONVERTER	MULTIPLICADORES			
	Para 25	Para 29	Para 33	Para 35
De 25 anos	1,00	1,16	1,32	1,40
De 29 anos	0,86	1,00	1,14	1,21
De 33 anos	0,76	0,88	1,00	1,06
De 35 anos	0,71	0,83	0,94	1,00

§ 1º O grau de deficiência preponderante será aquele em que o segurado cumpriu maior tempo de contribuição, antes da conversão, e servirá como parâmetro para definir o tempo mínimo necessário para a aposentadoria por tempo de contribuição da pessoa com deficiência e para a conversão. (Incluído

Ademais, há a possibilidade de conversão do período trabalhado em condições especiais em tempo da pessoa com deficiência:

§ 1º É garantida a conversão do tempo de contribuição cumprido em condições especiais que prejudiquem a saúde ou a integridade física do segurado, inclusive da pessoa com deficiência, para fins da aposentadoria de que trata o art. 70-B, se resultar mais favorável ao segurado, conforme tabela abaixo. (Incluído pelo Decreto nº 8.145, de 2013)

MULHER					
	MULTIPLICADORES				
TEMPO A CONVERTER	Para 15	Para 20	Para 24	Para 25	Para 28
De 15 anos	1,00	1,33	1,60	1,67	1,87
De 20 anos	0,75	1,00	1,20	1,25	1,40
De 24 anos	0,63	0,83	1,00	1,04	1,17
De 25 anos	0,60	0,80	0,96	1,00	1,12
De 28 anos	0,54	0,71	0,86	0,89	1,00

HOMEM					
TEMPO A CONVERTER	MULTIPLICADORES				
	Para 15	Para 20	Para 25	Para 29	Para 33
De 15 anos	1,00	1,33	1,67	1,93	2,20
De 20 anos	0,75	1,00	1,25	1,45	1,65
De 25 anos	0,60	0,80	1,00	1,16	1,32
De 29 anos	0,52	0,69	0,86	1,00	1,14
De 33 anos	0,45	0,61	0,76	0,88	1,00

A aposentadoria por idade do servidor com deficiência é calculada com proventos proporcionais, enquanto a aposentadoria por tempo de contribuição gera proventos integrais.

> LEI COMPLEMENTAR 1.354/2020
>
> *Publicada no Diário Oficial do Estado de 07.03.2020*
>
> Art. 7º – regra especial – proventos – PESSOA COM DEFICIÊNCIA
>
> "§ 7º – No caso de aposentadoria de servidor com deficiência, prevista no artigo 3º desta lei complementar, os proventos corresponderão a:
>
> 1 – 100% (cem por cento) da média prevista no "caput", nas hipóteses dos incisos I, II e III do artigo 3º desta lei complementar;
>
> 2 – 70% (setenta por cento) mais 1% (um por cento) da média prevista no "caput", por grupo de cada 12 (doze) contribuições mensais, até o máximo de 30% (trinta por cento), no caso de aposentadoria por idade, prevista no inciso IV do artigo 3º desta lei complementar".

A aposentadoria por tempo de contribuição será calculada à razão de 100% da média de remuneração do servidor, os chamados proventos integrais. Já a aposentadoria por idade terá proventos à razão de 70% (setenta por cento) mais 1% (um por cento) do salário de benefício por grupo de 12 (doze) contribuições mensais até o máximo de 30% (trinta por cento).

No entanto, remanesce o problema da caracterização e comprovação da deficiência. No RGPS a deficiência é avaliada pela Perícia Médica Federal, por meio da avaliação biopsicossocial. A avaliação é conjunta, feita pelo perito médico e pelo assistente social, visando identificar e enquadrar o nível de deficiência do segurado em um dos três graus de deficiência: leve, moderada e grave. No entanto, o Estado precisa desenvolver uma estrutura semelhante, que permita a avaliação da deficiência do servidor neste modelo, legalmente estatuído da Lei 13.146/2015:

> "Art. 2º Considera-se pessoa com deficiência aquela que tem impedimento de longo prazo de natureza física, mental, intelectual ou sensorial, o qual, em interação com uma ou mais barreiras, pode obstruir

> sua participação plena e efetiva na sociedade em igualdade de condições com as demais pessoas.
>
> **§ 1º A avaliação da deficiência, quando necessária, será biopsicossocial, realizada por equipe multiprofissional e interdisciplinar e considerará:**
>
> **I – os impedimentos nas funções e nas estruturas do corpo;**
>
> **II – os fatores socioambientais, psicológicos e pessoais;**
>
> **III – a limitação no desempenho de atividades; e**
>
> **IV – a restrição de participação.**
>
> § 2º O Poder Executivo criará instrumentos para avaliação da deficiência".

Outrossim, a própria comprovação da deficiência pode trazer dificuldades, como a variação dos graus de deficiência ao longo do tempo (uma deficiência leve pode se agravar e se tornar moderada ou grave, ou vice-versa), ou até mesmo a data de início da deficiência.

A Lei Complementar 142/2013 traz quatro regras de aposentadoria, sendo que três delas não exigem idade mínima. Essa previsão legal se mostra particularmente vantajosa para os servidores dotados de deficiência grave.

Por exemplo, uma servidora mulher, com deficiência grave, que tenha ingressado no serviço público com 21 anos de idade consegue se aposentar com 41 anos de idade, ante a ausência de idade mínima.

De acordo com o **artigo 162 da Portaria MTP 1.467/2022**, "na concessão das aposentadorias dos segurados do RPPS da União com deficiência, ou dos RPPS dos Estados, do Distrito Federal e dos Municípios que adotaram as mesmas regras para os servidores federais, bem como dos segurados com deficiência desses entes, quando amparados por ordem concedida em mandado de injunção, a serem concedidas na forma da Lei Complementar nº 142, de 8 de maio de 2013, **será observado o disposto no Anexo V**, enquanto esses entes não promoverem alteração na legislação, nos termos do § 4º-A do art. 40 da Constituição Federal".

Logo, plenamente aplicável ao Estado de São Paulo o citado anexo V do Regulamento Nacional dos RPPS's:

> **ANEXO V**
>
> INSTRUÇÕES PARA O RECONHECIMENTO DO DIREITO À APOSENTADORIA ESPECIAL DOS SEGURADOS COM DEFICIÊNCIA DO RPPS DA UNIÃO E DOS DEMAIS ENTES FEDERATIVOS QUE ADOTAREM AS REGRAS DA UNIÃO, INCLUSIVE DOS ENTES FEDERATIVOS QUE NÃO PROMOVEREM ALTERAÇÕES NA LEGISLAÇÃO RELACIONADA AO RPPS, QUANDO O RECONHECIMENTO DO DIREITO À APOSENTADORIA ESPECIAL DO SEGURADO COM DEFICIÊNCIA TIVER AMPARO EM ORDEM CONCEDIDA EM MANDADO DE INJUNÇÃO.
>
> Art. 1º Os parâmetros e diretrizes gerais estabelecidos neste Anexo serão observados para fins de análise do direito do segurado com deficiência à concessão da aposentadoria especial na forma da Lei Complementar nº 142, de 8 de maio de 2013, com fundamento no art. 22 da Emenda Constitucional nº 103, de 12 de novembro de 2019, para os Regimes Próprios de Previdência Social – RPPS de que trata o art. 40 da Constituição Federal:
>
> I – da União;
>
> II – dos entes federativos que adotarem as mesmas regras da União; ou
>
> III – dos entes federativos que não promoverem alteração na sua legislação relacionada ao RPPS de seus servidores nos termos do § 4º-A do art. 40 da Constituição Federal, quando o segurado for amparado por ordem concedida em mandado de injunção.
>
> Art. 2º Considera-se pessoa com deficiência aquela que tem impedimentos de longo prazo de natureza física, mental, intelectual ou sensorial, os quais, em interação com diversas barreiras, podem obstruir sua participação plena e efetiva na sociedade em igualdade de condições com as demais pessoas, consoante o art. 1º da Convenção Internacional sobre os Direitos das Pessoas com Deficiência, promulgada pelo Decreto nº 6.949, de 25 de agosto de 2009.
>
> Parágrafo único. Segurado com deficiência é a pessoa com deficiência abrangida por RPPS.

Art. 3º A adoção de requisitos e critérios diferenciados para a concessão de aposentadoria voluntária ao segurado com deficiência está condicionada à comprovação das condições a que se refere o art. 2º na data de entrada do requerimento ou na data de aquisição do direito ao benefício.

Seção I
Requisitos e critérios diferenciados

Art. 4º Os segurados com deficiência dos entes federativos de que trata o art. 1º serão aposentados voluntariamente, desde que cumprido tempo mínimo de 10 (dez) anos de efetivo exercício no serviço público e 5 (cinco) anos no cargo efetivo em que se dará a aposentadoria, observadas as seguintes condições:

I – aos 25 (vinte e cinco) anos de tempo de contribuição, se homem, e 20 (vinte) anos, se mulher, no caso de segurado com deficiência grave;

II – aos 29 (vinte e nove) anos de tempo de contribuição, se homem, e 24 (vinte e quatro), se mulher, no caso de segurado com deficiência moderada;

III – aos 33 (trinta e três) anos de tempo de contribuição, se homem, e 28 (vinte e oito), se mulher, no caso de segurado com deficiência leve; ou

IV – aos 60 (sessenta) anos de idade, se homem, e 55 (cinquenta e cinco) anos de idade, se mulher, desde que cumprido tempo mínimo de contribuição de 15 (quinze) anos na condição de segurado com deficiência.

Parágrafo único. O tempo mínimo de contribuição previsto nos incisos I a III do caput deve ser cumprido na condição de pessoa com deficiência, conforme o grau especificado, e, no inciso IV do caput, independentemente do grau de deficiência, observado, em qualquer caso, o disposto no art. 3º.

Art. 5º Se a condição de pessoa com deficiência sobrevier à filiação nos diversos regimes de previdência social, ou se houver alteração do grau de deficiência, os parâmetros mencionados nos incisos I, II e III do caput do art. 4º serão proporcionalmente ajustados conforme as tabelas abaixo, considerando-se o número de anos de exercício de atividade laboral sem deficiência e com deficiência, observando-se o correspondente grau de deficiência preponderante:

MULHER			
TEMPO A AJUSTAR	MULTIPLICADORES		
	Para 20 anos (Deficiência Grave)	Para 24 anos (Deficiência Moderada)	Para 28 anos (Deficiência Leve)
De 20 anos	1,00	1,20	1,40
De 24 anos	0,83	1,00	1,17
De 28 anos	0,71	0,86	1,00
De 30 anos	0,67	0,80	0,93
HOMEM			
TEMPO A AJUSTAR	MULTIPLICADORES		
	Para 25 anos (Deficiência Grave)	Para 29 anos (Deficiência Moderada)	Para 33 anos (Deficiência Leve)
De 25 anos	1,00	1,16	1,32
De 29 anos	0,86	1,00	1,14
De 33 anos	0,76	0,88	1,00
De 35 anos	0,71	0,83	0,94

Parágrafo único. O grau de deficiência preponderante será aquele em que o segurado cumpriu maior tempo de contribuição, antes de ajustado, e servirá como parâmetro para definir o tempo mínimo necessário para a aposentadoria voluntária dos incisos I, II e III do caput do art. 4º.

Art. 6º Poderá ser realizada a conversão em tempo com deficiência do tempo em que o segurado exerceu, inclusive como pessoa com deficiência, atividades sujeitas a condições especiais que prejudiquem a saúde ou a integridade física, que fundamentam a concessão da aposentadoria especial de que trata o art. 57 da Lei nº 8.213, de 24 de julho de 1991, se resultar mais favorável ao segurado, conforme as tabelas abaixo:

MULHER			
TEMPO A CONVERTER	MULTIPLICADORES		
	Para 20 anos (Deficiência Grave)	Para 24 anos (Deficiência Moderada)	Para 28 anos (Deficiência Leve)
De 25 anos	0,80	0,96	1,12
HOMEM			
TEMPO A CONVERTER	MULTIPLICADORES		
	Para 25 anos (Deficiência Grave)	Para 29 anos (Deficiência Moderada)	Para 33 anos (Deficiência Leve)
De 25 anos	1,00	1,16	1,32

Art. 7º Na concessão da aposentadoria a que se refere o inciso IV do caput do art. 4º, o tempo mínimo de contribuição exigido deve ser apurado sem o ajuste ou conversão de tempo de que tratam os arts. 5º e 6º, respectivamente, e inteiramente cumprido na condição de pessoa com deficiência.

Parágrafo único. Para a aposentadoria por idade concedida a pessoa com deficiência, será assegurada, exclusivamente para fins de cálculo do valor dos proventos, a conversão do período de exercício de atividade sujeito a condições especiais que prejudiquem a sua saúde ou a sua integridade física, na forma do art. 6º, cumprido na condição de pessoa com deficiência até 13 de novembro de 2019.

Art. 8º A redução de tempo de contribuição prevista nos incisos I, II e III do caput do art. 4º não poderá ser acumulada, no tocante ao mesmo período contributivo, com a redução assegurada aos casos de atividades exercidas sob condições especiais que prejudiquem a saúde ou a integridade física a que se refere o art. 6º.

Seção II

Avaliação e comprovação da deficiência

Art. 9º A avaliação da deficiência pelos órgãos competentes da União, dos Estados, do Distrito Federal e dos Municípios será médica e funcional, por meio de perícia que fixará a data provável do início da deficiência e o seu grau, no correspondente período de filiação ao respectivo RPPS, e de exercício das suas atribuições na condição de segurado com deficiência.

§ 1º A avaliação do segurado no período de sua filiação ao Regime Geral de Previdência Social – RGPS compete à perícia própria do Instituto Nacional do Seguro Social – INSS.

§ 2º Para efeito da avaliação médica e funcional de que trata o caput, a União, os Estados, o Distrito Federal e os Municípios utilizarão, para fins de integração normativa, a disciplina própria que a esse respeito for editada para o RGPS.

§3º Na avaliação mencionada neste artigo poderá ser adotado o instrumento aprovado por meio da Portaria Interministerial AGU/MPS/MF/SEDH/MP nº 1, de 27 de janeiro de 2014.

Art. 10. A comprovação de tempo de contribuição na condição de segurado com deficiência, filiado a RPPS, não será admitida por meio de prova exclusivamente testemunhal.

Art. 11. Aplica-se ao segurado com deficiência a contagem recíproca do tempo de contribuição nessa condição relativo à filiação ao RGPS, ao RPPS ou ao Sistema de Proteção Social dos Militares, devendo os regimes compensar-se financeiramente, na forma de regulamentação específica.

Parágrafo único. Para aplicação do disposto no caput, o tempo de contribuição com deficiência em outro regime ou no SPSM deverá ser comprovado, respectivamente, mediante Certidão de Tempo de Contribuição – CTC emitida pelo regime previdenciário de origem ou Certidão de Tempo de Serviço Militar, devendo estar identificados os períodos com deficiência e seus graus, na forma do Anexo IX.

Seção III
Cálculo e reajuste dos proventos

Art. 12. Os proventos de aposentadoria do segurado com deficiência de que trata o art. 1º corresponderão ao valor resultado mediante a aplicação dos seguintes percentuais sobre a média aritmética simples das maiores bases de cálculo de contribuição para o RGPS ou RPPS, ou das contribuições decorrentes das atividades militares de que tratam os arts. 42 e 142 da Constituição Federal, atualizados monetariamente, correspondentes a 100% (cem por cento) de todo o período contributivo, desde a competência julho de 1994 ou desde o início da contribuição, se posterior àquela competência:

I – 100% (cem por cento), para os casos dos incisos I, II e III do caput do art. 4º; ou

II – 70% (setenta por cento) mais 1% (um por cento) por grupo de 12 (doze) contribuições mensais até o máximo de 30% (trinta por cento), no caso do inciso IV do art. 4º do caput.

§ 1º No cálculo dos proventos de aposentadoria especial do segurado com deficiência aplica-se ainda o disposto nos §§ 2º, 14, 15 e 16 do art. 40 da Constituição Federal.

§ 2º Os proventos calculados conforme o disposto neste artigo serão reajustados nos termos estabelecidos para o RGPS.

Seção IV
Disposições Finais

Art. 13. Salvo decisão judicial expressa em contrário, este Anexo não será aplicado para:

I – conversão do tempo cumprido pelo segurado com deficiência em tempo de contribuição comum, inclusive para fins de contagem recíproca de tempo de contribuição; e

II – reconhecimento de tempo de contribuição exercido na condição de pessoa com deficiência com o objetivo de instruir futuro pedido de aposentadoria voluntária.

Note-se que na avaliação da deficiência poderá ser adotado o instrumento aprovado por meio da **Portaria Interministerial AGU/MPS/MF/SEDH/MP nº 1, de 27 de janeiro de 2014**, aplicável ao RGPS.

De efeito, a Portaria Interministerial SDH/MPS/MF/MOG/AGU Nº 1, DE 27 DE JANEIRO DE 2014, aprovou o instrumento destinado à avaliação do segurado da Previdência Social e à identificação dos graus de deficiência, bem como definiu impedimento de longo prazo.

Essa Portaria continua em vigor, pois apenas a sua republicação (em 9/2/2015 – um erro administrativo de dupla publicação do mesmo ato) foi tornada sem efeito pela Portaria 30, de 9/2/2015, da lavra da então Ministra de Direitos Humanos.

No entanto, em breve será substituída, nos termos do Decreto 10.410/2020:

> "Art. 4º Para fins de acesso a benefícios da pessoa com deficiência, até que seja aprovado o instrumento específico para a avaliação biopsicossocial da pessoa com deficiência, realizada por equipe multiprofissional e interdisciplinar, será utilizado o instrumento aprovado pela Portaria Interministerial AGU/MPS/MF/SRDH/MP nº 1, de 27 de janeiro de 2014".

Compete à perícia própria do INSS (perícia médica e serviço social), por meio de avaliação médica e funcional, para efeito de concessão da aposentadoria da pessoa com deficiência, avaliar o segurado e fixar a data provável do início da deficiência e o respectivo grau, assim como identificar a ocorrência de variação no grau de deficiência e indicar os respectivos períodos em cada grau.

Desse modo, a unidade gestora do RPPS deve providenciar um exame pericial biopsicossocial com, ao menos, dois peritos: um médico e um assistente social.

Por sua vez, a avaliação funcional indicada no *caput* será realizada com base no conceito de funcionalidade disposto na **Classificação Internacional de Funcionalidade, Incapacidade e Saúde – CIF**, da Organização Mundial de Saúde, e mediante a aplicação do **Índice de Funcionalidade Brasileiro Aplicado para Fins de Aposentadoria – IFBrA**, conforme o instrumento anexo da referida Portaria Interministerial.

Seguindo-se a sistemática da Lei Orgânica de Assistência Social, considerou-se **impedimento de longo** prazo, para os efeitos do Decreto nº 3.048, de 1999, aquele que produza efeitos de natureza física, mental, intelectual ou sensorial, pelo **prazo mínimo de 02 (dois) anos**, contados de forma ininterrupta.

Adotou-se um sistema de pontuação similar à caracterização do deficiente para fins do benefício assistencial de um salário mínimo:

Quadro 1: Escala de Pontuação para o IF-Br	
25	Não realiza a atividade ou é totalmente dependente de terceiros para realizá-la. Não participa de nenhuma etapa da atividade. Se é necessário o auxílio de duas ou mais pessoas o escore deve ser 25: **totalmente dependente**.
50	Realiza a atividade com o auxílio de terceiros. O indivíduo participa de alguma etapa da atividade. Inclui preparo e supervisão. Nesta pontuação sempre há necessidade do auxílio de outra pessoa para a atividade ser realizada: quando alguém participa em alguma etapa da atividade, ou realiza algum preparo necessário para a realização da atividade ou supervisiona a atividade. Nessa pontuação o indivíduo que está sendo avaliado deve participar de alguma etapa da atividade. Supervisão: quando há necessidade da presença de terceiros sem a necessidade de um contato físico. Por exemplo: a pessoa necessita de incentivo, de pistas para completar uma atividade, ou a presença de outra pessoa é necessária como medida de segurança. Preparo: quando há necessidade de um preparo prévio para a atividade ser realizada. Por exemplo, a colocação de uma adaptação para alimentação, colocar pasta na escova de dente.
75	Realiza a atividade de forma adaptada, sendo necessário algum tipo de modificação ou realiza a atividade de forma diferente da habitual ou mais lentamente. Para realizar a atividade necessita de algum tipo de modificação do ambiente ou do mobiliário ou da forma de execução como por exemplo, passar a fazer uma atividade sentado que antes realizava em pé; ou de alguma adaptação que permita a execução da atividade por exemplo uma lupa para leitura ou um aparelho auditivo. Com as adaptações e modificações não depende de terceiros para realizar a atividade: tem uma independência modificada. Nessa pontuação o indivíduo deve ser independente para colocar a adaptação necessária para a atividade, não dependendo de terceiros para tal.
100	Realiza a atividade de forma independente, sem nenhum tipo de adaptação ou modificação, na velocidade habitual e em segurança. Não tem nenhuma restrição ou limitação para realizar a atividade da maneira considerada normal para uma pessoa da mesma idade, cultura e educação. Realiza a atividade sem nenhuma modificação, realizando-a da forma e velocidade habitual.

As atividades estão divididas em **sete domínios**. Cada domínio tem um número variável de **atividades**, que totalizam **41**. A Pontuação Total é soma da pontuação dos domínios que, por sua vez, é a soma da pontuação das atividades.

A pontuação final será a soma das pontuações de cada domínio aplicada pela medicina pericial e serviço social, observada a aplicação do modelo Fuzzy. Dessa forma conforme demonstra o quadro 2:

- **A Pontuação Total mínima é de 2.050**: 25 (pontuação mínima) multiplicado por 41 (número total de atividades em todos os domínios) vezes 2 (número de aplicadores);
- **A Pontuação Total máxima é de 8.200**: 100 (pontuação mínima) multiplicado por 41 (número total de atividades em todos os domínios) vezes 2 (número de aplicadores).

	Quadro 2: Condições do modelo linguístico Fuzzy			
	Auditiva	**Intelectual Cognitiva/ Mental**	**Motora**	**Visual**
Domínios	Comunicação/ Socialização	Vida Doméstica/ Socialização	Mobilidade/ Cuidados Pessoais	Mobilidade/Vida Doméstica
Questão Emblemática	A surdez ocorreu antes dos 6 anos	Não pode ficar sozinho em segurança	Desloca-se exclusivamente em cadeira de rodas	A pessoa já não enxerga ao nascer

Para a aferição dos graus de deficiência previstos pela Lei Complementar nº 142, de 08 de maio de 2.013, o critério é:

- **Deficiência Grave** quando a pontuação for menor ou igual a 5.739.
- **Deficiência Moderada** quando a pontuação total for maior ou igual a 5.740 e menor ou igual a 6.354.
- **Deficiência Leve** quando a pontuação total for maior ou igual a 6.355 e menor ou igual a 7.584.
- **Pontuação Insuficiente para Concessão do Benefício** quando a pontuação for maior ou igual a 7.585.

Logo, quanto menor a pontuação maior será o grau de deficiência fixado pela perícia do INSS, não existindo deficiência quando a pontuação for igual ou maior a 7.585.

A perícia deverá observar os seguintes **aspectos metodológicos do IF-BRa:**

Seleção de itens de Atividades e Participações da Classificação Internacional de Funcionalidade (CIF), que resulta em 41 Atividades divididas em sete Domínios (Sensorial, Comunicação, Mobilidade, Cuidados Pessoais, Vida Doméstica, Educação, Trabalho e Vida Econômica, Socialização e Vida Comunitária).

Determinação de pontuação do nível de independência para cada Atividade, baseada no modelo da **Medida de Independência Funcional – MIF**, com os níveis de dependência de terceiros agrupados em quatro níveis de pontuação (25, 50, 75 e 100 pontos), visando à facilitação do emprego do instrumento.

Identificação das Barreiras Externas, a partir de fatores externos definidos pela CIF: Produtos e Tecnologia; Ambiente Natural e Mudanças Ambientais feitas pelo ser humano; Apoio e Relacionamentos; Atitudes; Serviços, Sistemas e Políticas.

Elaboração da Folha de Identificação, por meio de um formulário que contempla, a partir das necessidades formais do instrumento e levando em consideração as possibilidades de análise de identificação, com informações sobre Identificação da avaliação; Identificação do avaliado; Identificações da deficiência; Modelo da deficiência.

Elaboração da História Clínica e História Social, a ser preenchida pela perícia médica e a História Social a ser preenchida pelo serviço social têm o objetivo de produzir, de forma consubstanciada, um parecer resumido dos principais elementos relevantes de cada uma das pessoas com deficiência avaliadas. O objetivo é deixar espaço para os profissionais se posicionarem diante da avaliação realizada, utilizando-se de análise técnica dos elementos mais relevantes do ponto de vista da perícia médica e do serviço social.

Elaboração da Matriz do Índice de Funcionalidade Brasileiro (IFBrA), composta por uma planilha que associa a pontuação para cada atividade à identificação das barreiras externas, e registra a soma dessa pontuação.

Classificação do Grau de Deficiência em Leve, Moderado e Grave, a partir da definição da escala determinada pelo intervalo entre as pontuações mínima e máxima, estipuladas pela aplicação da matriz.

1. Identificação da Avaliação

1.a Data da avaliação:

- dia, mês e ano.

1.b Nome completo do avaliador

1.c Local da avaliação:

- nome do local ou instituição (por exemplo: hospital, posto de saúde, residência, escola, consultório).

- município

- estado

1.d Assinalar quem prestou as informações

- a própria pessoa: quando é o próprio indivíduo que fornece as informações.

- pessoa de convívio próximo: quando é alguém que, de alguma forma, convive e participa da vida desse indivíduo. Neste caso identificar o informante (exemplo: mãe, irmão, cuidador, amigo). – ambos: quando tanto o próprio como alguém de convívio próximo trazem informações de uma forma equitativa. Quando a maioria das informações é dada por um deles assinalar esta pessoa como o informante.

- outros: quando não ocorrer nenhuma das situações descritas acima. Neste caso também identificar o informante.

2. Identificação e Caracterização do Avaliado

2.a Nome completo

2.b Assinalar o sexo

2.c Idade

- Idade em anos completos.

2.d Cor ou Raça

Leia as opções de cor ou raça para a pessoa e considere aquela que for declarada pelo informante. Caso a declaração não corresponda a uma das alternativas enunciadas, esclareça as opções para que a pessoa se classifique na que julgar mais adequada.

Branca: pessoa que se declarar branca; -

Preta: pessoa que se declarar preta;

Amarela: pessoa de origem japonesa, chinesa, coreana, etc.;

Parda: pessoa que se declarar como mulata, cabocla, cafuza, mameluca ou mestiça de preto com pessoa de outra cor ou raça;

Indígena – pessoa que se declarar indígena ou índia.

Atenção: Quando a pessoa é incapaz de autodeclarar a sua cor ou raça, o informante deve fazê-lo.

2.e Diagnóstico Médico (a ser preenchido pelo perito médico)

CID etiologia: código correspondente da *Classificação Internacional de Doenças* (CID 10) da causa principal que acarreta as alterações das funções e estruturas corporais.

Quando não houver diagnóstico etiológico, assinalar o campo: sem diagnóstico etiológico.

CID sequela: código correspondente da CID 10 que descreve a(s) sequela(s) ou impedimento(s).

2.f Tipo de Deficiência (a ser preenchido pelo perito médico)

Assinalar o tipo de deficiência pertinente (lista abaixo). Em caso de associações de deficiências poderão ser assinalados mais de um tipo.

- Deficiência (sensorial) Auditiva

- Deficiência Intelectual/Cognitiva

- Deficiência Física/Motora

- Deficiência (sensorial) Visual

- Deficiência Mental

2.g – Alterações das Funções Corporais (a ser preenchido pelo perito medico)

Assinalar na lista fornecida a função ou funções corporais acometidas no quadro.

3. História clínica e social

3.a História Clínica

3.b História Social

4. Aplicação do Instrumento (Matriz)

4.a Pontuação do nível de independência das atividades funcionais

As atividades são descritas da seguinte forma:

- Título da Atividade.

- Descrição da Atividade e dos 4 níveis de independência com exemplos.

- O avaliador deverá ler a descrição e os exemplos das atividades e das opções de respostas. Essa descrição foi feita para o examinador compreender todo o escopo da atividade com todas as suas etapas.

- A partir da descrição e dos exemplos o avaliador deverá investigar, com suas próprias palavras, o nível de independência do indivíduo naquela atividade.

- Ele poderá utilizar exemplos para explicar a atividade ao avaliado.

- A pontuação deverá se basear na informação disponível mais confiável (do avaliado, de uma pessoa de convívio próximo, de um profissional de saúde, do prontuário).

- A pontuação dos níveis de independência de cada atividade deverá refletir o desempenho do indivíduo e não a sua capacidade.

O desempenho é **o que ele faz em seu ambiente habitual**, e não o que ele é capaz de fazer em uma situação ideal ou eventual.

- Se o nível de independência varia em função do ambiente, da hora do dia, pontue o escore mais baixo (o nível de maior dependência).

- A única exceção a essa regra é se a pessoa responder que não realiza a atividade por um motivo pessoal.

Atenção: Todas as atividades deverão ser pontuadas.

Essa sistemática deve ser utilizada também nas perícias judiciais. De acordo com a TNU, "fixada a tese no sentido de que, para o fim de concessão de aposentadoria por tempo de contribuição nos termos da Lei Complementar n. 142/2013, a aferição da deficiência pelo exame pericial, administrativo ou judicial, não prescinde das diretrizes fixadas na Portaria Interministerial SDH/MPS/MF/MPOG/AGU n. 1, de 27/1/2014, especialmente a avaliação médica e funcional baseada na Classificação Internacional de Funcionalidade, Incapacidade e Saúde" (Informativo 31/2018 – PUIL n. 0512729-92.2016.4.05.8300/PE).

Nesse sentido, conforme o item 5 do anexo Portaria Interministerial SDH/MPS/MF/MOG/AGU Nº 1, DE 27 DE JANEIRO DE 2014, a perícia do INSS deverá preencher quatro formulários de avaliação do segurado:

> **5. Formulários:**
>
> **5.a Formulário 1: Identificação do Avaliado e da Avaliação** (a ser preenchido pela perícia médica e pelo serviço social)

Dados Pessoais do Avaliado:

Nome: ______________________________ NIS/NIT __________

Sexo: F( ) M( ) Idade: ____________________

Cor/Raça: Branca ( ) Preta ( ) Amarela ( ) Parda ( ) Indígena ( )

Diagnóstico Médico: CID Causa: ____________________ Sem diagnóstico etiológico

CID Sequela: __________________

Tipo de Deficiência: Auditiva( ) Intelectual/Cognitiva( ) Física/Motora( ) Visual( ) Mental( )

Data do Início do Impedimento: _____/_____/_____.

Data da avaliação:_____/_____/______

Nome do avaliador (SERVIÇO SOCIAL):______________________________ SIAPE: ________

Local da avaliação (Código da APS): _______________

Quem prestou as informações:

( )própria pessoa ( )pessoa de convívio próximo ( )ambos ( )outros: ____________________

Data da avaliação:____/_____/______
Nome do avaliador (MEDICINA PERICIAL):______________________________SIAPE: _______
Local da avaliação (Código da APS):____________
Quem prestou as informações:
( ) própria pessoa ( ) pessoa de convívio próximo ( ) ambos ( ) outros: ___________________

5.b Formulário 2: Funções corporais acometidas (a ser preenchido pelo perito médico)

1. Funções Mentais:
( ) **Funções Mentais Globais:** consciência, orientação (tempo, lugar, pessoa), intelectuais (inclui desenvolvimento cognitivo e intelectual), psicossociais globais(inclui autismo), temperamento e personalidade, energia e impulsos, sono
( ) **Funções Mentais Específicas:** atenção, memória, psicomotoras, emocionais, percepção, pensamento, funções executivas, linguagem, cálculo, sequenciamento de movimentos complexos (inclui apraxia), experiência pessoal e do tempo
2. Funções Sensoriais e Dor
( ) **Visão e Funções Relacionadas:** acuidade visual, campo visual, funções dos músculos internos e externos do olho, da pálpebra, glândulas lacrimais
( ) **Funções Auditivas:** detecção, descriminação, localização do som e da fala
( ) **Funções Vestibulares:** relacionadas à posição, equilíbrio e movimento
( ) **Dor:** sensação desagradável que indica lesão potencial ou real em alguma parte do corpo. Generalizada ou localizada.
( ) **Funções Sensoriais adicionais**: gustativa, olfativa, proprioceptiva, tátil, à dor, temperature
3. Funções da Voz e da Fala
( ) Voz, articulação, fluência, ritmo da fala
4. Funções dos Sistemas Cardiovascular, Hematológico, Imunológico e Respiratório

( ) **Funções do Sistema Cardiovascular:** funções do coração, vasos sanguíneos, pressão arterial
( ) **Funções do Sistema Hematológico:** produção de sangue, transporte de oxigênio e metabólitos e de coagulação
( ) **Funções do Sistema Imunológico:** resposta imunológica, reações de hipersensibilidade, funções do sistema linfático
( ) **Funções do Sistema Respiratório:** respiratórias, dos músculos respiratórios, de tolerância aos exercícios
5. Funções dos Sistemas Digestivo, Metabólico e Endócrino
( ) **Funções do Sistema Digestivo:** ingestão, deglutição, digestivas, assimilação, defecação, manutenção de peso
( ) **Funções do Metabolismo e Sistema Endócrino:** funções metabólicas gerais, equilíbrio hídrico, mineral e eletrolítico, termorreguladoras, das glândulas endócrinas
6. Funções Genitourinárias e Reprodutivas
( ) **Funções Urinárias:** funções de filtragem, coleta e excreção de urina
( ) **Funções Genitais e Reprodutivas:** funções mentais e físicas/motoras relacionadas ao ato sexual, da menstruação, procriação
7. Funções Neuromusculoesqueléticas e relacionadas ao movimento
( ) **Funções das Articulações e dos Ossos:** mobilidade, estabilidade das articulações e ossos
( ) **Funções Musculares:** força, tônus e resistência muscular
( ) **Funções dos Movimentos:** reflexo motor, movimentos involuntários, controle dos movimentos voluntários, padrão de marcha, sensações relacionadas aos músculos e funções do movimento
8. Funções da Pele e Estruturas Relacionadas
( ) **Funções da Pele, pelos e unhas:** protetora, reparadora, sensação relacionada à pele, pelos e unhas

5.c Formulário 3: Aplicação do Instrumento (Matriz) – (a ser preenchido pela perícia médica e pelo serviço social)

Br: Domínios e Atividades	Pontuação (INSS)		Barreira Ambiental*				
	Serviço Social	Medicina Pericial	P e T	Amb	A e R	At	SS e P
1. Domínio Sensorial							
1.1 Observar							
1.2 Ouvir							
2. Domínio Comunicação							
2.1 Comunicar-se/Recepção de mensagens							
2.2 Comunicar-se/Produção de mensagens							
2.3 Conversar							
2.4 Discutir							
2.5 Utilização de dispositivos de comunicação à distância							
3. Domínio Mobilidade							
3.1 Mudar e manter a posição do corpo							
3.2 Alcançar, transportar e mover objetos							
3.3 Movimentos finos da mão							
3.4 Deslocar-se dentro de casa							
3.5 Deslocar-se dentro de edifícios que não a própria casa							

Br: Domínios e Atividades	Pontuação (INSS)		Barreira Ambiental*				
	Serviço Social	Medicina Pericial	P e T	Amb	A e R	At	SS e P
3.6 Deslocar-se fora de sua casa e de outros edifícios							
3.7 Utilizar transporte coletivo							
3.8 Utilizar transporte individual como passageiro							
4. Domínio Cuidados Pessoais							
4.1 Lavar-se							
4.2 Cuidar de partes do corpo							
4.3 Regulação da micção							
4.4 Regulação da defecação							
4.5 Vestir-se							
4.6 Comer							
4.7 Beber							
4.8 Capacidade de identificar agravos à saúde							
5. Domínio Vida Doméstica							
5.1 Preparar refeições tipo lanches							
5.2 Cozinhar							
5.3 Realizar tarefas domésticas							
5.4 Manutenção e uso apropriado de objetos pessoais e utensílios da casa							

Br: Domínios e Atividades	Pontuação (INSS)		Barreira Ambiental*				
	Serviço Social	Medicina Pericial	P e T	Amb	A e R	At	SS e P
5.5 Cuidar dos outros							
6. Domínio Educação, Trabalho e Vida Econômica							
6.1 Educação							
6.2 Qualificação profissional							
6.3 Trabalho remunerado							
6.4 Fazer compras e contratar serviços							
6.5 Administração de recursos econômicos pessoais							
7. Domínio Socialização e Vida Comunitária							
7.1 Regular o comportamento nas interações							
7.2 Interagir de acordo com as regras sociais							
7.3 Relacionamentos com estranhos							
7.4 Relacionamentos familiares e com pessoas familiares							
7.5 Relacionamentos íntimos							
7.6 Socialização							
7.7 Fazer as próprias escolhas							
7.8 Vida Política e Cidadania							

<table>
<tr><th rowspan="2">Br: Domínios e Atividades</th><th colspan="2">Pontuação (INSS)</th><th colspan="5">Barreira Ambiental*</th></tr>
<tr><th>Serviço Social</th><th>Medicina Pericial</th><th>P e T</th><th>Amb</th><th>A e R</th><th>At</th><th>SS e P</th></tr>
<tr><td>Total da Pontuação dos Aplicadores</td><td></td><td></td><td colspan="5" rowspan="2"></td></tr>
<tr><td>Pontuação Total</td><td></td><td></td></tr>
</table>

(*) Legenda:

P e T – Produtos e Tecnologia

Amb – Ambiente

A e R – Apoio e Relacionamentos

At – Atitudes

S e P – Serviços, Sistemas e Políticas

Instruções básicas:

O IF-BrA gradua a funcionalidade do indivíduo, sinalizando a possível influência de barreiras externas nas incapacidades identificadas. Pontue o nível de independência das atividades e participações listadas, nos sete Domínios.

Níveis de Independência e Pontuação das Atividades:

Cada atividade deve ser pontuada levando em consideração o nível de independência na sua realização.

A pontuação deve refletir o desempenho do indivíduo e não a sua capacidade.

O desempenho é o que ele faz em seu ambiente habitual.

A única exceção será quando o indivíduo não realizar a atividade por uma opção pessoal (e não por incapacidade ou barreira externa). Neste caso pontua-se pela capacidade.

Atenção:

Se alguma atividade pontuar 25 por causa de uma barreira externa, a(s) barreira (s) deverá(ao) ser assinalada(s)

A pontuação do domínio é a soma da pontuação das atividades deste domínio, atribuídas pelo perito médico e pelo profissional do serviço social do INSS.

A Pontuação Total é a soma dos 7 domínios

Formulário 4: Aplicação do Modelo Linguístico Fuzzy (a ser preenchido pela perícia médica e pelo serviço social)

Assinale ao lado da afirmativa quando a condição for preenchida:

Deficiência Auditiva

( ) Houve pontuação 25 ou 50 em alguma atividade do Domínio Comunicação ou Socialização; OU

Houve pontuação 75 em todas as atividades dos Domínios Comunicação ou Socialização

( ) A surdez ocorreu antes dos 6 anos.

( ) Não dispõe do auxílio de terceiros sempre que necessário.

Deficiência Intelectual- Cognitiva e Mental

( ) Houve pontuação 25 ou 50 em alguma atividade do Domínio Vida Doméstica ou Socialização; OU

Houve pontuação 75 em todas as atividades dos Domínios Vida Doméstica ou Socialização

( ) Não pode ficar sozinho em segurança.

( ) Não dispõe do auxílio de terceiros sempre que necessário.

Deficiência Motora

( ) Houve pontuação 25 ou 50 em alguma atividade do Domínio Mobilidade ou Cuidados Pessoais; OU

Houve pontuação 75 em todas as atividades dos Domínios Mobilidade ou Cuidados Pessoais; OU

( ) Desloca-se exclusivamente em cadeira de rodas.

( ) Não dispõe do auxílio de terceiros sempre que necessário.

Deficiência Visual

( ) Houve pontuação 25 ou 50 em alguma atividade do Domínio Mobilidade ou Vida Doméstica; OU

Houve pontuação 75 em todas as atividades dos Domínios Mobilidade ou Vida Doméstica

( ) A pessoa já não enxergava ao nascer.

( ) Não dispõe do auxílio de terceiros sempre que necessário.

Como salientado, para o reajuste dos benefícios, o índice aplicado pelo Estado de São Paulo é o IPC:

> **Lei Complementar nº 1.354/2020:**
>
> "Artigo 8º – Os benefícios calculados nos termos do disposto no artigo anterior serão reajustados na mesma data utilizada para fins de reajuste dos benefícios do Regime Geral de Previdência Social, com base no Índice de Preços ao Consumidor – IPC, apurado pela Fundação Instituto de Pesquisas Econômicas – FIPE".

11

PENSÃO POR MORTE

A pensão por morte é o benefício devido aos dependentes do segurado falecido, ativo ou aposentado. Este benefício não programado é regido pela lei vigente na data do fato gerador (óbito do servidor público), em função do princípio do *tempus regit actum.*

Assim, a data do óbito do servidor é o marco temporal que definirá o regime jurídico, à medida que vai se aplicar a norma vigente naquele momento. Veja-se o STJ:

> "Súmula 340 – A lei aplicável à concessão de pensão previdenciária por morte é aquela vigente na data do óbito do segurado".

Desta forma, exceto na situação de retroação benigna expressamente autorizada na nova lei, é a legislação do dia do óbito que irá indicar a renda do benefício, hipóteses de concessão e de cancelamento.

Esta é a posição pacificada do STF:

> *ARE 833446 AgR*
>
> Órgão julgador: **Primeira Turma**
>
> *Relator(a): **Min. LUIZ FUX***

Julgamento: **28/10/2014**

Publicação: **14/11/2014**

Ementa

Ementa: AGRAVO REGIMENTAL NO RECURSO EXTRAORDINÁRIO COM AGRAVO. PREVIDENCIÁRIO. *PENSÃO* POR *MORTE*. REGÊNCIA. LEGISLAÇÃO VIGENTE À DATA DO *ÓBITO* DO INSTITUIDOR. PRECEDENTES. PRORROGAÇÃO DO BENEFÍCIO. LIMITE DE IDADE. MATÉRIA INFRACONSTITUCIONAL. NECESSIDADE DE ANÁLISE DA LEGISLAÇÃO INFRACONSTITUCIONAL LOCAL. INCIDÊNCIA DA *SÚMULA* 280/STF. **1. A pensão por morte rege-se pela legislação em vigor na data do óbito do instituidor do benefício. Precedentes: ARE 749558-AgR, Rel. Min. Teori Zavascki, Segunda Turma, DJe 13/10/2014, e ARE 774.760-AgR, Rel. Min. Dias Toffoli, Primeira Turma, DJe 11/3/2014**. 2. A *pensão* por *morte*, quando sub judice a controvérsia sobre a sua prorrogação em face do limite de idade, demanda a análise da legislação infraconstitucional aplicável à espécie. Precedentes: ARE 740.855-AgR, Rel. Min. Gilmar Mendes, Segunda Turma, DJe 25/11/2013, e ARE 667.498-AgR, Rel. Min. Rosa Weber, Primeira Turma, DJe 27/8/2013. 3. A violação reflexa e oblíqua da Constituição Federal decorrente da necessidade de análise de malferimento de dispositivo infraconstitucional local, torna inadmissível o recurso extraordinário, a teor do Enunciado da *Súmula* 280 do Supremo Tribunal Federal, verbis: "Por ofensa a direito local não cabe recurso extraordinário". 4. In casu, o acórdão recorrido assentou: "ADMINISTRATIVO E PROCESSUAL CIVIL – RECURSO DE AGRAVO CONTRA TERMINATIVA EM SEDE DE RECURSO DE APELAÇÃO – APLICAÇÃO DA *LEI* Nº 7.551/77 – MANUTENÇÃO DA PRORROGAÇÃO DO BENEFÍCIO PREVIDENCIÁRIO ATÉ 25 ANOS – TEMPUS REGIT ACTUM – *SÚMULA 340* STJ – RECURSO DE AGRAVO IMPROVIDO – DECISÃO UNÂNIME." 5. Agravo regimental DESPROVIDO.

Atualmente a renda mensal inicial mínima da pensão por morte no RPPS não está mais fixada em um salário mínimo, posto que a Emenda Constitucional 103/2019 autoriza a concessão do benefício em valor inferior ao salário mínimo **quando o dependente auferir renda formal.**

Nesse sentido, o artigo 40 da Constituição Federal:

> Art. 40 -"§ 7º **Observado o disposto no § 2º do art. 201 quando se tratar da única fonte de renda formal auferida pelo dependente**, o benefício de pensão por morte será concedido nos termos de **lei do respectivo ente federativo**, a qual tratará de forma diferenciada a hipótese de morte dos servidores de que trata o § 4º-B (policiais, agentes penitenciários e agentes socioeducativos) decorrente de agressão sofrida no exercício ou em razão da função".

Assim, caso o dependente receba outro benefício previdenciário ou tenha vínculo de emprego formal, a sua pensão por morte poderá ser concedida com renda inicial inferior ao salário mínimo.

O cálculo da renda mensal inicial do benefício de pensão por morte segue as regras da lei editada pelo respectivo ente federativo após a Emenda 103/2019.

Logo, a forma de cálculo não mais está prevista na Constituição, mas em norma infraconstitucional do próprio ente federativo. Da mesma forma, os requisitos e rol de dependentes da pensão não possuem mais previsão constitucional, devendo ser consultada a lei do respectivo ente.

A Emenda Constitucional 103/2019 fixa a obrigação do ente federativo instituir uma regra de pensionamento com critérios diferenciados para policiais civis, agentes penitenciários (atuais policiais penais) e agentes socioeducativos que tenham falecido em razão de agressão sofrida no exercício ou em razão da função.

Dessa forma, a regra atinge não apenas o servidor vítima de acidente de trabalho em decorrência de agressão sofrida no exercício ou em razão da função, mas qualquer policial, agente penitenciário ou agente socioeducativo que tenha sido morto em razão dessa qualidade, ainda que fora do horário de expediente.

Saliente-se que a regra especial de pensionamento é direcionada apenas para policiais, agentes penitenciários e agentes socioeducativos.

Para os óbitos ocorridos após a Emenda 41/2003 e até a data de publicação da LC estadual 1.354/2020, a pensão por morte terá proventos à luz da antiga redação do §7º do artigo 40 da Constituição:

> "§ 7º Lei disporá sobre a concessão do benefício de pensão por morte, que será igual: (Redação dada pela Emenda Constitucional nº 41, 19.12.2003)
>
> I – ao valor da totalidade dos proventos do servidor falecido, até o limite máximo estabelecido para os benefícios do regime geral de previdência social de que trata o art. 201, acrescido de setenta por cento da parcela excedente a este limite, caso aposentado à data do óbito; ou (Incluído pela Emenda Constitucional nº 41, 19.12.2003)
>
> II – ao valor da totalidade da remuneração do servidor no cargo efetivo em que se deu o falecimento, até o limite máximo estabelecido para os benefícios do regime geral de previdência social de que trata o art. 201, acrescido de setenta por cento da parcela excedente a este limite, caso em atividade na data do óbito. (Incluído pela Emenda Constitucional nº 41, 19.12.2003) ".

Destarte, somente haverá redutor de 30% se a aposentadoria ou a remuneração do servidor falecido ultrapassar o teto do RGPS, na parcela que o exceder a esse montante.

Isso porque, à luz do artigo 23, §8º, da Emenda 103/2019, "aplicam-se às pensões concedidas aos dependentes de servidores dos Estados, do Distrito Federal e dos Municípios as normas constitucionais e infraconstitucionais anteriores à data de entrada em vigor desta Emenda Constitucional, enquanto não promovidas alterações na legislação interna relacionada ao respectivo regime próprio de previdência social".

A sistemática de cálculo adotada pelo Estado de São Paulo na sua reforma previdenciária foi a mesma do Regime Próprio da União:

> **Lei Complementar nº 1.354/2020: SEÇÃO II**
>
> **Do Cálculo do Benefício da Pensão**
>
> "Artigo 17 – A pensão por morte concedida a dependente do servidor será equivalente a uma cota familiar de 50% (cinquenta por cento) do valor da aposentadoria recebida pelo servidor ou daquela a que teria direito se fosse aposentado por incapacidade permanente na data do óbito, acrescida de cotas de 10 (dez) pontos percentuais por dependente, até o máximo de 100% (cem por cento).

> § 1º – As cotas por dependente cessarão com a perda dessa qualidade e não serão reversíveis aos demais dependentes, preservado o valor de 100% (cem por cento) da pensão por morte, quando o número de dependentes remanescentes for igual ou superior a cinco.
>
> § 2º – Na hipótese de existir dependente inválido ou com deficiência intelectual, mental ou grave, o valor da pensão por morte de que trata o "caput" será equivalente a:
>
> 1 – 100% (cem por cento) da aposentadoria recebida pelo servidor ou daquela a que teria direito se fosse aposentado por incapacidade permanente na data do óbito, até o limite máximo de benefícios do Regime Geral de Previdência Social; e
>
> 2 – a uma cota familiar de 50% (cinquenta por cento) acrescida de cotas de 10 (dez) pontos percentuais por dependente, até o máximo de 100% (cem por cento), para o valor que supere o limite máximo de benefícios do Regime Geral de Previdência Social.
>
> § 3º – Quando não houver mais dependente inválido ou com deficiência intelectual, mental ou grave, o valor da pensão será recalculado na forma do disposto no "caput" e no § 1º.

A base de cálculo usada no benefício de pensão por morte é a valor da aposentadoria recebida pelo servidor ou daquela a que teria direito se fosse aposentado por incapacidade permanente na data do óbito. Entendemos que essa mudança de base prejudicou bastante os servidores, à medida que implicou em substancial redução da renda mensal inicial quando não se trata de dependente inválido ou acidente de trabalho.

Isso porque o óbito não decorrente do acidente de trabalho irá gerar como base de cálculo do pensionamento por morte um coeficiente de 60% a partir da média remuneratória, só atingindo a 100% se o servidor possuía 40 anos de tempo de contribuição.

No RPPS do Estado de São Paulo, após o advento da reforma implementada pela Emenda Estadual 49/2020, **para óbitos ocorridos a partir de 08/03/2020**, o benefício de pensão por morte corresponderá a uma cota familiar de 50% do valor da aposentadoria, caso o servidor já estivesse aposentado, ou do valor da aposentadoria a que ele teria direito caso fosse aposentado por incapacidade permanente, sendo essa cota familiar de 50% acrescida de uma cota individual de 10% por dependente:

COEFICIENTE	DEPENDENTES
60%	1 dependente
70%	2 dependentes
80%	3 dependentes
90%	4 dependentes
100%	5 ou mais dependentes

Em havendo dependente inválido ou com deficiência intelectual, mental ou grave, a pensão por morte será concedida com coeficiente de 100% até atingimento do teto do RGPS. Caso o valor passe do teto, o excedente será calculado com uma cota familiar de 50%, acrescidos 10 pontos percentuais por dependente:

Não se deve olvidar que esse cálculo diferenciado permanece apenas enquanto existir o dependente inválido ou com deficiência intelectual, mental ou grave. Caso ele se torne capaz, ou faleça, o valor recebido pelos demais dependentes será recalculado.

A EC 103 prevê uma regra diferenciada de pensão por morte, morte devida aos dependentes dos integrantes das carreiras de Policial Civil, Polícia Técnico-Científica, Agente de Segurança Penitenciária e Agente de Escolta e Vigilância Penitenciária decorrente de agressão sofrida no exercício razão da função.

O Estado de São Paulo copiou essa regra do modelo federal, **no entanto suprimiu a palavra "agressão".** Isso ampliou as hipóteses de concessão do benefício, visto que não é mais necessária uma agressão de terceiro em serviço.

No modelo do Estado de São Paulo, basta que o óbito tenha ocorrido em decorrência ou em razão da função para que seja concedida com integralidade (valor equivalente à sua última remuneração), observado o teto do RGPS para os servidores inseridos no novo regime de previdência:

Lei Complementar nº 1.354/2020:

"Artigo 17 [...] § 4º – A pensão por morte devida aos dependentes dos integrantes das carreiras de Policial Civil, Polícia Técnico-Científica, Agente de Segurança Penitenciária e Agente de Escolta e Vigilância Penitenciária, cujo óbito **seja decorrente do exercício ou em razão da função, segundo disciplinado em normas regulamentares, será equivalente ao salário de contribuição"**. (PENSÃO COM INTEGRALIDADE – DIFERE DO MODELO FEDERAL – federal: decorrente de agressão sofrida no exercício ou em razão da função).

O rol de dependentes do RPPS do Estado de São Paulo está previsto no artigo 14 da Lei Complementar 1.354/2020:

Lei Complementar nº 1.354/2020:

"Artigo 14 – São dependentes do servidor, para fins de recebimento de pensão por morte:

I – o cônjuge, o companheiro ou a companheira, na constância, respectivamente, do casamento ou da união estável;

II – o companheiro ou a companheira, na constância da união homoafetiva;

III – o filho não emancipado, de qualquer condição, até completar a idade prevista na legislação que disciplina o Regime Geral de Previdência Social;

IV – o filho, de qualquer idade, desde que inválido ou que tenha deficiência intelectual ou mental ou deficiência grave, e comprovadamente viva sob dependência econômica do servidor;

V – os pais, desde que comprovadamente vivam sob dependência econômica do servidor e não existam dependentes das classes mencionadas nos incisos I, II, III ou IV, ressalvado o disposto no § 5º deste artigo;

VI – o ex-cônjuge, o ex-companheiro ou a ex-companheira, desde que o servidor lhe prestasse pensão alimentícia na data do óbito. NÃO TEM IRMÃOS

§ 1º – O enteado e o menor tutelado equiparam-se ao filho desde que comprovadamente vivam sob dependência econômica do servidor".

A primeira novidade do rol de dependentes do RPPS estadual é explicitar que, no caso de cônjuge ou companheiro, a qualidade de dependente só será reconhecida na constância da união estável ou do casamento.

Entendemos que essa previsão legal não exclui a possibilidade de concessão do benefício ante a comprovação da necessidade econômica superveniente, conforme súmula 336 do STJ:

> A mulher que renunciou aos alimentos na separação judicial tem direito à pensão previdenciária por morte do ex-marido, comprovada a necessidade econômica superveniente. (SÚMULA 336, TERCEIRA SEÇÃO, julgado em 25/04/2007, DJ 07/05/2007, p. 456)

Conquanto se trate de súmula editada à luz da legislação do RGPS, o STJ a vem aplicando aos RPPS's em geral:

Tipo
Acórdão
Número
2009.02.03981-0200902039810
Classe
AGRESP – AGRAVO REGIMENTAL NO RECURSO ESPECIAL – 1159832
Relator(a)
FELIX FISCHER
Origem
STJ – SUPERIOR TRIBUNAL DE JUSTIÇA
Órgão julgador
QUINTA TURMA
Data
23/02/2010
Data da publicação
15/03/2010
Fonte da publicação
DJE DATA:15/03/2010 ..DTPB:
Ementa
EMEN: AGRAVO REGIMENTAL NO RECURSO ESPECIAL. PREQUESTIONAMENTO. AUSÊNCIA. VIOLAÇÃO AO ART.

535 DO CPC. NÃO OCORRÊNCIA. **SERVIDOR PÚBLICO. PENSÃO POR MORTE. DESQUITE. SÚMULA N.º 336/STJ. NECESSIDADE ECONÔMICA SUPERVENIENTE.** NÃO DEMONSTRADA. I – A omissão no julgado que desafia os declaratórios é aquela referente às questões, de fato ou de direito, trazidas à apreciação do magistrado, e não a referente às teses defendidas pelas partes a propósito daquelas questões. Mesmo porque, as teses jurídicas podem ser rechaçadas implicitamente pelo julgador. II – É inadmissível o recurso especial quando ausente o prequestionamento do tema inserto na norma apontada como violada. Incidência da **Súmula** n.º 282 do c. STF. III – **Nos termos do enunciado n.º 336 da Súmula/STJ, "A mulher que renunciou aos alimentos na separação judicial tem direito à pensão previdenciária por morte do ex-marido, comprovada a necessidade econômica superveniente". IV- In casu, os autos revelam que não restou demonstrada a superveniente dependência econômica da recorrente, razão pela qual ela não faz jus à pensão por morte vindicada.** Agravo regimental desprovido.

Outra diferença do rol de dependentes do RPPS de São Paulo é em relação aos pais. Os dependentes a que se refere ao inciso cinco poderão concorrer em igualdade de condições com os demais mediante declaração escrita do servidor.

É diferente do Regime Geral e do Regime Próprio da União, pois naqueles regimes a existência de dependentes de primeira classe afasta os demais. No RPPS estadual, caso o servidor declare que sustenta os pais, estes concorrem em igualdades de condições com os demais dependentes:

> Lei Complementar nº 1.354/2020: "Artigo 17 [...] § 5º – Os dependentes a que se refere o inciso V deste artigo poderão concorrer em igualdade de condições com os demais, mediante declaração escrita do servidor, na forma do regulamento".

O filho inválido maior de 21 anos só é considerado como dependente se houver prova de que o servidor o sustentava. Dessa forma, nota-se que não há presunção de dependência econômica para o filho maior nesse regime.

Ademais, não há mais a figura do dependente menor sob guarda como equiparado a filho, uma vez que este não é mais considerado dependente previdenciário na lei estadual.

A celeuma acerca da questão do menor sob guarda se iniciou no RGPS, tendo em vista que o menor sob guarda foi retirado do sol de dependentes por força da MP 1.523/1996, convertida na Lei 9528/97.

Por outro lado, a jurisprudência começou a firmar o entendimento no sentido de que o Estatuto da Criança e do Adolescente (art. 33, §3º, garante os direitos previdenciários do menor sob guarda) deve prevalecer sobre a Lei de Benefícios da Previdência Social, devendo ser assegurada a qualidade de dependente ao menor sob guarda do segurado no momento do óbito.

Posteriormente a Lei 13.135/2015 definiu que *apenas* o enteado e o menor tutelado são considerados dependentes por equiparação no RPPS da União.

Sucede que o STJ não vem admitindo a exclusão do menor sob guarda do rol de dependentes do servidor, mesmo havendo lei específica o excluindo, conforme precedente da 1ª Seção que envolveu o RPPS do Estado do Mato Grosso:

> "Processo RMS 36034 / MT
>
> RECURSO ORDINÁRIO EM MANDADO DE SEGURANÇA 2011/0227834-9
>
> Relator(a)
>
> Ministro BENEDITO GONÇALVES (1142)
>
> Órgão Julgador
>
> S1 – PRIMEIRA SEÇÃO
>
> Data do Julgamento
>
> 26/02/2014
>
> Data da Publicação/Fonte
>
> DJe 15/04/2014
>
> PROCESSUAL CIVIL E ADMINISTRATIVO. RECURSO EM MANDADO DE SEGURANÇA. PENSÃO POR MORTE. MENOR SOB GUARDA JUDICIAL. APLICABILIDADE DO ESTATUTO

DA CRIANÇA E DO ADOLESCENTE – ECA. INTERPRETAÇÃO COMPATÍVEL COM A DIGNIDADE DA PESSOA HUMANA E COM O PRINCÍPIO DE PROTEÇÃO INTEGRAL DO MENOR.

1. Caso em que se discute a possibilidade de assegurar benefício de pensão por morte a menor sob guarda judicial, em face da prevalência do disposto no artigo 33, § 3º, do Estatuto da Criança e do Adolescente – ECA, sobre norma previdenciária de natureza específica.

2. Os direitos fundamentais da criança e do adolescente têm seu campo de incidência amparado pelo status de prioridade absoluta, requerendo, assim, uma hermenêutica própria comprometida com as regras protetivas estabelecidas na Constituição Federal e no Estatuto da Criança e do Adolescente.

3. A Lei 8.069/90 representa política pública de proteção à criança e ao adolescente, verdadeiro cumprimento da ordem constitucional, haja vista o artigo 227 da Constituição Federal de 1988 dispor que é dever do Estado assegurar com absoluta prioridade à criança e ao adolescente o direito à vida, à saúde, à alimentação, à educação, ao lazer, à profissionalização, à cultura, à dignidade, ao respeito, à liberdade e à convivência familiar e comunitária, além de colocá-los a salvo de toda forma de negligência, discriminação, exploração, violência, crueldade e opressão.

4. Não é dado ao intérprete atribuir à norma jurídica conteúdo que atente contra a dignidade da pessoa humana e, consequentemente, contra o princípio de proteção integral e preferencial a crianças e adolescentes, já que esses postulados são a base do Estado Democrático de Direito e devem orientar a interpretação de todo o ordenamento jurídico.

5. Embora a lei complementar estadual previdenciária do Estado de Mato Grosso seja lei específica da previdência social, não menos certo é que a criança e adolescente tem norma específica, o Estatuto da Criança e do Adolescente que confere ao menor sob guarda a condição de dependente para todos os efeitos, inclusive previdenciários (art. 33, § 3º, Lei n.º 8.069/90), norma que representa a política de proteção ao menor, embasada na Constituição Federal que estabelece o dever do poder público e da sociedade na proteção da criança e do adolescente (art. 227, caput, e § 3º, inciso II)".

No âmbito do STF, envolvendo o RGPS, em 8 de junho de 2021, por 6 x 5, no julgamento das ADI's 4.878 e 5.083 o Tribunal, por maioria, julgou procedente a ação, de modo a conferir interpretação conforme ao § 2º do art. 16 da Lei nº 8.213/1991, para contemplar, em seu âmbito de proteção, o "menor sob guarda", nos termos do voto do Ministro Edson Fachin, Redator para o acórdão, vencidos os Ministros Gilmar Mendes (Relator), Alexandre de Moraes, Marco Aurélio, Nunes Marques e Luiz Fux (Presidente), que julgavam improcedente a ação. Falaram: pelo interessado Presidente da República, a Dra. Izabel Vinchon Nogueira de Andrade, Secretária-Geral de Contencioso da Advocacia-Geral da União; pelo amicus curiae Associação Nacional de Entidades de Previdência dos Estados e Municípios – ANEPREM, o Dr. Bruno Sá Freire Martins; pelo amicus curiae Defensoria Pública da União – DPU, o Dr. Antonio Ezequiel Inácio Barbosa, Defensor Público Federal; e, pelo amicus curiae Instituto Nacional do Seguro Social – INSS, a Dra. Bruna Maria Palhano Medeiros, Procuradora Federal. Plenário, Sessão Virtual de 28.5.2021 a 7.6.2021.

Embora as **ADI's 4.878 e 5.083 versem sobre o menor sob guarda no RGPS, o STF vem provendo reclamações para o RPPS em razão de termos a mesma *ratio*:**

Rcl 50418 / SE – SERGIPE

RECLAMAÇÃO

Relator(a): Min. EDSON FACHIN

Julgamento: 16/08/2022

Publicação: 18/08/2022

Publicação

PROCESSO ELETRÔNICO DJe-163 DIVULG 17/08/2022 PUBLIC 18/08/2022

Partes

RECLTE. (S): R.T.R.S. REPRESENTADO POR M.T.R. ADV. (A/S): ALBERTO HORA MENDONCA FILHO E OUTRO(A/S) RECLDO. (A/S): PRESIDENTE DO TRIBUNAL SUPERIOR DO TRABALHO ADV. (A/S): SEM REPRESENTAÇÃO NOS AUTOS BENEF. (A/S): NÃO INDICADO ADV. (A/S): CATHARINA DE

ANDRADE MACIEL ADV. (A/S): PEDRO MENESES FEITOSA NETO

Decisão

DECISÃO: Quando da análise da medida cautelar, em 23 de novembro de 2021, relatei o presente feito nos seguintes termos (eDoc 29): "Trata-se de reclamação, com pedido de liminar, ajuizada em face de ato do Tribunal Superior do Trabalho, nos autos do Processo nº 312-95.2020.5.20.0000, que, ao rejeitar pedido de restabelecimento do pagamento de pensão a criança sob guarda de servidora pública aposentada, teria desrespeitado a autoridade da decisão proferida por esta Corte no julgamento da ADI 4.878. Argumenta-se que a criança permanecia sob dependência econômica da avó desde o ano de 2012 e que o posterior reconhecimento judicial da guarda apenas serviu para regularizar a situação de fato. Afirma-se que, ao rejeitar o pagamento do benefício previdenciário devido, sob interpretação literal do art. 217 da Lei 8.112/1990, o Tribunal reclamado ofendeu o entendimento firmado pela Suprema Corte e deixou de atentar-se aos arts. 215 e 227, § 3º, II e VI, da Constituição Federal, bem como ao art. 33, § 3º, do Estatuto da Criança e do Adolescente. Nesse contexto, requer-se a concessão de medida liminar para determinar a concessão imediata do benefício da pensão por morte. No mérito, pleiteia-se a cassação definitiva do ato reclamado." Naquela oportunidade, por considerar presentes os requisitos autorizadores da concessão da medida cautelar, deferi a liminar com efeito suspensivo ativo, nos termos dos arts. 300 e 989, II, do CPC, para, até o julgamento do mérito desta reclamação, ordenar que o Tribunal Superior do Trabalho tome as providências administrativas pertinentes para implementar o imediato pagamento da pensão ao menor de idade. A autoridade reclamada manifestou-se sobre o andamento do processo no órgão reclamado (eDoc 31). A Procuradoria-Geral da República manifestou-se pela procedência da ação em parecer assim sintetizado (eDoc 33): "RECLAMAÇÃO. CONSTITUCIONAL. ADMINISTRATIVO. PREVIDENCIÁRIO. REGIME PRÓPRIO DE PREVIDÊNCIA SOCIAL. PENSÃO POR MORTE. CRIANÇA SOB GUARDA. ADI 4.878 E ADI 5.083/DF. ACÓRDÃO PARADIGMA. ADERÊNCIA. ART. 227 DA CONSTITUIÇÃO FEDERAL. PREVALÊNCIA DO PRINCÍPIO DA PROTEÇÃO INTEGRAL E DA PRIORIDADE ABSOLUTA. ESTATUTO DA CRIANÇA E DO ADOLESCENTE. PROCEDÊNCIA. 1. É cabível reclamação por alegado descumprimento da decisão do Supremo Tribunal Federal proferida nas ADI's 4.878/DF e 5.083/DF, que incluiu a criança e o adolescente sob guarda na categoria de dependentes do Regime Geral de Previdência Social. 2. O entendimento firmado pelo STF nas ADI's 4.878/DF e 5.083/DF alcança o regime próprio de previdência social para conferir interpretação conforme o texto constitucional às alterações promovidas pela Lei 13.135/2015, de modo a permitir a percepção de pensão por morte a criança ou adolescente sob guarda, com fundamento no art. 33, § 3º, do ECA, diante da eficácia protetiva desta última lei, em perfeita consonância com os preceitos constitucionais e a sua interpretação inclusiva. – Parecer pela procedência do pedido, confirmando-se a medida liminar anteriormente deferida." É o relatório. Decido. Consigno que a reclamação caracteriza-se como uma demanda de fundamentação vinculada, vale dizer, cabível somente quando se fizer presente alguma das hipóteses para ela estritamente previstas. Partindo de construção jurisprudencial a instrumento com expresso assento constitucional, trata-se de ação vocacionada, precipuamente, a duas diferentes finalidades: de um lado, visa a reclamação à (i) tutela da autoridade das decisões proferidas por esta Corte e das súmulas vinculantes por ela editadas. De outro, à (ii) proteção do importante rol de competências atribuídas ao Supremo Tribunal Federal. É o que se vê nos artigos 102, I, l, e 103-A, §3º, da Constituição da República. Ademais, a relação de pertinência estrita entre o ato reclamado e o parâmetro de controle é requisito indispensável para o cabimento de reclamação, não sendo possível a sua utilização como sucedâneo recursal. Nesse sentido: Rcl 7.082 AgR, Rel. Min. Roberto Barroso, Primeira Turma, DJe 11.12.2014; Rcl 11.463 AgR, Rel. Min. Dias Toffoli, Primeira Turma, DJe 13.2.2015; Rcl 15.956 ED, Rel. Min. Teori Zavascki, Segunda Turma, DJe 5.3.2015; Rcl 12.851 AgR-segundo, Rel. Min. Luiz Fux, Primeira Turma, DJe 26.3.2015, entre outros. Consoante já observado quando do deferimento liminar, convém observar a conclusão desta Corte no processo paradigma – ADI 4.878 -, julgado em conjunto com a ADI 5.083 e assim ementado: "AÇÕES DIRETAS DE INCONSTITUCIONALIDADE. JULGAMENTO CONJUNTO. DIREITO CONSTITUCIONAL. DIREITO PREVIDENCIÁRIO. ARTIGO 16, § 2º, DA LEI N.º 8.213/1991. REDAÇÃO CONFERIDA PELA LEI N.º 9.528/1997. MENOR SOB GUARDA. PROTEÇÃO PREVIDENCIÁRIA. DOUTRINA DA PROTEÇÃO INTEGRAL. PRINCÍPIO DA PRIORIDADE ABSOLUTA. ART. 227, CRFB. INTERPRETAÇÃO CONFORME, PARA RECONHECER O MENOR SOB GUARDA DEPENDENTE PARA FINS DE CONCESSÃO DE BENEFÍCIO PREVIDENCIÁRIO, DESDE QUE COMPROVADA A DEPENDÊNCIA ECONÔMICA. 1. Julgamento conjunto da ADI nº

4.878 e da ADI nº 5.083, que impugnam o artigo 16, § 2º, da Lei nº 8.213/1991, na redação conferida pela Lei nº 9.528/1997, que retirou o "menor sob guarda" do rol de dependentes para fins de concessão de benefício previdenciário. 2. A Constituição de 1988, no art. 227, estabeleceu novos paradigmas para a disciplina dos direitos de crianças e de adolescentes, no que foi em tudo complementada pelo Estatuto da Criança e do Adolescente (Lei n. º 8.069/1990). Adotou-se a doutrina da proteção integral e o princípio da prioridade absoluta, que ressignificam o status protetivo, reconhecendo-se a especial condição de crianças e adolescentes enquanto pessoas em desenvolvimento. 3. Embora o "menor sob guarda" tenha sido excluído do rol de dependentes da legislação previdenciária pela alteração promovida pela Lei nº 9.528/1997, ele ainda figura no comando contido no art. 33, § 3º, do Estatuto da Criança e do Adolescente (Lei n.º 8.069/1990), que assegura que a guarda confere à criança ou adolescente a condição de dependente, para todos os fins e direitos, inclusive previdenciários. 4. O deferimento judicial da guarda, seja nas hipóteses do art. 1.584, § 5º, do Código Civil (Lei n.º 10.406/2002); seja nos casos do art. 33, do Estatuto da Criança e do Adolescente (Lei n.º 8.069/1990), deve observar as formalidades legais, inclusive a intervenção obrigatória do Ministério Público. A fiel observância dos requisitos legais evita a ocorrência de fraudes, que devem ser combatidas sem impedir o acesso de crianças e de adolescentes a seus direitos previdenciários. 5. A interpretação constitucionalmente adequada é a que assegura ao "menor sob guarda" o direito à proteção previdenciária, porque assim dispõe o Estatuto da Criança e do Adolescente e também porque direitos fundamentais devem observar o princípio da máxima eficácia. Prevalência do compromisso constitucional contido no art. 227, § 3º, VI, CRFB. 6. ADI 4878 julgada procedente e ADI 5083 julgada parcialmente procedente para conferir interpretação conforme ao § 2º do art. 16, da Lei n.º 8.213/1991, para contemplar, em seu âmbito de proteção, o "menor sob guarda", na categoria de dependentes do Regime Geral de Previdência Social, em consonância com o princípio da proteção integral e da prioridade absoluta, nos termos do art. 227 da Constituição da República, desde que comprovada a dependência econômica, nos termos em que exige a legislação previdenciária (art. 16, § 2º, Lei 8.213/1991 e Decreto 3048/1999)." (ADI 4878, Rel. Min. Relator: GILMAR MENDES, Redator p/ Acórdão: EDSON FACHIN, Tribunal Pleno, DJe 5.8.2021). Sob a égide do art. 227, § 3º, da Constituição Federal e à luz do princípio da proteção integral da criança e do adolescente, a conclusão de julgamento da ação direta foi a de que a atribuição de nova redação ao art. 16 da Lei 8.213/1991 não teve o condão de revogar o art. 33, § 3º, do Estatuto da Criança e do Adolescente – ECA. Assim, esse dispositivo permanece assegurando especial proteção a crianças e adolescentes sob guarda, inclusive para fins previdenciários, independentemente do eventual silêncio da lei previdenciária, desde que sejam dependentes econômicos do instituidor. Eis o que pontuei no voto que encaminhou a conclusão do julgamento: "Embora o "menor sob guarda" tenha sido excluído do rol de dependentes da legislação previdenciária, ele ainda figura no comando contido no art. 33, § 3º do Estatuto da Criança e do Adolescente (Lei 8069/1990), como se vê: 'Art. 33. A guarda obriga a prestação de assistência material, moral e educacional à criança ou adolescente, conferindo a seu detentor o direito de opor-se a terceiros, inclusive aos pais. (...) § 3º A guarda confere à criança ou adolescente a condição de dependente, para todos os fins e efeitos de direito, inclusive previdenciários.' O dispositivo do Estatuto da Criança e do Adolescente confere a condição de dependente, para todos os efeitos jurídicos, abrangendo, também, a esfera previdenciária. A norma previdenciária, como se verifica da redação do dispositivo objeto da presente ação direta, deixou de considerar o "menor sob guarda" como dependente, mantendo-se em sua abrangência da proteção apenas o "menor sob tutela". É preciso ter em dimensão crítica a nomenclatura eleita pelo legislador previdenciário, ao tratar da criança e do adolescente, em sua condição de pessoa em desenvolvimento, com o vocábulo "menor", que remonta à legislação já revogada, ou seja, ao Código de Menores, Lei n.º 6697/1979. A Constituição de 1988 alterou significativamente a disciplina dos direitos das crianças e dos adolescentes, ao estabelecer novos paradigmas na matéria, no que foi em tudo complementada com a edição do Estatuto da Criança e do Adolescente, Lei nº 8.069/1990. Trata-se da transição de paradigma, em verdadeira "virada copernicana". O ordenamento abandona a doutrina da situação irregular, em que a criança e o adolescente, então referidos como "menores", eram tidos como objeto do direito e passa a adotar a doutrina da proteção integral da criança e do adolescente, nos termos do art. 227, CRFB. A doutrina da proteção integral ressignifica o estatuto protetivo de crianças e adolescentes, conferindo-lhes status de sujeitos de direito. Seus direitos e garantias devem, portanto, ser universalmente reconhecidos, diante de sua especial condição de pessoas em desenvolvimento. Garantem-se, assim, todas as suas necessidades, de modo não mais restrito à ambiência penal, como se dava no paradigma anterior. Nesse sentido: 'Em suma, o ordenamento jurídico cindia a coletividade de crianças e adolescentes em dois grupos distintos, os menores em situação regular e os menores em situação irregular, para usar a terminologia empregada no Código de Menores brasileiro de 1979. E ao fazê-lo não reconhecia a incidência do princípio da igualdade à esfera das relações jurídicas envolvendo crianças e adolescentes. Hoje não. Se o Direito se funda num sistema de garantias dos direitos fundamentais das pessoas, e no tocante a crianças e adolescentes um sistema especial de proteção, as pessoas (entre elas crianças e adolescentes) necessariamente têm um mesmo status jurídico: aquele que decorre dos artigos 227, 228, e 226 da CF e se cristalizou, na lei ordinária, no Estatuto da Criança e do Adolescente. Não há mais uma dualidade no ordenamento jurídico envolvendo a coletividade crianças e adolescentes ou a categoria crianças e adolescentes: a categoria é uma e detentora do mesmo conjunto de direitos fundamentais; o que não impede, nem impediu, o ordenamento de reconhecer situações jurídicas especificas e criar instrumentos para o tratamento delas, como aliás, ocorre em qualquer ramo do direito.' (MACHADO, Martha de Toledo, 'A proteção constitucional de Crianças e Adolescentes e os Direitos Humanos', 1ª edição, Barueri – SP, Manole, 2003,. Pág. 146). A doutrina da proteção integral, como se pode depreender, consagra a proteção absoluta que deriva não apenas do caput do art. 227 da Constituição de 1988, mas, também, dos tratados internacionais vigentes sobre o tema, dos quais sobressai a Convenção dos Direitos das Crianças (Decreto 99710/1990). A prioridade absoluta, conforme Valter Kenji Ishida, significa primazia dos direitos das crianças e dos adolescentes em todas as esferas de interesse, incluindo a judicial, a extrajudicial e a administrativa (ISHIDA, Válter Kenji. Estatuto da Criança e Adolescente: doutrina e jurisprudência. 15ed. São Paulo: Atlas, 2014, p; 14). Neste sentido, decisão do e. Ministro Celso de Mello: 'A ineficiência administrativa e o descaso governamental com direitos básicos da pessoa, a incapacidade de gerir recursos públicos, a falta de visão política do enorme significado social de que se reveste a proteção à criança e ao adolescente não podem nem devem representar obstáculos à execução, pelo Poder Público, da norma do art. 227, CF que impõe ao Estado um dever inafastável.' (Min Celso de Mello no Re 482.611/SC, 2010). A justificativa normativa para a exclusão do "menor sob guarda" do rol de dependentes para fins previdenciários calcava-se na afirmação de que haveria muitas fraudes em processo de guarda, nos quais os avós requereriam a guarda de seus netos apenas para fins de concessão do direito à pensão. O e. Ministro Relator, em seu voto, faz referência a tais fatos, invocando não apenas a doutrina da Professora Maria Berenice Dias nesse sentido, mas também o Parecer nº 53 de 1997. Ano LII, nº 219, do Senado Federal. Tal argumento, contudo, não deve ser acolhido. Sublinho, neste passo, os relevantes fundamentos aduzidos pelo Dr. Antonio Ezequiel Inacio Barbosa, na sustentação oral que fez aportar, em via eletrônica. Não se trata de chancelar qualquer tipo de fraude, ao revés. Em primeiro lugar, porque o argumento pauta-se na presunção de má-fé. Em segundo lugar, porque pretensas fraudes supostamente ocorridas em processos de guarda não são justificativa para impedir o acesso de crianças e adolescentes a seus direitos previdenciários, assegurados tanto pelo art. 227, CRFB, quanto pelo art. 33, do Estatuto da Criança e do Adolescente. Há, como ressaltou a Defensoria Pública da União, meios de combater as fraudes sem que, com isso, haja privação de direitos. Ao assegurar a qualidade de dependente ao "menor sob tutela" e negá-la ao "menor sob guarda", a legislação previdenciária priva crianças e adolescentes de seus direitos e garantias fundamentais. A guarda, vale ressaltar, é situação de fato. Consubstancia dever que incumbe aos pais, ou ao tutor, na falta destes, como se depreende do art. 1566 e 1724 do Código Civil: 'Art. 1.566. São deveres de ambos os cônjuges: (...) IV – sustento, guarda e educação dos filhos; (...) Art. 1.724. As relações pessoais entre os companheiros obedecerão aos deveres de lealdade, respeito e assistência, e de guarda, sustento e educação dos filhos.' Nos termos do § 5º do art. 1584 do Código Civil, se o juiz verificar que o filho não deve permanecer sob a guarda do pai ou da mãe, deferirá a guarda a pessoa que revele compatibilidade com a natureza da medida, considerados, de preferência, o grau de parentesco e as relações de afinidade e afetividade. O Estatuto da Criança e do Adolescente (Lei 8069/1990), a seu turno, dispõe que guarda pode ser conferida, nos termos do art. 33, § 1º, no trâmite de processo judicial de adoção ou tutela, regularizando-se, assim, a situação de quem já está, na prática, atuando como guardião. Há também a hipótese do § 2º do art. 33, quando se defere guarda fora dos casos de tutela e de adoção para atender a situações excepcionais ou suprir a falta eventual dos pais ou responsável, como se vê: 'Art. 33. A guarda obriga a prestação de assistência material, moral e educacional à criança ou adolescente, conferindo a seu detentor o direito de opor-se a terceiros, inclusive aos pais. § 1º A guarda destina-se a regularizar a posse de fato, podendo ser deferida, liminar ou incidentalmente, nos procedimentos de tutela e adoção, exceto no de adoção por estrangeiros. § 2º Excepcionalmente, deferir-se-á a guarda, fora dos casos de tutela e adoção, para atender a situações peculiares ou suprir a falta eventual dos pais ou responsável, podendo ser deferido o direito de representação para a prática de atos determinados. § 3º A guarda confere à criança ou adolescente a condição de dependente, para todos os fins e efeitos de direito, inclusive previdenciários. § 4º Salvo expressa e fundamentada determinação em contrário, da autoridade judiciária competente, ou quando a medida for aplicada em preparação para adoção, o deferimento da guarda de criança ou adolescente a terceiros não impede o exercício do direito de visitas pelos pais, assim como o dever de prestar alimentos, que serão objeto de regulamentação específica, a pedido do interessado ou do Ministério Público.' Ao deferir judicialmente a guarda, portanto, seja na hipótese do § 5º do art. 1584 do Código Civil, seja nas hipóteses descritas no art. 33 do ECA, o magistrado observará as formalidades legais, com intervenção obrigatória do Ministério Público. A observância dos requisitos legais evita a ocorrência de fraudes, ou seja, de hipóteses em que os avós requeiram a guarda tão somente para que os netos permaneçam beneficiários da Previdência Social na falta deles. À toda evidência, se o guardião falecer, sem que a criança ou adolescente tenha sido colocada sob tutela ou adoção, é preciso que os direitos previdenciários sejam resguardados, em observância ao princípio da proteção integral e da prioridade absoluta, desde que comprovada a dependência econômica, como exige a legislação previdenciária. O e. Superior Tribunal de Justiça tem precedente reconhecendo esta linha interpretativa: 'PREVIDENCIÁRIO. EMBARGOS DE DIVERGÊNCIA EM RECURSO ESPECIAL. EXCEPCIONAL ADMISSIBILIDADE. MITIGAÇÃO. PENSÃO POR MORTE DO AVÔ. DEPENDÊNCIA. MENOR À DATA DO ÓBITO. PESSOA COM DEFICIÊNCIA DE LONGO PRAZO. ESTATUTO DA CRIANÇA E DO ADOLESCENTE E ESTATUTO DA PESSOA COM DEFICIÊNCIA. RECURSO CONHECIDO E PROVIDO. 1. Destacadas e reconhecidas as excepcionalidades do caso concreto, são mitigadas as exigências formais para o conhecimento dos embargos de divergência, em que se mostra notório o dissídio jurisprudencial, de modo a prevalecer valores sociais e humanitários relevantes, diretamente referidos à dignidade da pessoa humana, fundamento do Estado Democrático Brasileiro (CF, art. 1º, III). 2. Resta demonstrada a divergência entre o acórdão embargado (AgRg nos EDcl no REsp 1.104.494/RS, SEXTA TURMA, j. em 16/12/2014) e o aresto paradigma (RMS 36.034/MT, Rel. Ministro BENEDITO GONÇALVES, PRIMEIRA SEÇÃO, j. em 26/02/2014), confronto excepcionalmente admitido pelas razões acima e por ser esse precedente o primeiro – e o mais contemporâneo à época da interposição do recurso -, vindo a alterar a jurisprudência anterior, firmando nova e remansosa compreensão sobre o tema, em sentido oposto ao do acórdão embargado. 3. Esta Corte de Justiça consagra o entendimento da possibilidade de concessão de pensão previdenciária, no regime geral, a menor sob guarda judicial, mesmo quando o óbito do segurado houver ocorrido na vigência da redação do § 2º do art. 16 da Lei 8.213/91, dada pela Lei 9.528/97. Prevalência do disposto na Carta Federal (art. 227) e no Estatuto da Criança e do Adolescente (Lei 8.069/90, art. 33, § 3º) sobre a alteração legislativa que retirou o menor sob guarda da condição de dependente previdenciário natural ou legal do segurado do INSS. Entendimento que se mantém inalterado, quando, ao atingir a maioridade, é o beneficiário da pensão pessoa portadora de severa deficiência de longo prazo, passando à tutela do Estatuto da Pessoa com Deficiência (Lei 13.146/2015). 4. Embargos de divergência providos. (EREsp 1104494/RS, Rel. Ministro RAUL ARAÚJO, CORTE ESPECIAL, julgado em 03/02/2021, DJe 02/03/2021).' Grifos nossos. A interpretação que assegura ao "menor sob guarda" o direito à proteção previdenciária deve prevalecer, não apenas porque assim dispõe o Estatuto da Criança e do Adolescente, mas porque direitos fundamentais devem observar o princípio da máxima eficácia. Assegura-se, assim, a prevalência do compromisso constitucional contido no art. 227, § 3º, VI da Constituição. Vale ressaltar que, nos termos do texto constitucional, assegurar à criança e ao adolescente, com absoluta prioridade, seus direitos fundamentais é dever que se impõe não apenas ao Estado, mas também à família e à sociedade. A interpretação conforme a ser conferida ao art. 16, § 2º, da Lei 8213/1991, portanto, deve contemplar os "menores sob guarda" na categoria de dependentes do Regime Geral de Previdência Social, em consonância com o princípio da proteção integral e da prioridade absoluta, nos termos do art. 227 da Constituição da República, desde que comprovada a dependência econômica, nos termos em que exige a legislação previdenciária (art. 16, § 2º, Lei 8.213/1991 e Decreto 3048/1999). Não se ignora, ademais, a recente alteração promovida pela Emenda Constitucional n.º 103/2019, conhecida como "reforma previdenciária", que, no art. 23, repetiu, como salientou o e. Ministro Relator, a redação conferida ao art. 16 da Lei 8.213/1991, mantendo-se, desta forma, a exclusão do "menor sob guarda" do rol de dependentes do segurado, nos seguintes termos: 'Art. 23. A pensão por morte concedida a dependente de segurado do Regime Geral de Previdência Social ou de servidor público federal será equivalente a uma cota familiar de 50% (cinquenta por cento) do valor da aposentadoria recebida pelo segurado ou servidor ou daquele a que teria direito se fosse aposentado por incapacidade permanente na data do óbito, acrescida de cotas de 10 (dez) pontos percentuais por dependente, até o máximo de 100% (cem por cento). (...) § 6º Equiparam-se a filho, para fins de recebimento da pensão por morte, exclusivamente o enteado e o menor tutelado, desde que comprovada a dependência econômica.' Os pedidos formulados nas ADIs 5083 e 4878, contudo, não contemplaram a redação do art. 23 da EC 103/2019, razão pela qual, ao revés do e. Ministro Relator, não procedo à verificação da constitucionalidade do dispositivo, em homenagem ao princípio da demanda. De toda sorte, os argumentos veiculados na presente manifestação são em todo aplicáveis ao art. 23 referido. Diante do exposto, homenageando conclusões diversas, julgo procedente a ADI 4878 e parcialmente procedente a ADI 5083, de modo a conferir interpretação conforme ao § 2º do art. 16, da Lei 8.213/1991, para contemplar, em seu âmbito de proteção, o 'menor sob guarda'." O ato reclamado, contudo, caracterizou de forma expressa a guarda legal da criança. Negou, porém, o restabelecimento do pagamento da pensão devido às alterações promovidas pela Lei 13.135/2015 no art. 217, § 3º, da Lei 8.112/1990, vigente ao tempo do óbito da servidora aposentada. Colhe-se do provimento reclamado (eDoc 26, pp. 6-9): "Conforme se depreende da decisão reproduzida acima, a controvérsia dos autos cinge-se em saber 'se o menor sob guarda tem direito à pensão decorrente do falecimento de servidora pública aposentada de TRT, no contexto das alterações promovidas pela Lei nº 13.135/15'. Assinale-se que o TRT denegou a segurança sob o fundamento central de que 'A decisão combatida respalda-se no art. 217, parágrafo 3º, da Lei 8.112/91, com a redação dada pela Lei nº 13.135 de 2015, legislação vigente à data do óbito da servidora aposentada, o qual prevê como beneficiário da pensão apenas o menor tutelado'. Com efeito, malgrada toda a discussão em torno do tema alusivo à concessão da pensão ao menor sob guarda, o fato é que à época da morte da servidora, em 27/05/2020, estava em pleno vigor a Lei nº 13.135/2015, que, de forma expressa, revogou a alínea 'b' do inciso II do art. 217 da Lei nº 8.112/90, retirando, assim, do elenco dos beneficiários da pensão o menor sob guarda. Consoante constou da decisão liminar, de acordo com a Súmula nº 340 do STJ, 'A lei aplicável à concessão de pensão previdenciária por morte é aquela vigente na data do óbito do segurado'. Logo, num exame perfunctório, tem aplicabilidade nos autos as disposições da Lei nº 8.112/90, alteradas pela Lei nº 13.135/2015. De outra parte, não se desconhece que, no dia 08/06/2021, o Supremo Tribunal Federal concluiu o julgamento das ADIn's 4.878 e 5.083, no qual aquela Corte pronunciou a inconstitucionalidade da Lei nº 9.528/97, no tocante à supressão da figura do 'menor sob guarda' do rol de dependentes previdenciários previsto no art. 16 da Lei 8.213/91. Ocorre que tais ações tiveram repercussão somente no Regime Geral da Previdência Social, tendo em vista o seu objeto restrito à Lei nº 9.528/97, que, repise-se, modificou a Lei 8.213/91. [...] Note-se, portanto, que, a despeito da similitude da matéria, não foi examinada, nas referidas ações, a inconstitucionalidade/constitucionalidade da Lei nº 13.135/2015, de aplicação exclusiva ao RPPS. Apenas por intermédio da manifestação explícita do STF, no sentido de estender os efeitos daquele julgamento aludido diploma legal, é que se poderia cogitar, em tese, do reconhecimento do direito do autor à pensão. Porém, até o momento, não se tem notícia de qualquer posicionamento do Supremo Tribunal Federal nessa direção. Por fim, vale o registro de que a ADI nº 4.878 encontra-se pendente de julgamento de embargos de declaração. Do exposto, indeferido o pedido de reconsideração." Cumpre acrescer que, uma vez que o deferimento legal do pedido de guarda pressupõe o devido processo legal, com intervenção obrigatória do Ministério Público, presumem-se, in casu, a lisura do procedimento e a legitimidade da guarda instituída. Esse o quadro, entendo que a decisão reclamada divergiu do entendimento desta Casa no sentido de que o menor sob guarda de servidor público, dependente economicamente, tem direito à pensão de que trata o artigo 217, II, b da Lei nº 8.112/1990 por força do art. 33 do Estatuto da Criança e do Adolescente. Nesse sentido já se manifestaram ambas as Turmas desta Corte: "Agravo regimental em mandado de segurança. Tribunal de Contas da União. Ato que determinou a cessação do pagamento de pensão concedida com base no então vigente art. 217, II, d, da Lei nº 8.112/1990. Concessão parcial da segurança. Menor portador de deficiência sob guarda e dependência econômica em relação ao servidor falecido. Comprovação. Anulação de ato do TCU. Princípio da proteção à criança – art. 227 da CF. Agravo regimental não provido. 1. A impetrante em menoridade comprovou ter obtido decisão judicial proferida em procedimento de jurisdição voluntária no sentido de se reconhecer sua dependência em relação ao servidor público Elias Ferreira Maia à data de seu falecimento, para todos os efeitos de direito, em especial previdenciários. 2. É firme a posição do Supremo Tribunal Federal de que o menor que estivesse sob a guarda de servidor público e dele dependesse economicamente teria direito à pensão temporária de que tratava o art. 217, II, b, da Lei nº 8.112/90. 3. Agravo regimental não provido." (MS 32.471-AgR, Rel. Min. DIAS TOFFOLI, Segunda Turma, DJe 6.10.2017) "AGRAVO REGIMENTAL EM MANDADO DE SEGURANÇA. PODERES DO RELATOR. TRIBUNAL DE CONTAS DA UNIÃO. ATO DE CONCESSÃO DE PENSÃO. MENOR SOB GUARDA. RECUSA DE REGISTRO. 1. O art. 205 do Regimento Interno desta Casa, na redação conferida pela Emenda Regimental nº 28/2009, expressamente autoriza o Relator a julgar monocraticamente o mandado de segurança quando a matéria em debate for objeto de jurisprudência consolidada do Supremo Tribunal Federal. 2. Até os 21 anos,

> tem direito à pensão temporária o menor sob guarda cujo guardião, servidor público civil da União, tenha falecido na vigência do art. 217, II, "b", da Lei 8.112/1990. Precedentes do Plenário e de ambas as Turmas desta Corte. Agravo regimental conhecido e não provido." (MS 30.141-AgR, Rel. Min. Rosa Weber, Primeira Turma, DJe 12.4.2016) A interpretação restritiva da Reclamação para esse fim infirmaria a proteção constitucional do menor. Ante o exposto, conheço da reclamação e julgo procedente o pedido para, nos termos dos arts. 21, § 1º, e 161, parágrafo único, do RISTF, cassar o ato reclamado e determinar que outro seja proferido com a observância do que decidido por esta Corte nas ADI 4.878 e 5.083. Publique-se. Brasília, 16 de agosto de 2022. Ministro Edson Fachin Relator.

No mesmo sentido o julgamento da Rcl 55715 MC, Relator(a) Min. ANDRÉ MENDONÇA, Julgamento: 23/09/2022.

Os procedimentos de aferição da deficiência para fins de reconhecimento da qualidade de dependente estão previstos nos parágrafos 2º a 4º:

> Lei Complementar nº 1.354/2020: "Artigo 17 [...]
>
> ...
>
> § 2º – A pensão atribuída ao filho inválido ou que tenha deficiência intelectual ou mental ou deficiência grave será devida enquanto durar a invalidez ou a deficiência.
>
> ...
>
> § 3º – A invalidez ou a deficiência intelectual, mental ou grave, serão comprovadas mediante inspeção por junta médica pericial indicada pela São Paulo Previdência – SPPREV, conforme estabelecido em regulamento.
>
> ...
>
> § 4º – A invalidez ou a deficiência intelectual, mental ou grave, supervenientes à morte do servidor, não conferem direito à pensão, exceto se tiverem início durante o período em que o dependente usufruía o benefício".

De acordo com o artigo 35 do Decreto 65.694/2021, "a dependência econômica de que tratam os incisos IV e V e o § 1º do artigo 14 da Lei Complementar nº 1.354, de 6 de março de 2020, será comprovada por meio da apresentação de, no mínimo, 3 (três) dos seguintes documentos:

> I – declaração feita pelo servidor perante tabelião ou com firma reconhecida em cartório;
>
> II – declaração de imposto de renda do servidor que conste o interessado como dependente;
>
> III – disposições testamentárias;
>
> IV – comprovação de residência em comum;
>
> V – apólice de seguro ou previdência complementar em que conste o interessado como beneficiário do servidor;
>
> VI – registro em associação de classe ou sindicato que conste o interessado como beneficiário do servidor;
>
> VII- inscrição do interessado em instituição de assistência médica como dependente do servidor ou ficha de tratamento em instituição de assistência médica da qual conste o servidor como responsável;
>
> VIII – comprovação de encargos domésticos que evidenciem a relação de dependência econômica do servidor;
>
> IX – declaração fornecida pela unidade de recursos humanos comprovando o recadastramento anual do servidor ativo em que conste a indicação do interessado como seu dependente para fins previdenciários, cujo termo será aceito na impossibilidade de comprovação de, pelo menos, um dos documentos elencados nos incisos I a III deste artigo".

Ainda de acordo com o Regulamento, a comprovação de prestação de pensão alimentícia ao interessado pelo servidor, na época do óbito, dispensa a apresentação dos documentos enumerados acima.

Outrossim, os documentos apresentados deverão demonstrar a contemporaneidade ao óbito da dependência econômica do servidor.

De acordo com o artigo 34 do Decreto 65.694/2021, "a união estável ou a união homoafetiva deverá ser comprovada pelo companheiro ou companheira por meio da apresentação de, no mínimo, 3 (três) dos seguintes documentos:

I – contrato escrito de união estável ou união homoafetiva feito perante tabelião ou com firmas reconhecidas em cartório;

II – declaração de convivência feita pelo servidor perante tabelião ou com firma reconhecida em cartório;

III – declaração de imposto de renda do servidor que conste o interessado como seu dependente;

IV – disposições testamentárias;

V – certidão de nascimento de filho em comum;

VI – certidão ou declaração de casamento religioso;

VII – comprovação de residência em comum;

VIII – comprovação de encargos domésticos que evidenciem a existência de sociedade ou comunhão nos atos da vida civil;

IX – procuração ou fiança outorgada;

X – comprovação de compra e venda de imóvel em conjunto;

XI – contrato de locação de imóvel em que figurem como locatários ambos os conviventes;

XII – comprovação de conta bancária conjunta;

XIII – apólice de seguro ou previdência complementar em que conste o interessado como beneficiário do servidor;

XIV – registro em associação de classe ou sindicato no qual conste o interessado como dependente do servidor;

XV – inscrição do interessado em instituição de assistência médica como dependente do servidor, ou ficha de tratamento em instituição de assistência médica da qual conste o servidor como responsável;

XVI – comprovação de nomeação de um dos conviventes para o exercício do encargo de curador do outro;

XVII – declaração fornecida pela unidade de recursos humanos comprovando o recadastramento anual do servidor ativo em que conste a indicação do interessado como seu dependente para fins previdenciários, cujo termo será aceito na impossibilidade de comprovação de, pelo menos, um dos documentos elencados nos incisos I a IV deste artigo".

Veja-se que a exigência de documentos constitui uma espécie de tarifação de prova não prevista na Lei Complementar estadual 1.354/2020, mas apenas no decreto, podendo ser arguida a sua ilegalidade, pois é firme no STJ que somente a lei poderá excepcionar o livre convencimento motivado, máxime em demandas judiciais.

Importante ressaltar que o RPPS de São Paulo acata as sentenças proferidas em ações de reconhecimento de união estável, o que não acontece no RPPS da União e no RGPS, visto que a União não é citada nessas demandas, e alega a impossibilidade de se reconhecer a eficácia da coisa julgada a quem não compôs o processo:

> Lei Complementar nº 1.354/2020:
>
> Artigo 17 [...]
>
> "§ 6º – A comprovação da dependência econômica deverá ter como base a data do óbito do servidor e será feita de acordo com as regras e critérios estabelecidos em regulamento.
>
> § 7º – Na falta de decisão judicial com trânsito em julgado reconhecendo a união estável, o companheiro ou companheira deverá comprová-la conforme estabelecido em regulamento".

Entendemos que esse procedimento é arriscado, visto que a sentença proferida numa ação de reconhecimento de união estável normalmente é lastreada em meios de prova testemunhais, sem supedâneo documental.

De acordo com o artigo 30 do Decreto 65.694/2021, "os pedidos de habilitação à pensão por morte deverão ser instruídos com os seguintes documentos, além daqueles exigidos na forma do artigo 25 deste decreto:

> I – certidão de casamento, em caso de pensão pretendida pelo cônjuge;
>
> II – comprovação da união estável ou união homoafetiva, nos termos previstos no artigo 34 deste decreto, em caso de pensão pretendida pelo companheiro ou companheira;
>
> III – certidão de nascimento do filho não emancipado, na hipótese prevista no inciso III do artigo 14 da Lei Complementar nº 1.354, de 6 de março de 2020;

> IV – laudo de inspeção elaborado por junta médica pericial indicada pela SPPREV, para a pensão pretendida pelo dependente inválido ou com deficiência intelectual, mental ou grave;
>
> V – certidão de casamento de seu genitor ou genitora com o servidor falecido, ou demonstração da existência de união estável ou união homoafetiva entre eles, para a pensão pretendida pelo enteado;
>
> VI – termo de tutela, para a pensão pretendida pelo menor tutelado;
>
> VII – certidão de nascimento do servidor falecido e, se o caso, declaração indicada no artigo 32 deste decreto, para a pensão pretendida pelo pai e/ou pela mãe.

Consoante o artigo 33 do Decreto 65.694/2021, a comprovação do **nexo causal entre o óbito do servidor e o exercício da função** deverá ser feita mediante apresentação de cópia integral do procedimento administrativo de responsabilidade do órgão de origem ou do órgão médico que averiguou as causas da morte, se:

> I – o falecimento do servidor for decorrente de acidente de trabalho, de doença profissional ou de doença do trabalho, nos termos previstos no "caput" do artigo 17, combinado com o artigo 7º, § 5º, da Lei Complementar nº 1.354, de 6 de março de 2020;
>
> II – o falecimento do servidor integrante da carreira de Policial Civil, Polícia Técnico-Científica, Agente de Segurança Penitenciária e Agente de Escolta e Vigilância Penitenciária for decorrente do exercício ou em razão da função, nos termos previstos no artigo 17, § 4º, e no artigo 23, § 3º, da Lei Complementar nº 1.354, de 6 de março de 2020.

Enquanto não finalizado o procedimento administrativo referido, caberá à SPPREV, baseada nos dados que dispuser no SIGEPREV, decidir sobre o valor da concessão inicial do benefício, sem prejuízo de sua revisão posterior, que produzirá efeito financeiro, em caso de deferimento, a partir do requerimento do interessado ou do ato de revisão provocado de ofício pela SPPREV.

Outrossim, o RPPS de São Paulo possui uma hipótese de perda do direito à pensão por morte, que é a condenação por crime doloso contra a vida do segurado. Essa hipótese foi copiada das normas do Regime Geral da Previdência Social:

> Lei Complementar nº 1.354/2020:
>
> "Artigo 17 [...] § 8º – Será excluído definitivamente da condição de dependente aquele que tiver sido condenado criminalmente por sentença com trânsito em julgado, como autor, coautor ou partícipe de homicídio doloso, ou de tentativa desse crime, cometido contra a pessoa do servidor, ressalvados os inimputáveis.
>
> Artigo 15 – Se houver fundados indícios de autoria, coautoria ou participação de dependente, ressalvados os inimputáveis, em homicídio, ou em tentativa desse crime, cometido contra a pessoa do servidor, será possível a suspensão provisória de sua parte no benefício de pensão por morte, mediante processo administrativo próprio, respeitada a ampla defesa e o contraditório, e serão devidas, em caso de absolvição, todas as parcelas corrigidas desde a data da suspensão, bem como a reativação imediata do benefício.
>
> [...]
>
> VIII – pela condenação criminal por sentença com trânsito em julgado, como autor, coautor ou partícipe de homicídio doloso, ou de tentativa desse crime, cometido contra a pessoa do instituidor, ressalvados os inimputáveis;"

Observe-se que o crime de latrocínio não incide na perda da qualidade de dependente, uma vez que é a morte é um meio para consumar o roubo, não se caracterizando como crime doloso contra a vida.

No caso do servidor desaparecido em razão de catástrofe, acidente ou desastre, a pensão é devida desde a data do evento. No entanto, sua concessão é feita depois de 6 meses de ausência:

> Lei Complementar nº 1.354/2020:
>
> Artigo 16- Por morte presumida do servidor, declarada pela autoridade judicial competente, depois de 6 (seis) meses de ausência, será concedida pensão provisória.
>
> § 1º – Mediante prova do desaparecimento do servidor em consequência de acidente, desastre ou catástrofe, seus dependentes farão jus à pensão provisória independentemente da declaração e do prazo deste artigo.

> § 2º – Verificado o reaparecimento do servidor, o pagamento da pensão cessará imediatamente, desobrigados os dependentes da reposição dos valores recebidos, salvo comprovada má-fé.

O RPPS de São Paulo inseriu um limitador ao valor da pensão alimentícia do ex-cônjuge ou ex-companheiro que estava em gozo de pensão alimentícia no momento do óbito do servidor. Nesse caso, o valor máximo da pensão é equivalente ao valor recebido a título de pensão alimentícia, e será pago durante o prazo fixado judicialmente para pagamento dessa pensão, caso não incida outra causa de extinção do benefício:

> Lei Complementar nº 1.354/2020: Artigo 18 – Ocorrendo habilitação de vários titulares à pensão, o seu valor será distribuído em partes iguais entre os beneficiários habilitados, ressalvado o caso do ex-cônjuge, ex-companheiro ou ex-companheira, cujo valor do benefício será limitado ao valor da pensão alimentícia recebida do servidor na data do seu óbito.
>
> § 1º – Na hipótese de o servidor falecido estar obrigado a pagar alimentos temporários a ex-cônjuge, ex-companheiro ou ex-companheira, a pensão por morte será devida pelo prazo remanescente na data do óbito, caso não incida outra causa de extinção do benefício.

O termo inicial do benefício, é definido pelo artigo 19 da Lei Complementar estadual 1.354/2020:

> Lei Complementar nº 1.354/2020:
>
> Artigo 19 – A pensão por morte será devida a contar da data:
>
> I – do óbito, quando requerida em até 180 (cento e oitenta) dias após o óbito, para os filhos menores de 16 (dezesseis) anos, ou em até 90 (noventa) dias após o óbito, para os demais dependentes;
>
> II – do requerimento, quando requerida após os prazos previstos no inciso anterior; III – da decisão judicial, no caso de morte presumida ou ausência.
>
> § 1º – A concessão da pensão por morte não será protelada pela falta de habilitação de outro possível dependente e a habilitação posterior que importe em exclusão ou inclusão de dependente só produzirá efeito a

partir da data da publicação do ato de concessão da pensão ao dependente habilitado.

Há a previsão de um procedimento de habilitação provisória, a fim de que o RPPS realize a retenção da cota parte do dependente cuja comprovação ainda depende de ação judicial em curso. É o caso do companheiro que ajuizou ação declaratória de união estável. Nessa situação, o RPPS de São Paulo retém os valores referentes à cota do dependente em questão, pagando integralmente ao final do processo:

Lei Complementar nº 1.354/2020:

> "Artigo 19 [...] § 2º – Ajuizada a ação judicial para reconhecimento da condição de dependente, esse poderá requerer a sua habilitação provisória ao benefício de pensão por morte, exclusivamente para fins de rateio dos valores com outros dependentes, vedado o pagamento da respectiva cota até o trânsito em julgado da respectiva ação, ressalvada a existência de decisão judicial em contrário.
>
> § 3º – Nas ações em que for parte a São Paulo Previdência – SPPREV, esta poderá proceder de ofício à habilitação excepcional da referida pensão, apenas para efeitos de rateio, descontando- -se os valores referentes a essa habilitação das demais cotas, vedado o pagamento da respectiva cota até o trânsito em julgado da respectiva ação, ressalvada a existência de decisão judicial em contrário.
>
> § 4º – Julgado improcedente o pedido da ação prevista no § 2º ou no § 3º deste artigo, o valor retido será corrigido monetariamente e pago de forma proporcional aos demais dependentes, de acordo com o cálculo das suas cotas e o tempo de duração de seus benefícios.
>
> § 5º – Em qualquer hipótese, fica assegurada à São Paulo Previdência – SPPREV a cobrança dos valores indevidamente pagos em função de nova habilitação".

O RPPS de São Paulo traz no art. 20 da Lei Complementar 1.354/2020 as regras para pagamento de 13º salário proporcional:

> Lei Complementar nº 1.354/2020
>
> "Artigo 20 – A pensão por morte devida no mês de dezembro de cada ano será sempre acrescida do 13º (décimo terceiro) pagamento, devendo

> ser calculada de forma proporcional no primeiro ano do recebimento do benefício".

A pensão por morte, assim como os outros benefícios pagos pelo RPPS paulista, é reajustada pelo Índice de Preços ao Consumidor:

> Lei Complementar nº 1.354/2020: Artigo 21 – Os benefícios de pensão serão reajustados na mesma data utilizada para fins de reajuste dos benefícios do Regime Geral de Previdência Social, com base no Índice de Preços ao Consumidor – IPC, apurado pela Fundação Instituto de Pesquisas Econômicas – FIPE.

Outrossim, a Lei 1.354/2020 traz hipóteses de perda da qualidade de dependente:

> Lei Complementar nº 1.354/2020: SEÇÃO III
>
> Da Duração e da Extinção da Pensão
>
> Artigo 22 – O direito à percepção da cota individual cessará:
>
> I – pelo falecimento;
>
> **II – pelo casamento ou constituição de união estável;**
>
> III – para o filho ou a pessoa a ele equiparada, ao completar a idade prevista na legislação do Regime Geral de Previdência Social, salvo se for inválido ou tiver deficiência intelectual ou mental ou deficiência grave;
>
> IV – pela cessação da invalidez, em se tratando de beneficiário inválido, ou pelo afastamento da deficiência, em se tratando de beneficiário com deficiência, respeitados os períodos mínimos decorrentes da aplicação dos incisos I e II do artigo 23;
>
> V – pelo decurso do prazo de recebimento de pensão de que trata o artigo 23 desta lei complementar.

Dessa maneira, caso o beneficiário de pensão por morte no RPPS de São Paulo contraia nova união estável ou casamento, ele perde o direito ao benefício, sendo uma regra comum nos RPPS's dos estados e municípios, mas ausente no RPPS da União e no RGPS.

Historicamente, quando a LOPS (Lei 3.807/1960) previa o casamento da viúva como causa de cancelamento da pensão por morte, o Tribunal Federal de Recursos já flexibilizava essa regra exigindo a comprovação de melhoria financeira da pensionista:

> **Súmula 170/TFR (04/12/1984):** "Não se extingue a pensão previdenciária, se do novo casamento não resulta melhoria na situação econômico-financeira da viúva, de modo a tornar dispensável o benefício".

O STJ tem precedentes seguindo este posicionamento, que podem ser hoje invocados contra RPPS's de estados e municípios que contemplam regra de cessação da pensão por morte do viúvo(a) com o casamento ou união estável, a exemplo do Município de Salvador, Estado da Bahia, Estado de São Paulo e Estado do Ceará:

> **PROCESSO**
>
> REsp 7747 / SP
>
> RECURSO ESPECIAL
>
> 1991/0001442-7
>
> **RELATOR**
>
> Ministro MILTON LUIZ PEREIRA (1097)
>
> **ÓRGÃO JULGADOR**
>
> T1 – PRIMEIRA TURMA
>
> **DATA DO JULGAMENTO**
>
> 06/06/1994
>
> **DATA DA PUBLICAÇÃO/FONTE**
>
> DJ 27/06/1994 p. 16884
>
> RT vol. 713 p. 211
>
> **EMENTA**
>
> **ADMINISTRATIVO – PREVIDENCIA SOCIAL – VIUVA – PENSÃO VITALICIA – CANCELAMENTO DECORRENTE DE NOVO CASAMENTO – CONSTITUIÇÃO FEDERAL, ART. 226 – LICC, ART. 5. – CODIGO CIVIL, ART. 229 – SUMULA 170 – TFR.**

1. O NOVO CASAMENTO, POR SI, NÃO CONSTITUI CAUSA EXTINTIVA DO DIREITO A PENSÃO PREVIDENCIARIA, INTEGRANTE DO PATRIMONIO DA PENSIONISTA, RESULTADO DE CONTRIBUIÇÕES FEITAS PELO SEGURADO DENTRO DAS FORÇAS DA ECONOMIA DO CASAL. O CASAMENTO MANTEM-SE SOB A PROTEÇÃO DO PODER PUBLICO (C.F., ART. 226). 2. PRECEDENTES DA JURISPRUDENCIA. 3. RECURSO PROVIDO.

ACÓRDÃO

POR UNANIMIDADE, DAR PROVIMENTO AO RECURSO.

PROCESSO

AgRg no Ag 1425313 / PI

AGRAVO REGIMENTAL NO AGRAVO DE INSTRUMENTO 2011/0166904-7

RELATOR

Ministro JORGE MUSSI (1138)

ÓRGÃO JULGADOR

T5 – QUINTA TURMA

DATA DO JULGAMENTO

17/04/2012

DATA DA PUBLICAÇÃO/FONTE

DJe 09/05/2012

EMENTA

PREVIDENCIÁRIO. **PENSÃO POR MORTE DE CÔNJUGE. NOVO CASAMENTO. CANCELAMENTO INDEVIDO. MODIFICAÇÃO DA CONDIÇÃO FINANCEIRA NÃO DEMONSTRADA. SÚMULA N. 170/TFR.**

1. O novo matrimônio não constitui causa ou perda do direito integrante do patrimônio da pensionista. Precedente.

2. A ausência de comprovação da melhoria financeira da viúva de ex-segurado, com o novo casamento, obsta o cancelamento da pensão por morte até então percebida. Inteligência da Súmula 170 do extinto TFR.

5. Agravo regimental improvido.

ACÓRDÃO

Vistos, relatados e discutidos estes autos, acordam os Ministros da Quinta Turma do Superior Tribunal de Justiça, na conformidade dos votos e das notas taquigráficas a seguir, por unanimidade, negar provimento ao agravo regimental. Os Srs. Ministros Marco Aurélio Bellizze, Adilson Vieira Macabu (Desembargador convocado do TJ/RJ), Gilson Dipp e Laurita Vaz votaram com o Sr. Ministro Relator.

REFERÊNCIA LEGISLATIVA

LEG:FED SUM:******

***** SUM(**TFR) SÚMULA** DO **TRIBUNAL FEDERAL DE RECURSOS**

SUM:000170

JURISPRUDÊNCIA CITADA

STJ – REsp 1108623-PR, REsp 337280-SP,

REsp 313366-MG

No mesmo sentido o STF, que não conheceu de Recurso Extraordinário interposto pelo Estado do Rio de Janeiro e pronunciou que o tema **é infraconstitucional e já pacificado pelo STJ e TFR em favor da viúva:**

ARE 1439062 / RJ – RIO DE JANEIRO

RECURSO EXTRAORDINÁRIO COM AGRAVO

Relator(a): Min. PRESIDENTE

Decisão proferida pelo(a): Min. ROSA WEBER

Julgamento: 13/06/2023

Publicação: 15/06/2023

Publicação

PROCESSO ELETRÔNICO DJe-s/n DIVULG 14/06/2023 PUBLIC 15/06/2023

Partes

RECTE.(S) : FUNDO UNICO DE PREVIDENCIA SOCIAL DO ESTADO DO RIO DE JANEIRO ADV.(A/S) : PROCURADOR-GERAL DO ESTADO DO RIO DE JANEIRO RECDO.(A/S) : ESTELITA MARIA DA CONCEICAO ROSA ADV.(A/S) : ANDERSON DE MIRANDA SANTOS GEARA

Decisão

DECISÃO: Trata-se de recurso extraordinário com agravo contra decisão de inadmissão do recurso extraordinário. O apelo extremo foi interposto com fundamento na alínea "a" do permissivo constitucional. No recurso extraordinário sustenta-se violação do(s) art.(s) 2º; 18, caput; 37, caput; e 97 da Constituição Federal. Decido. Analisados os autos, não há que se falar em inobservância da cláusula de reserva de plenário, pois o Tribunal a quo não declarou a inconstitucionalidade de norma legal ou afastou sua aplicação sem observância do artigo 97 da Constituição Federal, mas apenas interpretou norma infraconstitucional que disciplina a matéria. Nesse sentido, menciono os seguintes precedentes: "AGRAVO REGIMENTAL NO RECURSO EXTRAORDINÁRIO COM AGRAVO. ADMINISTRATIVO. GRATIFICAÇÃO DE RISCO DE POLICIAMENTO OSTENSIVO. LEI COMPLEMENTAR ESTADUAL 59/2004. EXTENSÃO AOS INATIVOS E PENSIONISTAS. REEXAME DE INTERPRETAÇÃO DE NORMAS INFRACONSTITUCIONAIS LOCAIS. OFENSA REFLEXA. SÚMULA 280 DO STF. RESERVA DE PLENÁRIO. VIOLAÇÃO AO ART. 97 DA CONSTITUIÇÃO FEDERAL. INEXISTÊNCIA. AGRAVO A QUE SE NEGA PROVIMENTO. I – A verificação da alegada ofensa ao texto constitucional envolve o reexame da interpretação dada pelo juízo a quo à legislação infraconstitucional local aplicável ao caso (Lei Complementar estadual 59/2004). A afronta à Constituição, se ocorrente, seria indireta. Incidência da Súmula 280 do STF. Precedentes. II – Não há violação ao princípio da reserva de plenário quando o acórdão recorrido apenas interpreta norma infraconstitucional, sem declará-la inconstitucional ou afastar sua aplicação com apoio em fundamentos extraídos da Lei Maior. III – Agravo regimental a que se nega provimento."(ARE 784.179-AgR, Segunda Turma, Rel. Min. Ricardo Lewandowski, DJe de 17/2/2014) "AGRAVO REGIMENTAL EM RECURSO EXTRAORDINÁRIO COM AGRAVO. CARTEIRA NACIONAL DE HABILITAÇÃO. INFRAÇÃO ADMINISTRATIVA. EXPEDIÇÃO DA CNH. INTERPRETAÇÃO DO CÓDIGO DE TRÂNSITO

BRASILEIRO. ART. 97 DA CF/88 E SÚMULA VINCULANTE Nº 10. AUSÊNCIA DE VIOLAÇÃO. PRECEDENTES. A jurisprudência do Supremo Tribunal Federal é firme no sentido de que não há violação ao princípio da reserva de plenário quando o acórdão recorrido apenas interpreta norma infraconstitucional, sem declará-la inconstitucional, ou afasta sua aplicação com apoio em fundamentos extraídos da Constituição Federal. Precedentes. Ausência de argumentos capazes de infirmar a decisão agravada. Agravo regimental a que se nega provimento."(ARE 767.313-AgR, Primeira Turma, Rel. Min. Roberto Barroso, DJe de 26/3/2015) Ademais, colhe-se do voto condutor do acórdão atacado a seguinte fundamentação: Versa a demanda sobre restabelecimento de pensão por morte cancelada com base no artigo 31, IV, "a" da Lei Estadual nº 285/79 por ter contraído novo matrimônio. Novo matrimonio, de per si, não enseja a perda da qualidade de beneficiário da pensão. Compulsando-se os autos, acolho o entendimento da magistrada que proferiu a sentença de fl. 130/131, no sentido de que restou comprovado nos autos que não houve melhora na situação econômico financeira da autora, de modo a tornar dispensável o benefício. **Verifico que o procedimento administrativo prosseguiu e chegou à sua conclusão apenas respaldado em um mero indício de constituição de união estável pela autora, sem que qualquer outra diligência tivesse sido empreendida pelo RIOPREVIDÊNCIA com o fito de comprovar a efetiva existência da união e, em caso positivo, a melhoria financeira da autora. Tal aspecto é relevante no caso em tela, eis que, não obstante a Lei Estadual 285/79 prever a hipótese de perda da condição de beneficiário em razão de novo casamento (art. 31, IV), a jurisprudência do STJ firmou entendimento no sentido de que a ausência de comprovação de melhoria financeira do cônjuge supérstite com o novo casamento obsta o cancelamento do benefício (AgRg no AG 1425313/PI). Ressalte-se que a jurisprudência do Superior Tribunal de Justiça há muito se manifestou no sentido de que "o novo casamento, por si, não constitui causa extintiva do direito a pensão previdenciária, integrante do patrimônio da pensionista, resultado de contribuições feitas pelo segurado dentro das forças da economia do casal"(REsp 7.747/SP, Rel. Ministro MILTON LUIZ PEREIRA, PRIMEIRA TURMA, julgado em 06/06/1994, DJ 27/06/1994, p. 16884).Para tanto, baseou-se inclusive no Verbete 170 da Súmula do extinto TFR, que prescreve: "Não se extingue a pensão previdenciária, se do novo casamento não resulta melhoria na situação econômico-financeira da viúva, de modo a tornar dispensável o benefício". Mesmo em hipótese de instituição de pensão**

sob a égide da antiga lei do regime geral de previdência (Lei 3.807/60), que previa expressamente a extinção do benefício "pelo casamento de pensionista do sexo feminino"(art. 39), o Superior reafirmou sua jurisprudência, no sentido de que o novo matrimônio não tem o condão de, por si só, extinguir o direito do pensionista. Confira-se: PREVIDENCIÁRIO. PENSÃO POR MORTE DE CÔNJUGE. NOVO CASAMENTO.CANCELAMENTO INDEVIDO. MODIFICAÇÃO DA CONDIÇÃO FINANCEIRA NÃO DEMONSTRADA. SÚMULA N. 170/TFR.1. O novo matrimônio não constitui causa ou perda do direito integrante do patrimônio da pensionista. Precedente. 2. A ausência de comprovação da melhoria financeira da viúva de ex-segurado, com o novo casamento, obsta o cancelamento da pensão por morte até então percebida. Inteligência da Súmula 170 do extinto TFR.5. Agravo regimental improvido. (AgRg no Ag 1425313/PI, Rel. Ministro JORGE MUSSI, QUINTA TURMA, julgado em 17/04/2012, DJe 09/05/2012). O STJ tem posição consolidada no sentido de que não perde a qualidade de beneficiária a pensionista que não passou a ter melhoria nas condições financeira por ter contraído novo matrimônio. A jurisprudência do STJ e a súmula 170 do TFR, baseiam-se em Lei que estabelecia regra semelhante ao da Lei estadual que envolve a demanda. Onde houver o mesmo fundamento haverá o mesmo direito (ubi eaden ratio ibi idem jus) e onde há a mesma razão de ser, deve prevalecer a mesma razão de decidir (ubi eadem legis ratio ibi eadem dispositivo). Demonstrado que a constituição do novo casamento não trouxe melhoria financeira, deve se manter a qualidade de beneficiária da pensão. (...) Desse modo, verifica-se que o Tribunal de origem decidiu a controvérsia com fundamento na legislação infraconstitucional local aplicável à espécie e no conjunto fático-probatório dos autos, cuja análise se revela inviável em sede de recurso extraordinário. Incidem, na espécie, os óbices das Súmulas 279 e 280 do STF, in verbis: "Para simples reexame de prova não cabe recurso extraordinário" e "Por ofensa a direito local não cabe recurso extraordinário". Nesse sentido: "AGRAVO REGIMENTAL NO RECURSO EXTRAORDINÁRIO COM AGRAVO. DIREITO AMBIENTAL. AÇÃO CIVIL PÚBLICA. OBRA PARA RECUPERAÇÃO DE IMÓVEL. IMPOSSIBILIDADE DE REEXAME DO CONJUNTO FÁTICO-PROBATÓRIO E DA LEGISLAÇÃO LOCAL: SÚMULAS 279 E 280 DO SUPREMO TRIBUNAL FEDERAL. AGRAVO REGIMENTAL AO QUAL SE NEGA PROVIMENTO". (ARE 1.085.165-AgR, Rel. Min. Cármen Lúcia, Plenário, DJe de 26/3/2018) "RECURSO EXTRAORDINÁRIO COM AGRAVO – ALEGADA

> VIOLAÇÃO A PRECEITOS CONSTITUCIONAIS – DIREITO LOCAL – SÚMULA 280/STF – REEXAME DE FATOS E PROVAS – IMPOSSIBILIDADE – SÚMULA 279/STF – SUCUMBÊNCIA RECURSAL (CPC, ART. 85, § 11) – NÃO DECRETAÇÃO, NO CASO, POR TRATAR-SE DE RECURSO DEDUZIDO CONTRA DECISÃO PUBLICADA SOB A ÉGIDE DO CPC/73 – AGRAVO INTERNO IMPROVIDO". (ARE 949.507-AgR, Rel. Min. Celso de Mello, Segunda Turma, DJe de 9/10/2020) Além disso, o Supremo Tribunal Federal, examinando o Recurso Extraordinário com Agravo nº 1170204 segundo a sistemática da repercussão geral (Tema nº 1028), decidiu que: não há repercussão geral (questão infraconstitucional) – Trânsito em Julgado em 27/03/2019. Ante o exposto, no ponto relativo ao enquadramento, determino a devolução dos autos à Corte de origem para que adote, conforme a situação do(s) referido(s) tema(s) de repercussão geral, os procedimentos previstos nos incisos I a III do artigo 1.030 do Código de Processo Civil (alínea c do inciso V do art. 13 do Regimento Interno do Supremo Tribunal Federal). Quanto ao mais, nego seguimento ao recurso (alínea c do inciso V do art. 13 do Regimento Interno do Supremo Tribunal Federal). Publique-se. Brasília, 13 de junho de 2023. Ministra ROSA WEBER Presidente.

Note-se que, ao revés do RGPS e do RPPS da União, neste regime próprio a pensão só é vitalícia se o dependente da pensão por morte tiver idade igual ou superior a 44 anos. Este parâmetro é fixo.

> Lei Complementar nº 1.354/2020:
>
> "Artigo 23 – II – pelos seguintes períodos, estabelecidos de acordo com a idade do beneficiário na data de óbito do servidor, se o óbito ocorrer depois de vertidas 18 (dezoito) contribuições mensais e pelo menos 2 (dois) anos após o início do casamento ou da união estável:
>
> a) 3 (três) anos, com menos de 21 (vinte e um) anos de idade;
>
> b) 6 (seis) anos, entre 21 (vinte e um) e 26 (vinte e seis) anos de idade;
>
> c) 10 (dez) anos, entre 27 (vinte e sete) e 29 (vinte e nove) anos de idade;
>
> d) 15 (quinze) anos, entre 30 (trinta) e 40 (quarenta) anos de idade;
>
> e) 20 (vinte) anos, entre 41 (quarenta e um) e 43 (quarenta e três) anos de idade;

> f) sem prazo determinado, com 44 (quarenta e quatro) ou mais anos de idade".

No RGPS e RPPS da União esse parâmetro é variável, mudando em função da expectativa de vida apurada nas tábuas de mortalidade do IBGE (atualmente 45 anos de idade):

Inclusive, a pensão por morte de cônjuge, companheiro e companheira, via de regra, dependem da comprovação de 2 anos de casamento ou união estável, bem como 18 contribuições mensais. Caso não haja comprovação de um desses requisitos, a pensão será paga por apenas 4 meses:

> Lei Complementar nº 1.354/2020: "Artigo 23 – A pensão por morte concedida ao cônjuge, companheiro ou companheira será devida:
>
> I – por 4 (quatro) meses, se o óbito ocorrer sem que o servidor tenha vertido 18 (dezoito) contribuições mensais ou se o casamento ou a união estável tiverem sido iniciados em menos de 2 (dois) anos antes do óbito;"

Note-se que o segurado pode se valer de períodos trabalhados em outros regimes para integralizar a exigência de 18 meses de contribuição:

> Lei Complementar nº 1.354/2020:
>
> "Artigo 23 – § 5º – O tempo de contribuição aos demais regimes de previdência será considerado na contagem das 18 (dezoito) contribuições mensais de que tratam os incisos I e II deste artigo".

Saliente-se que a exigência de 2 anos de união e 18 meses de contribuição não se aplica ao dependente que tenha deficiência intelectual ou mental ou deficiência grave, pois nessa hipótese será pago enquanto permanecer a deficiência.

Também não se aplica a exigência de 2 anos de união e 18 meses de contribuição aos dependentes de vítimas de acidente de trabalho ou doença profissional do trabalho, ou dos integrantes das carreiras de Policial Civil, Polícia Técnico-Científica, Agente de Segurança Penitenciária e Agente de Escolta e Vigilância Penitenciária, cujo óbito seja decorrente de agressão sofrida no exercício ou em razão da função. Nessas situações, o benefício será pago de maneira vitalícia:

> Lei Complementar nº 1.354/2020:
>
> "Artigo 23 – § 1º – O prazo de 2 (dois) anos de casamento ou união estável, bem como as 18 (dezoito) contribuições mensais constantes dos incisos I e II deste artigo, não serão exigidos se o óbito do servidor decorrer de acidente de trabalho ou doença profissional ou do trabalho.
>
> § 2º – A pensão do cônjuge ou companheiro ou companheira inválido ou que tenha deficiência intelectual ou mental ou deficiência grave será devida enquanto durar a invalidez ou a deficiência, respeitados os períodos mínimos decorrentes da aplicação dos incisos I e II deste artigo.
>
> § 3º – A pensão do cônjuge, companheiro ou companheira dos integrantes das carreiras de Policial Civil, Polícia Técnico- -Científica, Agente de Segurança Penitenciária c Agente de Escolta e Vigilância Penitenciária, cujo óbito seja decorrente de agressão sofrida no exercício ou em razão da função, será concedida sem prazo determinado".

Ademais, o RPPS de São Paulo estabelece a hipótese de perda da qualidade de dependente pela renúncia expressa ou pela comprovação de fraude ou simulação no casamento ou na união estável:

> Lei Complementar nº 1.354/2020:
>
> "Artigo 22 [...] – VI – pelo não cumprimento de qualquer dos requisitos ou condições estabelecidas nesta lei complementar;
>
> VII – pela renúncia expressa;
>
> IX – se comprovada, a qualquer tempo, simulação ou fraude no casamento ou na união estável, ou a formalização desses com o fim exclusivo de constituir benefício previdenciário, apuradas em processo judicial.
>
> § 2º – Aquele que perder a qualidade de beneficiário não a restabelecerá.
>
> § 4º – Aplicam-se ao ex-cônjuge, ao ex-companheiro e à ex-companheira as regras de duração do benefício previstas neste artigo, ressalvada a hipótese prevista no § 1º do artigo 22".

12

ACUMULAÇÃO DE BENEFÍCIOS E REDUTOR

Neste capítulo abordaremos a possibilidade de acumulação de benefícios, bem como a aplicação de redutor à luz do artigo 24 da Emenda 103/2019, de aplicação nacional para fatos geradores após a sua vigência ocorrida em 13.11.2019:

> "Art. 24. É vedada a acumulação de mais de uma pensão por morte deixada por cônjuge ou companheiro, no âmbito do mesmo regime de previdência social, ressalvadas as pensões do mesmo instituidor decorrentes do exercício de cargos acumuláveis na forma do art. 37 da Constituição Federal.
>
> § 1º Será admitida, nos termos do § 2º, a acumulação de:
>
> I – pensão por morte deixada por cônjuge ou companheiro de um regime de previdência social com pensão por morte concedida por outro regime de previdência social ou com pensões decorrentes das atividades militares de que tratam os arts. 42 e 142 da Constituição Federal;
>
> II – pensão por morte deixada por cônjuge ou companheiro de um regime de previdência social com aposentadoria concedida no âmbito do Regime Geral de Previdência Social ou de regime próprio de previdência social ou com proventos de inatividade decorrentes das atividades militares de que tratam os arts. 42 e 142 da Constituição Federal; ou

> III – pensões decorrentes das atividades militares de que tratam os arts. 42 e 142 da Constituição Federal com aposentadoria concedida no âmbito do Regime Geral de Previdência Social ou de regime próprio de previdência social.
>
> § 2º Nas hipóteses das acumulações previstas no § 1º, é assegurada a percepção do valor integral do benefício mais vantajoso e de uma parte de cada um dos demais benefícios, apurada cumulativamente de acordo com as seguintes faixas:
>
> I – 60% (sessenta por cento) do valor que exceder 1 (um) salário-mínimo, até o limite de 2 (dois) salários-mínimos;
>
> II – 40% (quarenta por cento) do valor que exceder 2 (dois) salários-mínimos, até o limite de 3 (três) salários-mínimos;
>
> III – 20% (vinte por cento) do valor que exceder 3 (três) salários-mínimos, até o limite de 4 (quatro) salários-mínimos; e
>
> IV – 10% (dez por cento) do valor que exceder 4 (quatro) salários-mínimos.
>
> § 3º A aplicação do disposto no § 2º poderá ser revista a qualquer tempo, a pedido do interessado, em razão de alteração de algum dos benefícios.
>
> § 4º As restrições previstas neste artigo não serão aplicadas se o direito aos benefícios houver sido adquirido antes da data de entrada em vigor desta Emenda Constitucional.
>
> § 5º As regras sobre acumulação previstas neste artigo e na legislação vigente na data de entrada em vigor desta Emenda Constitucional poderão ser alteradas na forma do § 6º do art. 40 e do § 15 do art. 201 da Constituição Federal".

O *caput* do dispositivo trata da vedação de acumulação de pensões por cônjuge ou companheiro no mesmo regime de previdência social, salvo cargos acumuláveis previstos no artigo 37 da Constituição:

> *"XVI – é vedada a acumulação remunerada de cargos públicos, exceto, quando houver compatibilidade de horários, observado em qualquer caso o disposto no inciso XI: (Redação dada pela Emenda Constitucional nº 19, de 1998)*
>
> *a) a de dois cargos de professor; (Redação dada pela Emenda Constitucional nº 19, de 1998)*
>
> *b) a de um cargo de professor com outro técnico ou científico; (Redação dada pela Emenda Constitucional nº 19, de 1998)*

c) a de dois cargos ou empregos privativos de profissionais de saúde, com profissões regulamentadas; (Redação dada pela Emenda Constitucional nº 34, de 2001)"

A maior novidade fica por conta dos demais dispositivos, que trazem a hipótese da redução da renda mensal do menor benefício, nas situações taxativas tratadas, se o menor benefício for superior a um salário mínimo:

PERCENTUAL PAGO	FAIXA DO BENEFÍCIO	REDUTOR
100%	Até 1 salário mínimo	-
60%	Acima de 1 até 2 salários mínimos	40%
40%	Acima de 2 até 3 salários mínimos	60%
20%	Acima de 3 até 4 salários mínimos	80%
10%	Acima de 4 salários mínimos	90%

Assim, as hipóteses de redução do benefício são bem abrangentes, pois incidem até sobre benefícios concedidos por outros regimes de previdência, seja o Regime Geral, seja qualquer Regime Próprio. Ademais, a redução incide sempre sobre o benefício menos vantajoso, isso é, o benefício de menor valor.

Vamos simular uma situação considerando o salário mínimo de R$ 998,00 em 2019 e uma pensão por morte no valor de R$ 5.000,00 que será reduzida por ser o menor benefício.

PERCENTUAL PAGO	FAIXA DO BENEFÍCIO	VALOR DEVIDO
100%	Até R$ 998,00	R$ 998,00
60%	Acima de R$ 998,00 até R$ 1.996,00	R$ 598,80
40%	R$ 1.996,00 até R$ 2.994,00	R$ 399,20
20%	Acima de R$ 2.994,00 até R$ 3.992,00	R$ 199,60
10%	Acima de R$ 3.992,00 até R$ 5.000,00	R$ 100,80
-	-	Total de R$ 2.296,40

Destarte, no caso simulado, a pensão por morte será reduzida de R$ 5.000,00 para R$ 2.296,40.

Atualmente não há sistema integrado de concessão de benefícios em Regimes Próprios. Logo, ainda não é possível detectar todas as situações em que é devida a aplicação do fator de redução.

Note-se que a redução não se aplica quando houver direito adquirido, isto é, quando houver atingimento dos requisitos para ambos os benefícios antes da Emenda Constitucional 103/2019, em 13/11/2019.

Há uma divergência doutrinária quanto à possibilidade de criação de uma norma que afaste as regras de redução. Para alguns, o Estado pode afastar, com a criação de uma lei complementar. Para outros, só é possível afastar essa regra através de uma lei complementar federal.

Por fim, ressalvadas as aposentadorias decorrentes dos cargos acumuláveis na forma da Constituição Federal, é vedada a percepção de mais de uma aposentadoria à conta de regime próprio de previdência social, aplicando-se outras vedações, regras e condições para a acumulação de benefícios previdenciários estabelecidas no Regime Geral de Previdência Social.

A Lei Complementar estadual 1.354/2020 reproduziu as regras referentes ao redutor do artigo 24 da EC 103/2019:

> **LC SP 1.354/2020**
>
> Da Acumulação de Benefícios Previdenciários
>
> "Artigo 24 – Ressalvadas as aposentadorias decorrentes dos cargos acumuláveis na forma da Constituição Federal, é vedada a percepção de mais de uma aposentadoria à conta de regime próprio de previdência social, aplicando-se outras vedações, regras e condições para acumulação de benefícios previdenciários estabelecidas no Regime Geral de Previdência Social.
>
> Artigo 25 – É vedada a acumulação de mais de uma pensão por morte deixada por cônjuge, companheiro ou companheira, no âmbito deste regime de previdência social, ressalvadas as pensões do mesmo instituidor decorrentes do exercício de cargos acumuláveis na forma do artigo 37 da Constituição Federal.
>
> § 1º – Será admitida, nos termos do § 2º, a acumulação de:
>
> 1 – pensão por morte deixada por cônjuge, companheiro ou companheira deste regime de previdência social com pensão por morte concedida

por outro regime de previdência social ou com pensões decorrentes das atividades militares de que tratam os artigos 42 e 142 da Constituição Federal;

2 – pensão por morte deixada por cônjuge, companheiro ou companheira deste regime de previdência social com aposentadoria concedida no âmbito deste regime, do Regime Geral de Previdência Social ou de outro Regime Próprio de Previdência Social ou com proventos de inatividade decorrentes das atividades militares de que tratam os artigos 42 e 142 da Constituição Federal;

3 – de aposentadoria concedida no âmbito deste Regime Próprio de Previdência Social com pensões decorrentes das atividades militares de que tratam os artigos 42 e 142 da Constituição Federal.

§ 2º – Nas hipóteses das acumulações previstas no § 1º, é assegurada a percepção do valor integral do benefício mais vantajoso e de uma parte de cada um dos demais benefícios, apurada cumulativamente de acordo com as seguintes faixas:

1 – 60% (sessenta por cento) do valor que exceder 1 (um) salário-mínimo, até o limite de 2 (dois) salários mínimos;

2 – 40% (quarenta por cento) do valor que exceder 2 (dois) salários mínimos, até o limite de 3 (três) salários mínimos;

3 – 20% (vinte por cento) do valor que exceder 3 (três) salários mínimos, até o limite de 4 (quatro) salários mínimos e;

4 – 10% (dez por cento) do valor que exceder 4 (quatro) salários mínimos.

§ 3º – A aplicação do disposto no § 2º poderá ser revista a qualquer tempo, a pedido do interessado, em razão de alteração de algum dos benefícios.

§ 4º – As restrições previstas neste artigo não serão aplicadas se o direito aos benefícios houver sido adquirido antes da data de entrada em vigor desta lei complementar".

No que diz respeito ao redutor, **nota-se que a Lei Complementar 1.354/2020 usa como marco para definição do direito adquirido o dia 07/03/2020, data da entrada em vigor da Lei Complementar**, enquanto a Emenda Constitucional 103/2019 considera a data da publicação da Emenda, 13/11/2019, com aplicação imediata.

Isso causa certa insegurança jurídica, pois considera marcos diferenciados para um mesmo direito, não podendo o estado violar regra nacional constitucional de aplicação imediata a todos os entes federativos.

Na prática, em se tratando de um benefício cuja acumulação seja constatada pela União, o parâmetro do direito adquirido será a data de publicação da EC 103/2019. Por outro lado, caso verificado pelo Estado de São Paulo, o marco do direito adquirido será 07/03/2020.

Há uma portaria da SPPREV que estabelece o procedimento de opção do benefício mais vantajoso. Nesse caso, será feita uma autodeclaração de acúmulo de cargos, nos mesmos moldes do termo existente no âmbito do Regime Geral de Previdência Social:

Portaria SPPREV-205, de 15-9-2020 Dispõe sobre o procedimento para aplicação do benefício mais vantajoso disposto na Emenda à Constituição Federal 103, de 12-11-2019, em seu art. 24, cuja norma de eficácia plena atinge o Regime Próprio de Previdência Social (RPPS) e o Sistema de Proteção Social dos Militares (SPSM), a qual foi referendada ainda na Lei Complementar Estadual 1354, de 06-03-2020, fixando competências visando dar celeridade à fixação e a confirmação de proventos e pensões nas Diretorias de Benefícios de Servidores (DBS) e de Militares (DBM).

ANEXO I

DECLARAÇÃO DE ACÚMULO DE CARGOS/BENEFÍCIOS PREVIDENCIÁRIOS Eu,________________________________, RG nº __________________, CPF nº __________________, declaro para fins do disposto no Art. 24, §§ 1º e 2º, da Emenda Constitucional 103/2019, sob pena de responsabilidade prevista no artigo 299 do Código Penal, que:

1. ( ) NÃO ( ) SIM – Recebo outra aposentadoria da SPPREV, de outros RPPS (Municipal, Estadual ou Federal) ou do RGPS/ INSS. Caso positivo, informar: Regime/Entidade de Previdência __________________ __________________ Cargo: ________________________________ Data de início da aposentadoria: ____/______/_________ Valor Bruto do benefício recebido: R$ __________________ __________________ (Informar valor bruto da última remuneração recebida, sem considerar valores de 13º salário)

2. ( ) NÃO ( ) SIM – Recebo outro benefício de pensão por morte da SPPREV, de outros RPPS (Municipal, Estadual ou Federal) ou do RGPS/INSS. Caso positivo, informar: Regime/Entidade de Previdência ______________________ ______________________ Cargo:______________________________ Condição do dependente (ex: cônjuge, filho, Mãe/Pai)_____ ____________________ Data de início da pensão: ____/______/__________ Valor Bruto do benefício recebido: R$ ______________ ________________ (Informar valor bruto da última remuneração recebida, sem considerar valores de 13º salário)

3. ( ) NÃO ( ) SIM – Aguardo resposta sobre pedido de outro benefício de pensão por morte da SPPREV, de outros RPPS (Municipal, Estadual ou Federal) ou do RGPS/INSS, devendo informar a SPPREV no caso de deferimento deste benefício. Caso positivo, informar: Regime/Entidade __________________________ ___________ Cargo(s) do ex-servidor/militar ____________________

4. ( ) NÃO ( ) SIM – O ex-servidor/militar possuía outro(s) cargo(s) na Administração Pública e/ou outra(s) aposentadoria(s). Caso positivo, tratando-se de pedido de pensão por morte, informar: Cargo(s): ______________________ __________ Órgão(s): ________________ ______________________________

5. ( ) NÃO ( ) SIM – Possuo outro(s) cargo(s) na Administração Pública. Caso positivo, informar: Cargo(s): ____________________________ __________ Órgão(s): _________________________________ __________ Data de Ingresso: ___________________________ __________ Obs: Em caso afirmativo, tratando-se de pedido de aposentadoria, o(a) servidor(a) deverá anexar a declaração de acúmulo legal do órgão responsável, do qual recebe remuneração. Declaro, ainda, estar CIENTE que, em caso de acúmulo, o benefício a ser concedido pela SPPREV observará as regras de cálculo dispostas no artigo 24 da Emenda Constitucional 103/19, especialmente o §2º, mantendo-se o valor integral do benefício mais vantajoso e a aplicação da redução de valor no(s) menos vantajoso(s), podendo ser realizada alteração pela SPPREV, mediante provocação do beneficiário ou notificação de outros regimes com relação à acúmulos de benefícios, estando autorizado qualquer ressarcimento de valores para acerto dos benefícios.

Estou ciente, por fim, que a declaração falsa ou diversa sobre o fato ou situação real ocorrida, além de obrigar à devolução de eventuais importâncias recebidas indevidamente, quando for o caso, sujeitar-me-á às penalidades previstas nos arts. 171 e 299 do Código Penal.

Por ser verdade, firmo a presente. Local e data: __________________, ____ de ____________ de ________ ______________________________

Assinatura do interessado(a)

No entanto, o modelo de formulário supramencionado padece de um erro, visto que não há campo para inclusão de inatividade remunerada militar e pensões militares da União, que não se confundem com benefícios de RPPS do servidor federal.

13

DIREITO ADQUIRIDO

O direito adquirido é assegurado quando o servidor completa todos os requisitos para um benefício programado. A partir desse momento, o direito está incorporado ao patrimônio jurídico do servidor, que pode exercitar esse direito quando melhor lhe aprouver.

No caso da pensão por morte, benefício não programado, o direito é adquirido pelo dependente no dia do óbito do servidor público.

Note-se que o direito adquirido é de **gozo facultativo**, podendo o seu titular escolher se deseja exercitar essa faculdade, inclusive porque esse direito pode não se refletir no melhor benefício frente às novas regras permanentes e de transição de aposentação trazidas pela reforma da previdência.

Tanto a Emenda 20/1998 (artigo 3º), quanto a Emenda 41/2003 (artigo 3º) asseguraram o direito adquirido à aposentadoria e pensão àqueles que preencheram os requisitos até a sua publicação, mesmo os que não optaram por seu gozo, inclusive com base nos critérios da legislação vigente, em decorrência do Princípio do *Tempus Regit Actum*.

> **Emenda 20/1998:** “”Art. 3º – É assegurada a concessão de aposentadoria e pensão, a qualquer tempo, aos servidores públicos e aos segurados do regime geral de previdência social, bem como aos seus dependentes,

> que, até a data da publicação desta Emenda, tenham cumprido os requisitos para a obtenção destes benefícios, com base nos critérios da legislação então vigente.
>
> ...
>
> § 2º – Os proventos da aposentadoria a ser concedida aos servidores públicos referidos no "caput", em termos integrais ou proporcionais ao tempo de serviço já exercido até a data de publicação desta Emenda, bem como as pensões de seus dependentes, serão calculados de acordo com a legislação em vigor à época em que foram atendidas as prescrições nela estabelecidas para a concessão destes benefícios ou nas condições da legislação vigente".
>
> **Emenda 41/2003** – "Art. 3º É assegurada a concessão, a qualquer tempo, de aposentadoria aos servidores públicos, bem como pensão aos seus dependentes, que, até a data de publicação desta Emenda, tenham cumprido todos os requisitos para obtenção desses benefícios, com base nos critérios da legislação então vigente.
>
> ...
>
> § 2º Os proventos da aposentadoria a ser concedida aos servidores públicos referidos no *caput*, em termos integrais ou proporcionais ao tempo de contribuição já exercido até a data de publicação desta Emenda, bem como as pensões de seus dependentes, serão calculados de acordo com a legislação em vigor à época em que foram atendidos os requisitos nela estabelecidos para a concessão desses benefícios ou nas condições da legislação vigente".

O STF já possui entendimento formado no que tange ao direito adquirido em matéria previdenciária.

> Súmula 359, do STF – "ressalvada a revisão prevista em lei, os proventos da inatividade regulam-se pela lei vigente ao tempo em que o militar, ou o servidor civil, reuniu os requisitos necessários".

Note-se que as emendas constitucionais historicamente padecem de um vício quanto à data do direito adquirido. As Emendas 20, 41 e 103 determinam a data da publicação da emenda como termo para mensuração do direito adquirido.

No entanto, deveria ter sido fixada a véspera da publicação da respectiva emenda, com início do novo regime jurídico na data da publicação. Esse equívoco gera uma situação esdrúxula em que a data da publicação da emenda entra na mensuração do direito adquirido, preservando os direitos dos servidores antigos, mas também gera efeitos para os novos segurados, uma vez que determina as novas regras de aposentação para os mesmos:

Nesse sentido, a Emenda 103/2019:

> Emenda 103/2019 – Art. 3º A concessão de aposentadoria ao servidor público federal vinculado a regime próprio de previdência social e ao segurado do Regime Geral de Previdência Social e de pensão por morte aos respectivos dependentes será assegurada, a qualquer tempo, desde que tenham sido cumpridos os requisitos para obtenção destes benefícios **até a data de entrada em vigor desta Emenda Constitucional (13.11.2019)**, observados os critérios da legislação vigente na data em que foram atendidos os requisitos para a concessão da aposentadoria ou da pensão por morte.

Assim, por uma determinação constitucional, mesmo que reconhecidamente atécnica, o **dia da publicação** da reforma deve ser o termo final para a aferição do direito às regras de aposentação por ela revogadas.

O direito adquirido traz reflexos também na mensuração dos salários que serão utilizados no cálculo do benefício. Ora, se um servidor deseja se aposentar com o regime jurídico anterior à Emenda Constitucional 103/2019, o cálculo de seu benefício necessariamente considerará os salários recebidos até 13/11/2019, data da publicação da Emenda.

Caso o servidor deseje considerar no cálculo de seu benefício os salários posteriores a esse marco temporal, deve se submeter às novas regras, renunciando o exercício ao direito adquirido.

> Emenda 103/2019 – Art. 3º.
>
> "§ 1º Os proventos de aposentadoria a serem concedidos ao servidor público a que se refere o *caput* e as pensões por morte devidas aos seus dependentes serão calculados e reajustados de acordo com a legislação

> em vigor à época em que foram atendidos os requisitos nela estabelecidos para a concessão destes benefícios".

Assim, considerando as diversas reformas previdenciárias que se sucederam ao longo do tempo, é possível que um servidor faça jus a uma ou mais regras de aposentação. Nesse caso, cabe ao servidor optar pelo benefício mais vantajoso, considerando renda mensal inicial, índices de reajustamento, sistemática de cálculo etc.

Por outro lado, os regimes próprios, que deveriam municiar os servidores com essas informações, muitas vezes não possuem a estrutura necessária para realização dos cálculos e prestação de informação aos servidores.

A mensuração do direito adquirido implica na mudança do critério de reajustamento do benefício. Salvo regra de reajuste paritário, os benefícios que tiverem fato gerador anterior à reforma previdenciária são reajustados com base no **INPC**, conforme Lei 10.887/2004:

> "Art. 15. Os proventos de aposentadoria e as pensões de que tratam os arts. 1º e 2º desta Lei serão reajustados, a partir de janeiro de 2008, na mesma data e índice em que se der o reajuste dos benefícios do regime geral de previdência social, ressalvados os beneficiados pela garantia de paridade de revisão de proventos de aposentadoria e pensões de acordo com a legislação vigente.
>
> Lei 8.213/91: Art. 41-A. O valor dos benefícios em manutenção será reajustado, anualmente, na mesma data do reajuste do salário mínimo, pro rata, de acordo com suas respectivas datas de início ou do último reajustamento, com base no Índice Nacional de Preços ao Consumidor – INPC, apurado pela Fundação Instituto Brasileiro de Geografia e Estatística – IBGE. (Vide Medida Provisória nº 316, de 2006) (Vide Lei nº 12.254, de 2010) (Incluído pela Lei nº 11.430, de 2006)".

Por outro lado, salvo regra de reajuste paritário, os benefícios que tiverem fato gerador após a Emenda Constitucional 49/2020 serão reajustados pelo o Índice de Preços ao Consumidor – **IPC**, apurado pela Fundação Instituto de Pesquisas Econômicas – FIPE:

> Lei Complementar nº 1.354/2020: "Artigo 10 [...] § 4º – Os proventos das aposentadorias concedidas com fundamento neste artigo não serão inferiores ao valor a que se refere o § 2º do artigo 201 da Constituição Federal e serão reajustados na mesma data utilizada para fins de reajuste dos benefícios do Regime Geral de Previdência Social, com base no Índice de Preços ao Consumidor – IPC, apurado pela Fundação Instituto de Pesquisas Econômicas – FIPE".

Vejamos o regramento do direito adquirido na Lei Complementar estadual 1.354/2020, que deve considerar como marco final dos requisitos o dia 07.03.2020:

> LC SP 1.354/2020 – "Artigo 26 – A concessão de aposentadoria ao servidor público estadual titular de cargo efetivo e de pensão por morte aos respectivos dependentes será assegurada, a qualquer tempo, desde que tenham sido cumpridos os requisitos para obtenção desses benefícios até a data de entrada em vigor desta lei complementar, observados os critérios da legislação vigente na data em que foram atendidos os requisitos para a concessão da aposentadoria ou da pensão por morte.
>
> Parágrafo único – Os proventos de aposentadoria a serem concedidos ao servidor público a que se refere o "caput" e as pensões por morte devidas aos seus dependentes serão calculados e reajustados de acordo com a legislação em vigor à época em que foram atendidos os requisitos nela estabelecidos para a concessão destes benefícios".

14

REGRAS DE TRANSIÇÃO DAS EMENDAS 41/2003 E 47/2005: VIGÊNCIA E REVOGAÇÃO

A Emenda 103/2019 previu que, para Estados, Distrito Federal e municípios, a progressividade da alíquota contribuição previdenciária prevista no artigo 149 da Constituição, bem como as antigas regras de transição constantes dos artigos. 2º, 6º e 6º-A da Emenda Constitucional nº 41, de 19 de dezembro de 2003 e do artigo 3º da Emenda Constitucional nº 47, de 5 de julho de 2005, exigiam revogação da respectiva lei estadual.

Veja-se a Emenda 103/2019:

> "**Art. 35. Revogam-se:**
>
> I – os seguintes dispositivos da Constituição Federal:
>
> a) o § 21 do art. 40; (Vigência)
>
> b) o § 13 do art. 195;
>
> II – os arts. 9º, 13 e 15 da Emenda Constitucional nº 20, de 15 de dezembro de 1998;

III – os arts. 2º, 6º e 6º-A da Emenda Constitucional nº 41, de 19 de dezembro de 2003; (Vigência)

IV – o art. 3º da Emenda Constitucional nº 47, de 5 de julho de 2005. (Vigência)

Art. 36. Esta Emenda Constitucional entra em vigor:

I – no primeiro dia do quarto mês subsequente ao da data de publicação desta Emenda Constitucional, quanto ao disposto nos arts. 11, 28 e 32;

II – para os regimes próprios de previdência social dos Estados, do Distrito Federal e dos Municípios, quanto à alteração promovida pelo art. 1º desta Emenda Constitucional no art. 149 da Constituição Federal **e às revogações previstas na alínea "a" do inciso I e nos incisos III e IV do art. 35, na data de publicação de lei de iniciativa privativa do respectivo Poder Executivo que as referende integralmente;"**

O § 21 do artigo 40 trata da alíquota de contribuição dos portadores de doenças incapacitantes, asseverando que os mesmos só pagarão contribuição previdenciária quando receberem valores superiores ao dobro do teto do Regime Geral de Previdência Social.

Assim, a regra do § 21 do art. 40, bem como as revogações das regras de transição das Emendas Constitucionais 41 e 47 só são efetivamente retiradas do mundo jurídico quando o ente local realiza a devida revogação dessa norma.

Alguns Estados, como Bahia e Sergipe, não fizeram de início a revogação, conforme exigido pelo art. 35 da EC 103/2019.

O Estado de São Paulo realizou as revogações expressas das regras de transição, bem como promoveu expressamente a ratificação exigida pela Emenda Constitucional 103/2019:

LC 1.354/2020

"Artigo 32 – Fica referendada integralmente a alteração promovida pelo artigo 1º da Emenda à Constituição Federal nº 103, de 12 de novembro de 2019, no artigo 149 da Constituição Federal, **bem como à revogação do § 21 do artigo 40, dos artigos 2º, 6º e 6º-A da Emenda**

Constitucional nº 41, de 19 de dezembro de 2003, e do artigo 3º da Emenda Constitucional nº 47, de 5 de julho de 2005, promovida pela alínea "a" do inciso I e pelos incisos III e IV do artigo 35 da Emenda Constitucional Federal nº 103 de 12 de novembro de 2019".

Dessa forma, no Estado de São Paulo, **as antigas regras de transição constantes dos artigos. 2º, 6º e 6º-A da Emenda Constitucional nº 41, de 19 de dezembro de 2003 e do artigo 3º da Emenda Constitucional nº 47, de 5 de julho de 2005, vigoraram até 07 de março de 2020, data da publicação da Lei Complementar estadual 1.354, devendo esta data ser o recorte para aferição de formação do direito adquirido.**

14.1. REGRA DE TRANSIÇÃO DO ARTIGO 2º DA EMENDA 41/2003

Emenda 41/2003 – Art. 2º Observado o disposto no art. 4º da Emenda Constitucional nº 20, de 15 de dezembro de 1998, é assegurado o direito de opção pela aposentadoria voluntária com proventos calculados de acordo com o art. 40, §§ 3º e 17, da Constituição Federal, àquele que tenha ingressado regularmente em cargo efetivo na Administração Pública direta, autárquica e fundacional, até a data de publicação daquela Emenda, quando o servidor, cumulativamente:

I – tiver cinqüenta e três anos de idade, se homem, e quarenta e oito anos de idade, se mulher;

II – tiver cinco anos de efetivo exercício no cargo em que se der a aposentadoria;

III – contar tempo de contribuição igual, no mínimo, à soma de:

a) trinta e cinco anos, se homem, e trinta anos, se mulher; e

b) um período adicional de contribuição equivalente a vinte por cento do tempo que, na data de publicação daquela Emenda, faltaria para atingir o limite de tempo constante da alínea *a* deste inciso.

§ 1 º O servidor de que trata este artigo que cumprir as exigências para aposentadoria na forma do *caput* terá os seus proventos de inatividade reduzidos para cada ano antecipado em relação aos limites de idade estabelecidos pelo art. 40, § 1º, III, a, e § 5º da Constituição Federal, na seguinte proporção:

I – três inteiros e cinco décimos por cento, para aquele que completar as exigências para aposentadoria na forma do *caput* até 31 de dezembro de 2005;

II – cinco por cento, para aquele que completar as exigências para aposentadoria na forma do *caput* a partir de 1º de janeiro de 2006.

§ 2º Aplica-se ao magistrado e ao membro do Ministério Público e de Tribunal de Contas o disposto neste artigo.

§ 3º Na aplicação do disposto no § 2º deste artigo, o magistrado ou o membro do Ministério Público ou de Tribunal de Contas, se homem, terá o tempo de serviço exercido até a data de publicação da Emenda Constitucional nº 20, de 15 de dezembro de 1998, contado com acréscimo de dezessete por cento, observado o disposto no § 1º deste artigo.

§ 4º O professor, servidor da União, dos Estados, do Distrito Federal e dos Municípios, incluídas suas autarquias e fundações, que, até a data de publicação da Emenda Constitucional nº 20, de 15 de dezembro de 1998, tenha ingressado, regularmente, em cargo efetivo de magistério e que opte por aposentar-se na forma do disposto no *caput*, terá o tempo de serviço exercido até a publicação daquela Emenda contado com o acréscimo de dezessete por cento, se homem, e de vinte por cento, se mulher, desde que se aposente, exclusivamente, com tempo de efetivo exercício nas funções de magistério, observado o disposto no § 1º.

§ 5º O servidor de que trata este artigo, que tenha completado as exigências para aposentadoria voluntária estabelecidas no *caput*, e que opte por permanecer em atividade, fará jus a um abono de permanência equivalente ao valor da sua contribuição previdenciária até completar as exigências para aposentadoria compulsória contidas no art. 40, § 1º, II, da Constituição Federal.

§ 6º Às aposentadorias concedidas de acordo com este artigo aplica-se o disposto no art. 40, § 8º, da Constituição Federal.

Emenda 41/2003 – Art. 7º Observado o disposto no art. 37, XI, da Constituição Federal, os proventos de aposentadoria dos servidores públicos titulares de cargo efetivo e as pensões dos seus dependentes pagos pela União, Estados, Distrito Federal e Municípios, incluídas suas autarquias e fundações, em fruição na data de publicação desta Emenda,

> bem como os proventos de aposentadoria dos servidores e as pensões dos dependentes abrangidos pelo art. 3º desta Emenda, serão revistos na mesma proporção e na mesma data, sempre que se modificar a remuneração dos servidores em atividade, sendo também estendidos aos aposentados e pensionistas quaisquer benefícios ou vantagens posteriormente concedidos aos servidores em atividade, inclusive quando decorrentes da transformação ou reclassificação do cargo ou função em que se deu a aposentadoria ou que serviu de referência para a concessão da pensão, na forma da lei.

Esta regra de transição vigorou para os servidores do Estado de São Paulo até **7 de março de 2020,** data da publicação da Lei Complementar nº 1.354, de 06/03/2020, devendo esta data ser o recorte para aferição de formação do direito adquirido.

Vale ressaltar que desde o artigo 4º, da Emenda 20/98, já se determinava a contagem do tempo de serviço como tempo de contribuição, até que seja editada lei específica sobre a matéria, que ainda inexiste.

Frise-se que antes da citada Emenda bastava o tempo de serviço para a concessão da aposentadoria do servidor público, pois não era exigida idade mínima, operando-se aos 35 anos de serviço, se homem, ou 30 anos de serviço, se mulher, com proventos integrais.

Já a aposentadoria com proventos proporcionais seria devida aos 30 anos de serviço, se homem, ou 25 anos de serviço, se mulher.

Existia uma regra de transição no artigo 8º, da Emenda 20/1998, em favor dos servidores que ingressaram no serviço público até o seu advento, mas restou revogada pela Emenda 41/03, que passou a disciplinar o tema em seu artigo 2º.

De efeito, para os servidores públicos ingressos até a publicação da Emenda 20/98 (16.12.98) e que não contavam com o direito adquirido, por não preencher todos os pressupostos legais, há uma regra de transição no artigo 2º, da Emenda 41/03, para a sua aposentadoria.

Deveras, para ter direito à aposentadoria pela regra de transição, o servidor deverá contar com a idade mínima de 53 anos (homem) ou de 48 anos de idade (mulher), bem como com 35 ou 30 anos de contribuição, respectivamente, ainda devendo realizar um tempo adicional ("pedágio") de 20% do tempo que, na data da emenda, faltaria para atingir esse período total de serviço, devendo ainda contar com 05 anos de efetivo exercício do cargo em que ocorrer a aposentação.

Neste caso, os proventos serão calculados da seguinte forma: para cada ano antecipado com relação à idade mínima (60 ou 55 anos de idade, se homem ou mulher, com redução de 05 anos para os professores exclusivos do ensino infantil, médio ou fundamental), os proventos serão reduzidos em 3,5% (se cumpridos os requisitos até 31.12.2005) ou em 5% por ano (se cumpridos os requisitos após 01.01.2006).

Caso o servidor preencha os requisitos para se aposentar por esta regra de transição, mas opte em permanecer em atividade, fará jus a um abono de permanência equivalente ao valor de sua contribuição previdenciária.

O artigo 2º, § 3º, da Emenda 41/2003, ainda traz uma regra de transição para beneficiar os magistrados e membros do Ministério Público do sexo masculino, que antes se aposentavam com 30 anos de serviço e 05 anos de judicatura ou de atividade no *parquet*, tendo o tempo de serviço exercido até a data de publicação da Emenda Constitucional nº 20 contado com acréscimo de 17%, apenas para fins da aposentadoria com base na cabeça do artigo.

Também para a utilização desta regra de transição, o artigo 2º, § 4º, da Emenda 41/2003, ainda contempla um benefício em favor dos professores vinculados ao RPPS, ingressos antes da Emenda 20/98, permitindo o acréscimo do tempo de serviço prestado até 16.12.1998 de 17%, se homem, ou de 20%, se mulher, desde que se aposente, exclusivamente, com tempo de efetivo exercício nas funções de magistério.

Por fim, o reajuste do benefício dar-se-á pelo INPC, índice aplicável ao RGPS por força do artigo 41-A da Lei 8.213/91, aplicável por força do artigo 15 da Lei 10.887/2004.

14.2. REGRA DE TRANSIÇÃO DO ARTIGO 6º DA EMENDA 41/2003

> **Emenda 41/2003 – Art. 6º** Ressalvado o direito de opção à aposentadoria pelas normas estabelecidas pelo art. 40 da Constituição Federal

ou pelas regras estabelecidas pelo art. 2º desta Emenda, o servidor da União, dos Estados, do Distrito Federal e dos Municípios, incluídas suas autarquias e fundações, que tenha ingressado no serviço público até a data de publicação desta Emenda poderá aposentar-se com proventos integrais, que corresponderão à totalidade da remuneração do servidor no cargo efetivo em que se der a aposentadoria, na forma da lei, quando, observadas as reduções de idade e tempo de contribuição contidas no § 5º do art. 40 da Constituição Federal, vier a preencher, cumulativamente, as seguintes condições:

I – sessenta anos de idade, se homem, e cinqüenta e cinco anos de idade, se mulher;

II – trinta e cinco anos de contribuição, se homem, e trinta anos de contribuição, se mulher;

III – vinte anos de efetivo exercício no serviço público; e

IV – dez anos de carreira e cinco anos de efetivo exercício no cargo em que se der a aposentadoria.

Emenda 47/2005: Art. 2º Aplica-se aos proventos de aposentadorias dos servidores públicos que se aposentarem na forma do caput do art. 6º da Emenda Constitucional nº 41, de 2003, o disposto no art. 7º da mesma Emenda.

Esta regra de transição vigorou para os servidores do Estado de São Paulo até **7 de março de 2020,** data da publicação da Lei Complementar nº 1.354, de 06/03/2020, devendo esta data ser o recorte para aferição de formação do direito adquirido.

A Emenda 41/2003 extinguiu a integralidade remuneratória entre ativos e inativos, devendo os benefícios no RPPS ser calculados com base nas remunerações corrigidas, equivalentes a 80% do período contributivo, nos termos do artigo 1º da Lei 10.887/2004.

Entrementes, havia uma regra de transição para os servidores que ingressaram no serviço público até a data de publicação da Emenda 41, ocorrida em 31.12.2003, que garante a integralidade e paridade remuneratória entre ativos e inativos, no seu artigo 6º.

A **paridade remuneratória** consiste no direito dos aposentados e pensionistas de verem seus benefícios revisados na mesma proporção e na mesma data, sempre que se modificar a remuneração dos servidores em atividade, sendo também estendidos aos aposentados e pensionistas quaisquer benefícios ou vantagens posteriormente concedidos aos servidores em atividade, inclusive quando decorrentes da transformação ou reclassificação do cargo ou função em que se deu a aposentadoria ou que serviu de referência para a concessão da pensão.

Já a **integralidade** é o direito do servidor de se aposentar com a mesma remuneração do cargo efetivo em que se operar a sua aposentadoria, tendo sido o instituto extinto pela EC 41/2003 e mantido apenas em regra de transição.

Neste caso, deverá o servidor público contar com os requisitos tradicionais para se aposentar (60 anos de idade e 35 anos de contribuição, se homem, e 55 anos de idade e 30 anos de contribuição, se mulher), bem como com 20 anos de efetivo exercício no serviço público, 10 anos na carreira e 05 anos de efetivo exercício no cargo em que se der a aposentadoria.

Nos termos do entendimento do STF, "os servidores que ingressaram no serviço público antes da EC 41/2003, mas que se aposentaram após a referida emenda, possuem direito à paridade remuneratória e à integralidade no cálculo de seus proventos, desde que observadas as regras de transição especificadas nos arts. 2º e 3º da EC 47/2005." (RE 590.260, Rel. Min. Ricardo Lewandowski, julgamento em 24-6-2009, Plenário, *DJE* de 23-10-2009, com repercussão geral).

No entanto, de acordo com o STF, não há direito dos aposentados com integralidade a extensão de gratificações *pro labore faciendo*, o que representa uma brecha para a criação de novas gratificações pelo Poder Público em prejuízo dos inativos com o objetivo de não extensão:

> "Segundo agravo regimental em recurso extraordinário com agravo. **2. Gratificação de desempenho de atividade de perícia médica previdenciária – GDAPMP. Ofensa à garantia constitucional da integralidade (art. 3º da EC nº 47/2005). Inocorrência. 3. Natureza pro labore faciendo da gratificação.** 4. Ausência de argumentos suficientes a infirmar a decisão recorrida. 5. Agravo regimental a que se nega provimento" (**RE 895879 AgR-, de 21/10/2015).**

"Agravo regimental no recurso extraordinário com agravo. Direito Administrativo. Gratificação de desempenho de atividade médico-pericial (GDAMP). Manutenção da pontuação após a adoção dos critérios de avaliação. Prequestionamento. Ausência. Princípio da prestação jurisdicional. Ofensa reflexa. Fatos e provas. Reexame. Legislação infraconstitucional. Análise. Impossibilidade. Precedentes. 1. Não se admite o recurso extraordinário quando os dispositivos constitucionais que nele se alega violados não estão devidamente prequestionados. Incidência das Súmulas nºs 282 e 356/STF. 2. A afronta aos princípios da legalidade, do devido processo legal, da ampla defesa e do contraditório, dos limites da coisa julgada e da prestação jurisdicional, quando depende, para ser reconhecida como tal, da análise de normas infraconstitucionais, configura apenas ofensa indireta ou reflexa à Constituição Federal. 3. Inadmissível, em recurso extraordinário, o reexame dos fatos e das provas dos autos e a análise da legislação infraconstitucional. Incidência das Súmulas nºs 279 e 636/STF. **4. A jurisprudência da Corte assentou que o direito à paridade dos servidores inativos com relação às gratificações de natureza propter laborem ocorre somente até que sejam processados os resultados das primeiras avaliações de desempenho.** 5. Agravo regimental não provido" (**ARE 881868 AgR**, de 27/10/2015).

No mesmo sentido o TCU:

Acórdão 3347/2015 Plenário (Revisão de Ofício, Relator Ministro Vital do Rêgo)

Pessoal. Aposentadoria. Proventos.

O direito à paridade dos servidores inativos com relação às gratificações de natureza *pro labore faciendo* permanece somente até que sejam processados os resultados das primeiras avaliações de desempenho. Não caracteriza violação do direito à irredutibilidade de vencimentos a adequação dos proventos ao valor fixado em lei a partir do referido marco.

Outrossim, na hipótese de aposentado em carreira ulteriormente extinta por nova lei, assentou o STF que **o direito à paridade não abarca o direito de migração à última classe da novel carreira**, mesmo que aposentado no ápice da carreira extinta:

RE 606199 / PR – PARANÁ

RECURSO EXTRAORDINÁRIO

Relator(a): Min. TEORI ZAVASCKI

Julgamento: 09/10/2013

Publicação: 07/02/2014

Órgão julgador: Tribunal Pleno

Ementa

Ementa: CONSTITUCIONAL. ADMINISTRATIVO. EXTENSÃO, A SERVIDORES APOSENTADOS, DE VANTAGENS CONCEDIDAS A SERVIDORES ATIVOS. REESTRUTURAÇÃO DE CARREIRA. ARTIGO 40, § 8º, DA CONSTITUIÇÃO (REDAÇÃO ANTERIOR À EC 41/03). INEXISTÊNCIA DE DIREITO ADQUIRIDO A REGIME JURÍDICO. PECULIARIDADES DA REESTRUTURAÇÃO DA CARREIRA DECORRENTE DA LEI 13.666/02 DO ESTADO DO PARANÁ. RECURSO EXTRAORDINÁRIO PARCIALMENTE PROVIDO. **1. Segundo a jurisprudência firmada em ambas as Turmas do STF, não há direito adquirido a regime jurídico. Assim, desde que mantida a irredutibilidade, não tem o servidor inativo, embora aposentado na última classe da carreira anterior, o direito de perceber proventos correspondentes aos da última classe da nova carreira, reestruturada por lei superveniente.** Precedentes. 2. Todavia, relativamente à reestruturação da carreira disciplinada pela Lei 13.666/02, do Estado do Paraná, assegura-se aos servidores inativos, com base no artigo 40, § 8º, da Constituição Federal (redação anterior à da EC 41/03), o direito de ter seus proventos ajustados, em condições semelhantes aos servidores da ativa, com base nos requisitos objetivos decorrentes do tempo de serviço e da titulação, aferíveis até a data da inativação. 3. Recurso extraordinário a que se dá parcial provimento.

14.3. REGRA DE TRANSIÇÃO DO ARTIGO 6º-A DA EMENDA 41/2003

Emenda 41/2003 – Art. 6º-A. O servidor da União, dos Estados, do Distrito Federal e dos Municípios, incluídas suas autarquias e fundações,

> que tenha ingressado no serviço público até a data de publicação desta Emenda Constitucional e que tenha se aposentado ou venha a se aposentar por invalidez permanente, com fundamento no inciso I do § 1º do art. 40 da Constituição Federal, tem direito a proventos de aposentadoria calculados com base na remuneração do cargo efetivo em que se der a aposentadoria, na forma da lei, não sendo aplicáveis as disposições constantes dos §§ 3º, 8º e 17 do art. 40 da Constituição Federal. (Incluído pela Emenda Constitucional nº 70, de 2012)
>
> Parágrafo único. Aplica-se ao valor dos proventos de aposentadorias concedidas com base no caput o disposto no art. 7º desta Emenda Constitucional, observando-se igual critério de revisão às pensões derivadas dos proventos desses servidores. (Incluído pela Emenda Constitucional nº 70, de 2012)

Esta regra de transição vigorou para os servidores do Estado de São Paulo até **7 de março de 2020,** data da publicação da Lei Complementar nº 1.354, de 06/03/2020, devendo esta data ser o recorte para aferição de formação do direito adquirido (data da invalidez).

Por força da **Emenda Constitucional 70**, de 29 de março de 2012, que introduziu o **artigo 6º-A na EC 41/2003**, aos servidores efetivos que tenham ingressado no serviço público até a data da publicação da Emenda 41/2003 (31.12.2003), existe uma fórmula especial para calcular a aposentadoria por invalidez.

De efeito, para esses servidores mais antigos e que tenham se aposentado ou venham a se aposentar por invalidez permanente, foi assegurado o **direito a proventos de aposentadoria calculados com base na remuneração do cargo efetivo em que se der a aposentadoria**, e não nas demais contribuições para o RPPS ou RGPS.

Logo, **apenas a remuneração do cargo efetivo em que se der a aposentação por invalidez será considerada no cálculo do benefício**, sendo que a Emenda 70 não trouxe qualquer inovação no que concerne aos proventos proporcionais, que continuam sendo a regra, salvo se a invalidez decorrer de acidente em serviço, moléstia profissional ou doença grave, contagiosa ou incurável.

Outra inovação da Emenda 70 foi à aplicação do artigo 7º, da Emenda 41/2003 (paridade), às referidas aposentadorias por invalidez dos servidores que ingressaram no serviço público até 31.12.2003, **cujos benefícios serão revistos na mesma proporção e na mesma data**, sempre que se modificar a remuneração dos **servidores em atividade**, regra aplicável às pensões por morte decorrentes das aposentadorias por invalidez em comento.

Nesse sentido, o entendimento do TCU:

> **Acórdão 9807/2015 Segunda Câmara** (Pensão Civil, Relator Ministro Vital do Rêgo)
>
> Pessoal. Pensão civil. Paridade.
>
> As pensões instituídas por servidores aposentados por invalidez permanente, e que tenham ingressado no serviço público federal antes da vigência da EC 41/03 (31/12/03), devem ser reajustadas pela regra da paridade com a remuneração dos servidores ativos (EC 70/12).
>
> **Acórdão 9205/2017 Segunda Câmara** (Pensão Civil, Relator Ministro-Substituto André de Carvalho)
>
> Pessoal. Pensão civil. Redutor. Integralização. Aposentadoria por invalidez.
>
> Não há integralidade para pensão instituída por servidor aposentado por invalidez permanente (art. 40, § 1º, inciso I, da **Constituição Federal**). O art. 6º-A, parágrafo único, da **EC 41/2003**, incluído pela **EC 70/2012,** assegura que o servidor aposentado por invalidez tenha paridade no reajuste da correspondente aposentadoria ou pensão. Contudo, não assegura integralidade para a pensão, que permanece sujeita ao redutor de 30% previsto no art. 40, § 7º, inciso I, da Constituição Federal.

Ainda foi prevista uma revisão administrativa a ser procedida em até 180 dias após a publicação da citada reforma constitucional, pois as aposentadorias por invalidez já concedidas aos servidores efetivos que ingressaram no serviço público até 31.12.2003 deverão ser revistas de acordo com as regras da Emenda 70/2012, mas com efeitos financeiros somente a contar da sua promulgação.

Nesse sentido, o STF firmou tese em repercussão geral no RE 924.456 no sentido de que "os efeitos financeiros das revisões de aposentadoria concedidas com base no artigo 6º-A da Emenda Constitucional 41/2003, introduzido pela Emenda Constitucional 70/2012, somente se produzirão a partir da data de sua promulgação (30/3/2012), e não desde o início da data da inatividade".

14.4. REGRA DE TRANSIÇÃO DO ARTIGO 3º DA EMENDA 47/2005

Emenda 47/2005 – Art. 3º Ressalvado o direito de opção à aposentadoria pelas normas estabelecidas pelo art. 40 da Constituição Federal ou pelas regras estabelecidas pelos arts. 2º e 6º da Emenda Constitucional nº 41, de 2003, o servidor da União, dos Estados, do Distrito Federal e dos Municípios, incluídas suas autarquias e fundações, que tenha ingressado no serviço público até 16 de dezembro de 1998 poderá aposentar-se com proventos integrais, desde que preencha, cumulativamente, as seguintes condições:

I – trinta e cinco anos de contribuição, se homem, e trinta anos de contribuição, se mulher;

II – vinte e cinco anos de efetivo exercício no serviço público, quinze anos de carreira e cinco anos no cargo em que se der a aposentadoria;

III – idade mínima resultante da redução, relativamente aos limites do art. 40, § 1º, inciso III, alínea "a", da Constituição Federal, de um ano de idade para cada ano de contribuição que exceder a condição prevista no inciso I do caput deste artigo.

Parágrafo único. Aplica-se ao valor dos proventos de aposentadorias concedidas com base neste artigo o disposto no art. 7º da Emenda Constitucional nº 41, de 2003, observando-se igual critério de revisão às pensões derivadas dos proventos de servidores falecidos que tenham se aposentado em conformidade com este artigo.

Emenda 41/2003 – Art. 7º Observado o disposto no art. 37, XI, da Constituição Federal, os proventos de aposentadoria dos servidores públicos titulares de cargo efetivo e as pensões dos seus dependentes pagos pela União, Estados, Distrito Federal e Municípios, incluídas suas autarquias e fundações, em fruição na data de publicação desta Emenda, bem como os proventos de aposentadoria dos servidores e as pensões

> dos dependentes abrangidos pelo art. 3º desta Emenda, serão revistos na mesma proporção e na mesma data, sempre que se modificar a remuneração dos servidores em atividade, sendo também estendidos aos aposentados e pensionistas quaisquer benefícios ou vantagens posteriormente concedidos aos servidores em atividade, inclusive quando decorrentes da transformação ou reclassificação do cargo ou função em que se deu a aposentadoria ou que serviu de referência para a concessão da pensão, na forma da lei.

Esta regra de transição vigorou para os servidores do Estado de São Paulo até **7 de março de 2020,** data da publicação da Lei Complementar nº 1.354, de 06/03/2020, devendo esta data ser o recorte para aferição de formação do direito adquirido.

Posteriormente, a Emenda 47/2005 trouxe nova regra de transição, que veio a se somar com a anterior, cabendo ao servidor optar pela mais vantajosa, inserta no seu artigo 3º, que garante aposentadoria com proventos integrais aos servidores ingressos antes da Emenda 20 (até 16.12.98), desde que preencham, cumulativamente, os seguintes requisitos:

> "I – trinta e cinco anos de contribuição, se homem, e trinta anos de contribuição, se mulher;
>
> II – vinte e cinco anos de efetivo exercício no serviço público, quinze anos de carreira e cinco anos no cargo em que se der a aposentadoria;
>
> III – idade mínima resultante da redução, relativamente aos limites do art. 40, § 1º, inciso III, alínea "a", da Constituição Federal, de um ano de idade para cada ano de contribuição que exceder a condição prevista no inciso I do *caput* deste artigo".

Logo, por esta regra de transição, conhecida como regra 95 para os homens ou regra 85 para as mulheres, desde que o servidor tenha ingressado no serviço público até a data de publicação (16.12.1998) da Emenda 20 e tenha atingido o tempo mínimo de contribuição para se aposentar com proventos integrais, contando com 25 anos de serviço público, 15 anos de carreira e 05 anos no cargo a se aposentar, haverá a redução de um ano de idade para cada ano de contribuição que extrapolar 35 anos (homem) ou 30 anos (mulher).

Esta regra de transição não traz tratamento diferenciado aos professores do ensino básico. Daí que, de acordo com o TCU, "**no que toca ao fundamento contido no art. 3º da EC 47/2005, comungo da análise empreendida pela unidade técnica no sentido de que ele não pode ser aplicado em conjunto com o já discorrido art. 40, § 5º, da CF, pois aquele deve ser entendido como a regra específica para os professores e esse a regra comum para os demais servidores públicos que estavam em atividade em 16/12/1998**" (ACÓRDÃO 2825/2009 – TCU – 2ª Câmara), negando o registro da aposentadoria.

Entende-se que a Constituição deve ser interpretada de modo teleológico e com arrimo no Princípio da Unidade, daí ser razoável a redução em cinco anos na idade e tempo de contribuição do professor do ensino básico nessa regra 85/95.

O tema não foi julgado pelos tribunais superiores e é bastante divergente entre os Tribunais de Justiça, cabendo ao STF definir o alcance do texto constitucional.

De acordo com o TCU "no preenchimento do requisito tempo mínimo na carreira, para fins de aposentadoria, somente pode ser considerado o tempo de serviço prestado nos cargos de mesma atribuição, ainda que em classes distintas. É irregular a soma do tempo de serviço prestado em carreiras constituídas pelos cargos de Técnico Judiciário e Analista Judiciário para atingir esse limite mínimo"[4].

Suponha-se que um servidor do sexo masculino, nesta situação, conte com 40 anos de contribuição. Neste caso, ele terá direito a uma redução de 05 anos na idade, podendo se aposentar com 55 anos de idade, desde que nessa idade tenha 40 anos de contribuição (40 + 55 = 95), sem direito ao abono de permanência, caso opte em permanecer na ativa.

4. Acórdão 2294/2014 Primeira Câmara (Aposentadoria, Relator Ministro-Substituto Augusto Sherman).

Isso porque, diferentemente do quanto previsto na Emenda 41/2003, a Emenda 47/2005 não previu (expressamente) a concessão do abono de permanência aos servidores que já preencheram as regras de transição do seu artigo 3º e já poderiam estar aposentados, mas optaram em permanecer em atividade.

No entanto, considerando a irrazoabilidade da não previsão do abono nesta hipótese, construiu-se a tese da aplicação da regra permanente do artigo 40, § 19, da Constituição para a sua concessão:

> "ADMINISTRATIVO. CONSTITUCIONAL. APELAÇÃO EM MANDADO DE SEGURANÇA. SERVIDOR PÚBLICO. PREENCHIMENTO DOS REQUISITOS PARA APOSENTADORIA ESPECIAL. ABONO DE PERMANÊNCIA DO ARTIGO 40, § 19 DA CONSTITUIÇÃO. REGRA DO CORPO PERMANENTE DO TEXTO CONSTITUCIONAL APLICÁVEL À APOSENTADORIA PREVISTA NA EC 47/2005. DESNECESSIDADE. RECURSO PROVIDO. 1. Apelação interposta contra sentença que denegou mandado de segurança impetrado contra ato do Superintendente Federal de Agricultura do Ministério da Agricultura no Mato Grosso do Sul, que negou ao impetrante, fiscal federal agropecuário, o direito ao pagamento do abono de permanência previsto nos artigos 40, § 19, da Constituição Federal, art. 3º, § 1º, da EC 20/1998, e art. 2º, da EC 41/2003. 2. É incontroverso que o impetrante preenche os requisitos para a aposentadoria voluntária com proventos integrais, com base no art. 3º da Emenda Constitucional nº 47/2005. **A discussão cinge-se a possibilidade de concessão do abono de permanência, sustentando a Administração que, diferentemente do que ocorreu na EC nº 20/1998 e na EC nº 41/2003, não há previsão da referida verba no regime instituído pela EC nº 47/2005. 3. A regra do abono de permanência consta do corpo definitivo da Constituição, no § 19 do artigo 40, na redação da EC nº 41/2003. Constando do corpo definitivo da Constituição, é de se ter a norma por aplicável, sem a necessidade de que seja repetida nas emendas que dispõe sobre as regras de transição. 4. O fato de não constar da EC 47/2005 previsão de abono de permanência não leva à conclusão de que, ainda que satisfeitos os requisitos nela previstos, o servidor que continuar em atividade não fará jus ao mencionado abono. Tal conclusão somente seria válida se houvesse expressa vedação ao pagamento de tal verba na citada Emenda. Como não há, aplica-se a norma do corpo permanente da Carta, que prevê o abono para o servidor que preencher os requisitos da aposentadoria**

> **voluntária.** 5. Se a aposentadoria for voluntária, então a ela será aplicável a regra do § 19 do artigo 40 da Constituição. E aposentadoria especial por atividade insalubre ou perigosa classifica-se, indubitavelmente, como voluntária. 6. A razão de ser da regra que assegura a aposentadoria com menor tempo de contribuição para aqueles que exercem determinadas atividades não é, como equivocadamente sustentado, a de garantir que os servidores sujeitos a condições prejudiciais à saúde deixem de exercer sua atividade o quanto antes. Para que tal raciocínio fosse válido, a aposentadoria especial deveria ser compulsória, afastando o servidor, definitivamente, da atividade insalubre ou perigosa. E não é isso o que ocorre, já que a legislação permite a continuação do trabalho em atividade especial. 7. Não existe incompatibilidade lógica ao pagamento do abono de permanência ao impetrante, porque a aposentadoria, embora especial por atividade prejudicial à saúde, continua sendo voluntária. 8. Apelação provida" (TRF 3ª Região, AMS 339300, de 08/10/2013).

De sua vez, o Tribunal de Contas da União, por meio do Acórdão 698/2010-Plenário, já se posicionou pela concessão do abono de permanência nesta hipótese, assim como o artigo 86, § 2º, da Orientação Normativa MPS/SPS nº 2/2009:

> "§ 2º O recebimento do abono de permanência pelo servidor que cumpriu todos os requisitos para obtenção da aposentadoria voluntária, com proventos integrais ou proporcionais, em qualquer das hipóteses previstas nos arts. 58, 67 e 81, conforme previsto no *caput* e § 1º**, não constitui impedimento à concessão do benefício de acordo com outra regra vigente, inclusive as previstas nos arts. 68 e 69, desde que cumpridos os requisitos previstos para essas hipóteses, garantida ao segurado a opção pela mais vantajosa**".

Inclusive, transcreve-se passagem da Consulta formulada ao TCU na TC 011.665/2012-2, na sessão de 13 de junho de 2012:

> "23. Essa nova regra de transição ofereceu àqueles que ingressaram no serviço público até 16/12/1998 e tivessem mais de 25 anos de serviço público, quinze anos na carreira e cinco no cargo (representando um aumento de exigências em relação à regra estabelecida no art. 6º da EC nº 41/2003) a possibilidade de, uma vez completado o tempo mínimo de contribuição, aplicar um redutor correspondente a cada ano de

contribuição que excedesse o tempo mínimo. Nenhuma palavra é dita quanto ao abono de permanência na EC nº 47/2005, possivelmente porque o foco do legislador quanto ao art. 40 da CF seria não a alteração das regras para aposentadoria, mas o estabelecimento de exceções à regra geral, com a inserção de mecanismos que beneficiassem os servidores deficientes, que exercem atividades perigosas/insalubres ou que já tivessem completado o tempo mínimo de contribuição, mas não a idade mínima.

24. Apesar de tal silêncio, o que se vê claramente foi a intenção do legislador, ao longo do tempo, em desestimular aposentadorias precoces ou, por outro diapasão, incentivar a permanência em atividade do servidor que já tivesse preenchido os requisitos para aposentadoria voluntária, seja na forma inicial de isenção da contribuição previdenciária, seja por meio da concessão do abono de permanência, até completarem setenta anos de idade, quando seriam compulsoriamente aposentados.

25. O próprio Acórdão 698/2010-TCU-Plenário, mencionado pela autoridade consulente, manifestou, por meio do Voto que o suporta, o entendimento de que 'o abono de permanência foi criado como forma de incentivo para que o servidor permaneça em atividade, retardando a aposentadoria em contrapartida à inexigibilidade de pagamento da contribuição previdenciária', 'a concessão do benefício representa uma economia aos cofres públicos, pois, continuando o agente público em atividade, a Administração não teria que lhe pagar proventos de aposentadoria e nem necessidade de promover nova admissão, com vistas a preencher o cargo que ficaria vago caso o servidor optasse por se aposentar' e, 'ao mesmo tempo, institui-se um incentivo para que se possa contar com uma força de trabalho supostamente capacitada e experimentada na atividade'. Desse modo, 'adotar uma interpretação restritiva dos dispositivos constitucionais que regulam a questão seria caminhar no sentido de apequenar a eficácia do instituto do abono de permanência, contrastando com a própria finalidade dos ditames presentes na Carta Magna. Assim, a interpretação que mais tutela os interesses dos servidores e da Administração é a que protege a meta, o sentido (télos) dos dispositivos sob análise', garantindo 'o referido direito para aqueles que, mesmo podendo se aposentar de forma voluntária com base no art. 2º da EC nº 41/2003, mantenham-se na atividade', bem como 'o pagamento do dito benefício para aqueles que reúnem condições para se inativar sob as regras vigentes até a edição da referida EC nº 41/2003, desde que se mantenham em atividade', ficando evidente 'que o legislador constitucional ao criar a figura do abono de permanência, no âmbito da EC nº 41/2003, teve a intenção de estendê-la a todas as hipóteses

de aposentadoria voluntária, vigentes àquela época, seja em âmbito constitucional, seja em âmbito legal, em respeito ao direito adquirido até então', e portanto 'não se mostra razoável a interpretação que afasta a possibilidade de conceder tratamento isonômico aos servidores policiais [hipótese de que então se tratava], para se buscar interpretação mais restritiva no sentido de que, caso optem por permanecerem em atividade após a implementação da condição para aposentadoria voluntária, nos termos da lei especial, devam fazê-lo sem direito à percepção do abono permanência, até que atinjam os sessenta anos de idade e trinta e cinco de contribuição, se homem, e cinquenta e cinco anos de idade e trinta de contribuição, se mulher, conforme estipula o art. 40, § 1º, III, 'a', da Constituição Federal, o qual faz menção expressa ao § 19, do próprio art. 40 da Constituição Federal'. Desse modo, 'não há justa razão para que alguns servidores públicos com direito à aposentadoria voluntária, ainda que especial, ao optarem por continuar trabalhando até a aposentadoria compulsória, deixem de receber o abono de permanência, enquanto outros, submetidos ao mesmo regime de previdência, fazem jus ao benefício caso permaneçam na ativa', e 'a única forma de harmonizar o § 19 do art. 40 da CF aos princípios e valores constitucionais, entre os quais a eficiência administrativa e, sobretudo, a isonomia, é aceitar a tese de que o que justifica o pagamento do abono de permanência aos servidores sujeitos à aposentadoria especial é o seu direito à aposentadoria voluntária que, nesse caso, deve prevalecer à literalidade do texto do dispositivo".

Este entendimento foi confirmado pelo Plenário do TCU em 2013:

ACÓRDÃO 1078/2013 Plenário

Recurso. Administrativo. Abono de permanência.

Concessão do benefício do abono de permanência em hipóteses não expressamente previstas na Constituição. É possível, em interpretação teleológica, estender o benefício para além dos casos expressamente previstos no § 19 do art. 40 da Constituição e no § 5º do art. 2º da Emenda Constitucional 41/2003, eis que a referida Emenda objetivou conceder aos servidores públicos a faculdade de continuar em atividade após preenchidos os requisitos de aposentação, sem excluir aqueles regulados por regras especiais, e conceder-lhes um benefício que, em última instância, desonera o próprio sistema previdenciário. Recurso provido.

15

NOVAS REGRAS DE TRANSIÇÃO DA EMENDA ESTADUAL 49/2020

Para os servidores públicos do Estado de São Paulo filiados ao RPPS até a data de publicação da Emenda Estadual 49 ocorrida em **07 de março de 2020**, haverá a incidência das regras de transição inauguradas pela reforma estadual da previdência, que podem ser assim sintetizadas:

A) **Artigo 10º** – servidor comum e professor do ensino básico – regra de pontuação;

B) **Artigo 11º** – servidor comum e professor do ensino básico – regra de "pedágio";

C) **Artigo 12º** – policiais civis e penais;

D) **Artigo 13º** – Servidores expostos a agentes nocivos.

Vale ainda salientar que deve ser avaliado o regramento permanente, pois poderá ser mais favorável ao servidor do que as regras de transição, em especial no que tange aos servidores mais jovens, devendo ser aplicada a regra de gere o melhor cenário ao servidor do Estado de São Paulo.

15.1. REGRA DE TRANSIÇÃO DO ARTIGO 10 DA LEI COMPLEMENTAR 1.354/2020 – REGRA COMUM E PROFESSORES DO ENSINO BÁSICO

Artigo 10 – O servidor que tenha ingressado no serviço público, com vinculação ao Regime Próprio de Previdência Social, até a data de entrada em vigor desta lei complementar, poderá aposentar-se voluntariamente quando preencher, cumulativamente, os seguintes requisitos:

I – 56 (cinquenta e seis) anos de idade, se mulher, e 61 (sessenta e um) anos de idade, se homem, observado o disposto no § 1°;

II – 30 (trinta) anos de contribuição, se mulher, e 35 (trinta e cinco) anos de contribuição, se homem;

III – 20 (vinte) anos de efetivo exercício de serviço público;

IV – 5 (cinco) anos no cargo efetivo, nível ou classe em que for concedida a aposentadoria;

V – somatório da idade e do tempo de contribuição, incluídas as frações, equivalente a 86 (oitenta e seis) pontos, se mulher, e 96 (noventa e seis) pontos, se homem, observado o disposto nos §§ 2° e 3°.

§ 1° – A partir de 1° de janeiro de 2022, a idade mínima a que se refere o inciso I deste artigo será elevada para 57 (cinquenta e sete) anos de idade, se mulher, e 62 (sessenta e dois) anos de idade, se homem.

§ 2° – A partir de 1° de janeiro de 2020, a pontuação a que se refere o inciso V deste artigo será acrescida a cada ano de 1 (um) ponto, até atingir o limite de 100 (cem) pontos, se mulher, e de 105 (cento e cinco) pontos, se homem.

§ 3° – A idade e o tempo de contribuição serão apurados em dias para o cálculo do somatório de pontos a que se refere o inciso V deste artigo e o § 2°.

§ 4° – Para o titular do cargo de professor que comprovar exclusivamente tempo de efetivo exercício das funções de magistério na educação infantil, no ensino fundamental ou médio, os requisitos de idade e de tempo de contribuição a que se referem os incisos I e II deste artigo serão:

1 – 51 (cinquenta e um) anos de idade, se mulher, e 56 (cinquenta e seis) anos de idade, se homem;

2 – 25 (vinte e cinco) anos de contribuição, se mulher, e 30 (trinta) anos de contribuição, se homem;

3 – 52 (cinquenta e dois) anos de idade, se mulher, e 57 (cinquenta e sete) anos de idade, se homem, a partir de 1° de janeiro de 2022.

§ 5° – O somatório da idade e do tempo de contribuição de que trata o inciso V deste artigo, para o servidor a que se refere o § 4°, incluídas as frações, será equivalente a:

1 – 81 (oitenta e um) pontos, se mulher, e 91 (noventa e um), se homem;

2 – a partir de 1° de janeiro de 2020, será aplicado o acréscimo de 1 (um) ponto, até atingir o limite de 92 (noventa e dois) pontos, se mulher, e de 100 (cem) pontos, se homem.

§ 6° – Os proventos das aposentadorias concedidas nos termos do disposto neste artigo corresponderão:

1 – à totalidade da remuneração do servidor público no cargo efetivo em que for concedida a aposentadoria, observado o disposto no § 8°, para o servidor público que tenha ingressado no serviço público, com vinculação ao Regime Próprio de Previdência Social, até 31 de dezembro de 2003, desde que cumpridos 5 (cinco) anos no nível ou classe em que for concedida a aposentadoria e se aposente aos:

a) 62 (sessenta e dois) anos de idade, se mulher, e 65 (sessenta e cinco) anos de idade, se homem;

b) 57 (cinquenta e sete) anos de idade, se mulher, e 60 (sessenta) anos de idade, se homem, para os titulares do cargo de professor de que trata o § 4°.

2 – a 60% (sessenta por cento) da média aritmética definida na forma prevista no "caput" e §§ 1°, 2° e 3° do artigo 7°, com acréscimo de 2% (dois por cento) para cada ano de contribuição que exceder o tempo de 20 (vinte) anos de contribuição, para o servidor não contemplado neste parágrafo.

§ 7° – Os proventos das aposentadorias concedidas nos termos do disposto neste artigo não serão inferiores ao valor a que se refere o § 2° do artigo 201 da Constituição Federal e serão reajustados:

> 1 – na mesma proporção e na mesma data, sempre que se modificar a remuneração dos servidores em atividade, sendo também estendidos aos aposentados quaisquer benefícios ou vantagens posteriormente concedidos aos servidores em atividade, excetuados aqueles vinculados a indicadores de desempenho, produtividade ou similar e incluídos os decorrentes da transformação ou reclassificação do cargo ou função em que se deu a aposentadoria, na forma da lei, se concedidas nos termos do disposto no item 1 do § 6°;
>
> 2 – na mesma data utilizada para fins de reajuste dos benefícios do Regime Geral de Previdência Social, com base no Índice de Preços ao Consumidor – IPC, apurado pela Fundação Instituto de Pesquisas Econômicas – FIPE, se concedidas na forma prevista no item 2 do § 6°.
>
> § 8° – Considera-se remuneração do servidor público no cargo efetivo, para fins de cálculo dos proventos de aposentadoria que tenham fundamento no disposto no item 1 do § 6°, o valor constituído pelo subsídio, pelo vencimento e pelas vantagens pecuniárias permanentes do cargo, estabelecidos em lei, acrescidos dos adicionais de caráter individual e das vantagens pessoais permanentes, observados os demais critérios legais.
>
> § 9° – Os proventos das aposentadorias concedidas nos termos do item 1 do § 6° não poderão exceder a remuneração do respectivo servidor, no cargo efetivo em que for concedida a aposentadoria.

A regra do art. 10 da Lei Complementar 1.354/2020 foi inspirada no art. 4º da Emenda Constitucional 103/2019, com leves modificações. Vejamos:

> "Artigo 10 – O servidor que tenha ingressado no serviço público, com vinculação ao Regime Próprio de Previdência Social, até a data de entrada em vigor desta lei complementar, poderá aposentar-se voluntariamente quando preencher, cumulativamente, os seguintes requisitos:
>
> I – 56 (cinquenta e seis) anos de idade, se mulher, e 61 (sessenta e um) anos de idade, se homem, observado o disposto no § 1°;
>
> II – 30 (trinta) anos de contribuição, se mulher, e 35 (trinta e cinco) anos de contribuição, se homem;

III – 20 (vinte) anos de efetivo exercício de serviço público;

IV – 5 (cinco) anos no cargo efetivo, nível ou classe em que for concedida a aposentadoria;

V – somatório da idade e do tempo de contribuição, incluídas as frações, equivalente a 86 (oitenta e seis) pontos, se mulher, e 96 (noventa e seis) pontos, se homem, observado o disposto nos §§ 2º e 3º".

Trata-se de uma regra de aposentação destinada ao servidor que tenha ingressado no serviço público com veiculação ao regime próprio até a vigência da Lei Complementar 1.354/2020.

Para se valer dessa regra o servidor comum precisa completar 30 e 35 anos de contribuição e 56 e 61 anos de idade, a mulheres e homens, respectivamente. Ademais, precisa completar 20 anos de efetivo exercício no serviço público, bem como 5 anos no cargo efetivo e pontuação referente à soma da idade e do tempo de contribuição equivalente a 87 e 97 pontos, para mulheres e homens, respectivamente.

Note-se que a pontuação parte dos 87 e 97 pontos, tendo em vista a progressão na pontuação prevista no parágrafo segundo já a contar do ano de 2020.

Os requisitos dessa regra de transição serão elevados com o passar do tempo. A idade foi elevada para 62 se homem e 57 se mulher a partir de janeiro de 2022 e a pontuação está sendo elevada à razão de 1 ponto por ano a partir de janeiro de 2020, até finalizar em 105 pontos para os homens (2028) e em 100 pontos para as mulheres (2033), conforme tabela abaixo:

ANO	HOMENS	MULHERES
1/1/2020	97	87
1/1/2021	98	88
1/1/2022	99	89
1/1/2023	100	90
1/1/2024	101	91

ANO	HOMENS	MULHERES
1/1/2025	102	92
1/1/2026	103	93
1/1/2027	104	94
1/1/2028	**105**	95
1/1/2029	105	96
1/1/2030	105	97
1/1/2031	105	98
1/1/2032	105	99
1/1/2033	105	**100**

Essa regra de transição exige uma pontuação alta, que sobe progressivamente com o passar do tempo, o que faz com que essa regra possa ser desvantajosa frente à regra permanente, sobretudo para servidores que ainda estão longe de completar os requisitos.

As frações devem ser consideradas, de modo que o cálculo matemático deverá converter a idade e o tempo de contribuição em dias.

Também há uma regra de transição própria do professor do ensino básico:

> Art. 10 da Lei Complementar estadual 1.354/2020:
>
> [...]
>
> "§ 4º – Para o titular do cargo de professor que comprovar exclusivamente tempo de efetivo exercício das funções de magistério na educação infantil, no ensino fundamental ou médio, os requisitos de idade e de tempo de contribuição a que se referem os incisos I e II deste artigo serão:
>
> 1 – 51 (cinquenta e um) anos de idade, se mulher, e 56 (cinquenta e seis) anos de idade, se homem;
>
> 2 – 25 (vinte e cinco) anos de contribuição, se mulher, e 30 (trinta) anos de contribuição, se homem;

> 3 – 52 (cinquenta e dois) anos de idade, se mulher, e 57 (cinquenta e sete) anos de idade, se homem, a partir de 1º de janeiro de 2022".

A regra de aposentação exige 51 ou 56 anos de idade, 25 ou 30 anos de contribuição, mulheres e homens, respectivamente, com tempo de contribuição exclusivamente no ensino básico, com elevação etária para 52 e 57 anos, mulheres e homens, desde o ano de 2022.

Ademais, se aplica a regra de pontuação uma progressão, conforme tabela que se segue, iniciando o homem em 91 e finalizando em 100 pontos (2028), ao passo que as mulheres professoras do ensino básico inicial em 81 pontos e finalizarão em 92 pontos (2030):

> Art. 10 da Lei Complementar estadual 1.354/2020:
>
> [...]
>
> "§ 5º – O somatório da idade e do tempo de contribuição de que trata o inciso V deste artigo, para o servidor a que se refere o § 4º, incluídas as frações, será equivalente a:
>
> 1 – 81 (oitenta e um) pontos, se mulher, e 91 (noventa e um), se homem;"
>
> 2 – a partir de 1º de janeiro de 2020, será aplicado o acréscimo de 1 (um) ponto, até atingir o limite de 92 (noventa e dois) pontos, se mulher, e de 100 (cem) pontos, se homem".

ANO	HOMENS	MULHERES
Até 31/12/2019	91	81
1/1/2020	92	82
1/1/2021	93	83
1/1/2022	94	84
1/1/2023	95	85
1/1/2024	96	86
1/1/2025	97	87

ANO	HOMENS	MULHERES
1/1/2026	98	88
1/1/2027	99	89
1/1/2028	**100**	90
1/1/2029	100	91
1/1/2030	100	**92**

Note-se que a pontuação parte dos 82 e 92 pontos, tendo em vista a progressão na pontuação prevista no parágrafo segundo já a contar do ano de 2020.

O que torna essa espécie de aposentadoria vantajosa é a **integralidade** para os servidores que ingressaram no serviço público até **31.12.2003**, ou seja, os proventos das aposentadorias corresponderão a totalidade da remuneração do servidor no cargo efetivo em que for concedido aposentadoria, desde que cumpridos **5 anos no nível ou classe em que for concedida a aposentadoria.**

Note-se que essa exigência de 5 anos no cargo não está prevista na regra federal, sendo um requisito próprio do RPPS de São Paulo.

> Art. 10 da Lei Complementar estadual 1.354/2020:
>
> [...]
>
> "§ 6º – Os proventos das aposentadorias concedidas nos termos do disposto neste artigo corresponderão:
>
> 1 – à totalidade da remuneração do servidor público no cargo efetivo em que for concedida a aposentadoria, observado o disposto no § 8º, para o servidor público que tenha ingressado no serviço público, com vinculação ao Regime Próprio de Previdência Social, até 31 de dezembro de 2003, desde que cumpridos 5 (cinco) anos no nível ou classe em que for concedida a aposentadoria e se aposente aos:
>
> a) 62 (sessenta e dois) anos de idade, se mulher, e 65 (sessenta e cinco) anos de idade, se homem;
>
> b) 57 (cinquenta e sete) anos de idade, se mulher, e 60 (sessenta) anos de idade, se homem, para os titulares do cargo de professor de que trata o § 4º".

Saliente-se que o RPPS estadual não regulamentou a situação das carreiras que possuem remuneração variável:

> Art. 10 da Lei Complementar estadual 1.354/2020:
>
> [...]
>
> § 8º – Considera-se remuneração do servidor público no cargo efetivo, para fins de cálculo dos proventos de aposentadoria que tenham fundamento no disposto no item 1 do § 6º, o valor constituído pelo subsídio, pelo vencimento e pelas vantagens pecuniárias permanentes do cargo, estabelecidos em lei, acrescidos dos adicionais de caráter individual e das vantagens pessoais permanentes, observados os demais critérios legais".

A meu ver, uma solução é a utilização analógica do regramento dos servidores federais, nos termos do artigo 4º da EC 103/2019:

> "§ 8º Considera-se remuneração do servidor público no cargo efetivo, para fins de cálculo dos proventos de aposentadoria com fundamento no disposto no inciso I do § 6º ou no inciso I do § 2º do art. 20, o valor constituído pelo subsídio, pelo vencimento e pelas vantagens pecuniárias permanentes do cargo, estabelecidos em lei, acrescidos dos adicionais de caráter individual e das vantagens pessoais permanentes, observados os seguintes critérios:
>
> I – se o cargo estiver sujeito a variações na carga horária, o valor das rubricas que refletem essa variação integrará o cálculo do valor da remuneração do servidor público no cargo efetivo em que se deu a aposentadoria, considerando-se a média aritmética simples dessa carga horária proporcional ao número de anos completos de recebimento e contribuição, contínuos ou intercalados, em relação ao tempo total exigido para a aposentadoria;
>
> II – se as vantagens pecuniárias permanentes forem variáveis por estarem vinculadas a indicadores de desempenho, produtividade ou situação similar, o valor dessas vantagens integrará o cálculo da remuneração do servidor público no cargo efetivo mediante a aplicação, sobre o valor atual de referência das vantagens pecuniárias permanentes variáveis, da média aritmética simples do indicador, proporcional ao número de anos completos de recebimento e de respectiva contribuição, contínuos ou intercalados, em relação ao tempo total exigido para a aposentadoria ou, se inferior, ao tempo total de percepção da vantagem".

Há uma regra específica para os ingressaram no serviço público até de dezembro de 2003 caso desejem se aposentar com integralidade. Há um incremento do requisito etário para 62 e 65, para mulheres e homens, respectivamente, se servidores com regra comum. Para os professores do ensino básico, as idades são 57 e 60 anos.

Caso não alcance o requisito etário, ou não tenha ingressado até 31/12/2003, se aplica o coeficiente de 60% da média remuneratória, acrescida de 2 pontos percentuais para cada ano de contribuição que exceder os 20 anos:

> Art. 10 da Lei Complementar estadual 1.354/2020:
>
> [...]
>
> "a) 62 (sessenta e dois) anos de idade, se mulher, e 65 (sessenta e cinco) anos de idade, se homem;
>
> b) 57 (cinquenta e sete) anos de idade, se mulher, e 60 (sessenta) anos de idade, se homem, para os titulares do cargo de professor de que trata o § 4º.
>
> 2 – a 60% (sessenta por cento) da média aritmética definida na forma prevista no "caput" e §§ 1º, 2º e 3º do artigo 7º, com acréscimo de 2% (dois por cento) para cada ano de contribuição que exceder o tempo de 20 (vinte) anos de contribuição, para o servidor não contemplado neste parágrafo".

Dessa forma, para os servidores que não possuem direito à integralidade, deverá ser observada a **regra de média com proventos proporcionais ao tempo de contribuição**.

O cálculo dos proventos da aposentadoria é feito de acordo do artigo 7º da Lei Complementar 1.354/2020:

> "Artigo 7º – O cálculo dos proventos de aposentadoria do servidor público titular de cargo efetivo considerará a média aritmética simples das remunerações adotadas como base para as contribuições aos regimes de previdência a que o servidor esteve vinculado, atualizadas monetariamente, correspondentes a **100% (cem por cento) do período contributivo, desde a competência julho de 1994 ou desde a do início da contribuição**, se posterior àquela competência.

> § 1º – As remunerações consideradas no cálculo do valor inicial dos proventos terão os seus valores atualizados mês a mês de acordo com a variação integral do **índice fixado para a atualização dos salários-de-contribuição considerados no cálculo dos benefícios do Regime Geral de Previdência Social**.
>
> § 2º – A média a que se refere o "caput" será limitada ao valor máximo do salário de contribuição do Regime Geral de Previdência Social, para o servidor que ingressou no serviço público, em cargo efetivo, após a implantação do regime de previdência complementar".

Curiosamente, para atualização monetária dos salários, não foi utilizado o IPC, fazendo-se remissão ao INPC, índice utilizado pelo RGPS, nos termos da Lei 8.213/91:

> "Art. 41-A. O valor dos benefícios em manutenção será reajustado, anualmente, na mesma data do reajuste do salário mínimo, pro rata, de acordo com suas respectivas datas de início ou do último reajustamento, com base no Índice Nacional de Preços ao Consumidor – INPC, apurado pela Fundação Instituto Brasileiro de Geografia e Estatística – IBGE". *(Incluído pela Lei nº 11.430, de 2006)*

O Estado de São Paulo adotou a regra de descarte móvel, aduzindo que poderão ser excluídas da média as contribuições que resultem em redução do valor do benefício, desde que mantido o tempo mínimo de contribuição exigido, vedada a utilização do tempo excluído para qualquer finalidade previdenciária.

> "§ 3º – Poderão ser excluídas da média definida no "caput" as contribuições que resultem em redução do valor do benefício, desde que mantido o tempo mínimo de contribuição exigido, vedada a utilização do tempo excluído para qualquer finalidade previdenciária".

Dessa forma, é possível descartar os salários menores do período base de cálculo, a fim de obter uma renda inicial mais alta. Saliente-se que essa pode se tornar uma fonte de judicialização, uma vez que o cálculo da renda mensal inicial pode trazer incorreções por não ter havido o correto descarte das remunerações menores, mormente inexistir um sistema que realize tal descarte de forma automatizada.

Assim, o cálculo do benefício é feito através da média de cem por cento das remunerações a partir do plano real, com atualização monetária pelo INPC, aplicado o coeficiente conforme tabela abaixo, que decorre do §4º, que parte de 60% da média:

> "§ 4º – Os proventos de aposentadoria corresponderão a **60% (sessenta por cento) da média aritmética** definida na forma prevista no "caput" e no § 1º, **com acréscimo de 2 (dois) pontos percentuais para cada ano que exceder o tempo de 20 (vinte) anos de contribuição".**

IDENTIDADE HOMEM/MULHER

TEMPO DE CONTRIBUIÇÃO	COEFICIENTE
Até 20 Anos	60%
21 Anos	62%
22 Anos	64%
23 Anos	66%
24 Anos	68%
25 Anos	70%
26 Anos	72%
27 Anos	74%
28 Anos	76%
29 Anos	78%
30 Anos	80%
31 Anos	82%
32 Anos	84%
33 Anos	86%
34 Anos	88%
35 Anos	90%
36 Anos	92%
37 Anos	94%

TEMPO DE CONTRIBUIÇÃO	COEFICIENTE
38 Anos	96%
39 Anos	98%
40 Anos	100%
E assim sucessivamente	E assim sucessivamente

O Estado de São Paulo, assim como a União, não limita o teto da aposentadoria dos servidores anteriores à previdência complementar a remuneração do cargo. **Isso permite que a renda da aposentadoria possa superar a remuneração do cargo, observado o teto do funcionalismo público.**

Com lastro no artigo 72, §16, da Portaria SGP/SEDGG/ME 10.360/2022, **o valor dos proventos iniciais calculados conforme o artigo 26 da EC 103/2019 poderá ser superior à remuneração ou subsídio do cargo efetivo em que se der a aposentadoria**, ressalvado o servidor submetido ao Regime de Previdência Complementar de que trata a Lei nº 12.618, de 30 de abril de 2012:

> **"§ 16. O valor dos proventos iniciais calculados conforme este artigo pode ser superior à remuneração ou subsídio do cargo efetivo em que se der a aposentadoria, ressalvado o servidor submetido ao Regime de Previdência Complementar de que trata a Lei nº 12.618, de 30 de abril de 2012".**

Isso porque **a EC 103/2019 retirou o limitador máximo do valor da aposentadoria à remuneração do cargo efetivo em que se der a aposentação do servidor federal**, devendo apenas ser observado o teto federal do subsídio dos ministros do STF, exceto no que tange aqueles limitados ao teto do RGPS, quer porque ingressaram após o funcionamento da previdência complementar, quer porque são antigos, mas optaram pela migração de regime de previdência.

Esse entendimento se aplica ao RPPS do Estado de São Paulo, pois neste ponto incorporou as regras da EC 103/2019.

Ademais, os proventos podem ser ***ultra*** **integrais**, pois são calculados acima de cem por cento de coeficiente, se o segurado possuir a partir de 41 anos de tempo de contribuição, a exemplo do servidor com 45 anos de tempo de contribuição, que será 110% da média.

As duas regras possuem critérios de reajustamento distintos. A primeira (integralidade), que exige ingresso antes de 31/12/2003 e 62 anos de idade, se mulher, e 65 se homem (servidores comuns), tem reajuste paritário, ou seja, vinculado ao mesmo índice de reajuste da carreira:

> Lei Complementar nº 1.354/2020:
>
> Artigo 10 [...]
>
> "§ 7º – Os proventos das aposentadorias concedidas nos termos do disposto neste artigo não serão inferiores ao valor a que se refere o § 2º do artigo 201 da Constituição Federal e serão reajustados:
>
> 1 – na mesma proporção e na mesma data, sempre que se modificar a remuneração dos servidores em atividade, sendo também estendidos aos aposentados quaisquer benefícios ou vantagens posteriormente concedidos aos servidores em atividade, excetuados aqueles vinculados a indicadores de desempenho, produtividade ou similar e incluídos os decorrentes da transformação ou reclassificação do cargo ou função em que se deu a aposentadoria, na forma da lei, se concedidas nos termos do disposto no item 1 do § 6º;" **REAJUSTE PARITÁRIO**
>
> "2 – na mesma data utilizada para fins de reajuste dos benefícios do Regime Geral de Previdência Social, com base no Índice de Preços ao Consumidor – IPC, apurado pela Fundação Instituto de Pesquisas Econômicas – FIPE, se concedidas na forma prevista no item 2 do § 6º". **ÍNDICE LEGAL.**

Note-se que a regra de reajuste paritário excepciona benefícios e vantagens vinculados a indicadores de desempenho, produtividade ou similar.

Muito embora esse texto não conste da EC 103/2019, ele reflete o entendimento do STF quanto ao drible à paridade, que é a criação sistemática de gratificações de produtividade que demandem avaliações periódicas de desempenho, também chamada de gratificações *propter laborem faciendo*.

Nesse caso, gratificação não será devida aos aposentados, mas apenas aos servidores ativos, prejudicando os reajustes dos benefícios dos servidores aposentados.

A segunda regra (média), para servidores que ingressaram a partir do ano de 2004 ou que não completaram o requisito etário adicional, se aplica o reajuste pelo Índice de Preços ao Consumidor – IPC.

> Lei Complementar nº 1.354/2020:
>
> "Artigo 10
>
> [...]
>
> § 9º – Os proventos das aposentadorias concedidas nos termos do item 1 do § 6º não poderão exceder a remuneração do respectivo servidor, no cargo efetivo em que for concedida a aposentadoria".

15.2. REGRA DE TRANSIÇÃO DO ARTIGO 11 DA LEI COMPLEMENTAR 1.354/2020 – REGRA COMUM E PROFESSORES DO ENSINO BÁSICO

> **Artigo 11** – Ressalvado o direito de opção à aposentadoria pelas normas estabelecidas pelo artigo 10, o servidor que tenha ingressado no serviço público, com vinculação ao Regime Próprio de Previdência Social, até a data de entrada em vigor desta lei complementar, poderá aposentar-se voluntariamente ainda quando preencher cumulativamente os seguintes requisitos:
>
> I – 57 (cinquenta e sete) anos de idade, se mulher, e 60 (sessenta) anos de idade, se homem;
>
> II – 30 (trinta) anos de contribuição, se mulher, e 35 (trinta e cinco) anos de contribuição, se homem;
>
> III – 20 (vinte) anos de efetivo exercício no serviço público;
>
> IV – 5 (cinco) anos no cargo efetivo, nível ou classe em que for concedida a aposentadoria;

V – período adicional de contribuição correspondente ao tempo que, na data de entrada em vigor desta lei complementar, faltaria para atingir o tempo mínimo de contribuição referido no inciso II.

§ 1° – Para o professor que comprovar exclusivamente tempo de efetivo exercício das funções de magistério na educação infantil, no ensino fundamental ou médio, serão reduzidos, para ambos os sexos, os requisitos de idade e de tempo de contribuição em 5 (cinco) anos.

§ 2° – Os proventos das aposentadorias concedidas nos termos do disposto neste artigo corresponderão:

1 – à totalidade da remuneração do servidor público no cargo efetivo em que for concedida a aposentadoria, observado o disposto no § 8° do artigo 10 desta lei complementar, para o servidor público que tenha ingressado no serviço público, com vinculação ao Regime Próprio de Previdência Social, até 31 de dezembro de 2003, desde que cumpridos 5 (cinco) anos no nível ou classe em que for concedida a aposentadoria.

2 – a 100% (cem por cento) da média aritmética definida na forma prevista no "caput" e §§ 1°, 2° e 3° do artigo 7°, para o servidor não contemplado no item 1 deste parágrafo.

§ 3° – Os proventos das aposentadorias concedidas nos termos do disposto neste artigo não serão inferiores ao valor a que se refere o § 2° do artigo 201 da Constituição Federal e serão reajustados:

1 – na mesma proporção e na mesma data, sempre que se modificar a remuneração dos servidores em atividade, sendo também estendidos aos aposentados quaisquer benefícios ou vantagens posteriormente concedidos aos servidores em atividade, excetuados aqueles vinculados a indicadores de desempenho, produtividade ou similar e incluídos os decorrentes da transformação ou reclassificação do cargo ou função em que se deu a aposentadoria, na forma da lei, se concedidas nos termos do disposto no item 1 do § 2°;

2 – na mesma data utilizada para fins de reajuste dos benefícios do Regime Geral de Previdência Social, com base no Índice de Preços ao Consumidor – IPC, apurado pela Fundação Instituto de Pesquisas Econômicas – FIPE, se concedidas na forma prevista no item 2 do § 2°.

§ 4° – Os proventos das aposentadorias concedidas nos termos do item 1 do § 2° não poderão exceder a remuneração do respectivo servidor, no cargo efetivo em que for concedida a aposentadoria.

A regra do art. 11 da Lei Complementar 1.354/2020 foi inspirada no artigo 20 da Emenda Constitucional 103/2019. Trata-se da regra do pedágio.

Nessa regra, o segurado precisa completar 57 anos de idade e 30 de contribuição se mulher, e 60 anos de idade e 35 de contribuição, se homem. Ademais, precisa ter 20 anos de efetivo exercício no serviço público, bem como 5 anos no cargo efetivo em que for concedida a aposentadoria, mais o "pedágio" equivalente ao tempo que faltava, na data de publicação da Lei Complementar 1.354/2020, para completar o tempo mínimo de contribuição.

Para servidores que ainda careçam de muito tempo de contribuição, esta regra exige o cumprimento de um pedágio muito longo, o que pode tornar desvantajosa essa modalidade de aposentação.

Também há uma regra transitória com pedágio para o professor do ensino básico. Essa regra traz uma redução de 5 anos no requisito etário e no tempo de contribuição.

Assim, essa regra exige o cumprimento de 52 anos de idade e 25 anos de contribuição, se mulher, e 55 anos de idade e 30 de contribuição, se homem, com tempo de contribuição exclusivamente no ensino básico.

Ademais, precisa ter 20 anos de efetivo exercício no serviço público, bem como 5 anos no cargo efetivo em que for concedida a aposentadoria, mais o "pedágio" equivalente ao tempo que faltava, na data de publicação da Lei Complementar 1.354/2020, para completar o tempo mínimo de contribuição referido.

Essa regra dá direito a integralidade para servidores que ingressaram até 31/12/2003, com reajustes paritários.

No entanto, para servidores que ingressaram no serviço público a partir 01/01/2004, essa regra confere direito a proventos integrais, com reajustes anuais pelo Índice de Preços ao Consumidor – IPC.

Trata-se de uma regra mais vantajosa frente à permanente, uma vez que o coeficiente será de 100%, e não parte de 60%, como na regra geral.

15.3. REGRA DE TRANSIÇÃO DO ARTIGO 12 DA LEI COMPLEMENTAR 1.354/2020 – REGRA DOS POLICIAIS CIVIS E PENAIS

Artigo 12 – O servidor integrante das carreiras de Policial Civil, Polícia Técnico-Científica, Agente de Segurança Penitenciária ou Agente de Escolta e Vigilância Penitenciária, que tenha ingressado na respectiva carreira até a data de entrada em vigor desta lei complementar, poderá aposentar-se desde que observadas, cumulativamente, as seguintes condições:

I – 55 (cinquenta e cinco) anos de idade, para ambos os sexos;

II – 25 (vinte e cinco) anos de contribuição, se mulher, e 30 (trinta) anos de contribuição, se homem;

III – 15 (quinze) anos de exercício em cargo de natureza estritamente policial, se mulher, e 20 (vinte) anos, se homem.

§ 1° – Serão considerados tempo de exercício em cargo de natureza estritamente policial, para os fins do inciso III deste artigo, o tempo de atividade militar nas Forças Armadas, nas polícias militares e nos corpos de bombeiros militares e o tempo de atividade como Agente de Segurança Penitenciária ou Agente de Escolta e Vigilância Penitenciária.

§ 2° – Os proventos das aposentadorias dos servidores de que trata o "caput", que tenham ingressado no serviço público, com vinculação ao Regime Próprio de Previdência Social, até 31 de dezembro de 2003, corresponderão à totalidade da remuneração do servidor público no cargo efetivo em que for concedida a aposentadoria, desde que cumpridos 5 (cinco) anos no cargo, nível ou classe.

§ 3° – Os proventos das aposentadorias concedidas nos termos do "caput" aos servidores que tenham ingressado no serviço público com vinculação ao Regime Próprio de Previdência Social após 31 de dezembro de 2003 e até a implantação do Regime de Previdência Complementar, corresponderão a 100% (cem por cento) da média aritmética simples das 80 (oitenta) maiores remunerações adotadas como base para as contribuições aos regimes de previdência a que o servidor esteve vinculado, atualizadas monetariamente desde a competência julho de 1994 ou desde a do início da contribuição, se posterior àquela competência.

§ 4° – Os proventos das aposentadorias concedidas nos termos do "caput" aos servidores que tenham ingressado no serviço público após a implantação do Regime de Previdência Complementar corresponderão a 60% (sessenta por cento) da média aritmética definida na forma prevista no "caput" e §§ 1°, 2° e 3° do artigo 7°, com acréscimo de 2% (dois por cento) para cada ano de contribuição que exceder o tempo de 20 (vinte) anos de contribuição.

§ 5° – Os proventos das aposentadorias concedidas com fundamento neste artigo não serão inferiores ao valor a que se refere o § 2° do artigo 201 da Constituição Federal e serão reajustados:

1 – na mesma proporção e na mesma data, sempre que se modificar a remuneração dos servidores em atividade, sendo também estendidos aos aposentados quaisquer benefícios ou vantagens posteriormente concedidos aos servidores em atividade, excetuados aqueles vinculados a indicadores de desempenho, produtividade ou similar e incluídos os decorrentes da transformação ou reclassificação do cargo ou função em que se deu a aposentadoria, na forma da lei, se concedidas nos termos do disposto no §2°;

2 – vetado;

3 – na mesma data utilizada para fins de reajuste dos benefícios do Regime Geral de Previdência Social, com base no Índice de Preços ao Consumidor – IPC, apurado pela Fundação Instituto de Pesquisas Econômicas – FIPE, se concedidas na forma prevista no § 4°.

§ 6° – Os servidores abrangidos pelo "caput" que na data de entrada em vigor desta lei complementar contar com 20 (vinte) anos de contribuição se mulher e 24 (vinte e quatro) anos de contribuição se homem, poderão aposentar-se aos 52 (cinquenta e dois) anos de idade se mulher ou 53 (cinquenta e três) anos de idade se homem, desde que completados os demais requisitos previstos nos incisos II e III deste artigo.

§ 7° – Ao servidor policial civil que, na data de entrada em vigor desta lei complementar, tiver preenchidos os requisitos do "caput" deste artigo, aplica-se a Lei Complementar n.° 51, de 20 de dezembro de 1985, dispensado o requisito do inciso I deste artigo.

A próxima regra de transição atinge os servidores de carreiras de segurança pública, ou seja, de Policial Civil, Polícia Técnico-Científica,

Agente de Segurança Penitenciária ou Agente de Escolta e Vigilância Penitenciária (atuais policiais penais).

Assim, o servidor de carreiras de segurança pública pode se aposentar com 55 anos de idade, sem distinção de sexo, além de 25 ou 30 anos de contribuição e 15 ou 20 anos de exercício de cargo estritamente policial, para mulheres e homens, respectivamente.

A grande vantagem dessa transitória é a integralidade e paridade para servidores que ingressaram até 31/12/2003 e cumpriram ao menos 5 anos no cargo. Logo, esses servidores receberão o valor equivalente à remuneração do cargo efetivo em que for concedida a aposentadoria, se não migraram para o novo regime previdenciário.

Em se tratando de servidor que ingressou a partir de 01/01/2004, a renda inicial do benefício corresponde à média das oitenta por cento maiores remunerações a partir do plano real, sendo, portanto, com proventos integrais (100% da referida média).

Note-se que essa regra, da forma como foi publicada, padece de um erro material, uma vez que faltou o símbolo de porcentagem após o número 80. Isso passa a impressão de que foi criada uma nova base de cálculo, que considera apenas 80 remunerações de todo o período contributivo, o que é um equívoco:

> § 3° – Os proventos das aposentadorias concedidas nos termos do "caput" aos servidores que tenham ingressado no serviço público com vinculação ao Regime Próprio de Previdência Social após 31 de dezembro de 2003 e até a implantação do Regime de Previdência Complementar, corresponderão a 100% (cem por cento) da média aritmética simples das **80 (oitenta)** maiores remunerações adotadas como base para as contribuições aos regimes de previdência a que o servidor esteve vinculado, atualizadas monetariamente desde a competência julho de 1994 ou desde a do início da contribuição, se posterior àquela competência.

Ademais, os servidores que ingressaram no serviço público após a LC 1.354/2020 possuem uma regra própria. Estes possuem seus proventos limitados ao teto do Regime Geral, calculados à razão de 100% da média dos proventos após julho de 1994, aplicado um coeficiente de

60% acrescido de 2 pontos percentuais para cada ano que exceder os 20 anos de contribuição, com reajustes anuais pela variação do IPC do ano anterior:

IDENTIDADE HOMEM/MULHER

TEMPO DE CONTRIBUIÇÃO	COEFICIENTE
Até 20 Anos	60%
21 Anos	62%
22 Anos	64%
23 Anos	66%
24 Anos	68%
25 Anos	70%
26 Anos	72%
27 Anos	74%
28 Anos	76%
29 Anos	78%
30 Anos	80%
31 Anos	82%
32 Anos	84%
33 Anos	86%
34 Anos	88%
35 Anos	90%
36 Anos	92%
37 Anos	94%
38 Anos	96%
39 Anos	98%
40 Anos	100%
E assim sucessivamente	E assim sucessivamente

Como mencionado, os servidores que ingressaram até 31/12/2003 têm direito a reajustes paritários. Por outro lado, servidores que ingressaram após esse marco temporal possuem reajustes pelo índice oficial do estado, que é o Índice de Preços ao Consumidor – IPC, apurado pela Fundação Instituto de Pesquisas Econômicas – FIPE.

Há ainda uma regra transitória mais restrita, que abrange servidores que tenham, na data de publicação da Lei Complementar 1.354/2020, 20 anos de contribuição, se mulher, ou 24 anos de contribuição, se homem. Nesse caso, eles poderão se aposentar aos 52 ou 53 anos de idade, para mulheres e homens, respectivamente.

Existe ainda uma regra transitória dos policiais civis. Ao servidor policial civil que em 07.03.2020 tiver preenchidos os requisitos do "caput" do artigo, aplica-se a Lei Complementar n.º 51, de 20 de dezembro de 1985, dispensado o requisito etário de 55 anos:

> ~~I – 55 (cinquenta e cinco) anos de idade, para ambos os sexos;~~
>
> II – 25 (vinte e cinco) anos de contribuição, se mulher, e 30 (trinta) anos de contribuição, se homem;
>
> III – 15 (quinze) anos de exercício em cargo de natureza estritamente policial, se mulher, e 20 (vinte) anos, se homem.

Essa regra apenas reflete o direito adquirido à aposentadoria pelas regras da LC 51/1985, para quem cumpriu os requisitos até 07.03.2020, mas possui uma diferença: regras de cálculo do benefício e critério de reajustamento, que serão regidos por este artigo, com previsão de integralidade e **paridade** para quem entrou até 31.12.2003 no serviço público.

Registre-se que, sob a égide da vigência da LC 51/1995, o STF só garante paridade para os policiais civis se houver previsão expressa em lei complementar estadual:

> **Tema 1019 – Direito de servidor público que exerça atividades de risco de obter, independentemente da observância das regras de transição das Emendas Constitucionais nºs 41/03 e 47/05, aposentadoria**

especial com proventos calculados com base na integralidade e na paridade.

Há Repercussão?

Sim

Relator(a):

MIN. DIAS TOFFOLI

Leading Case:

RE 1162672

Descrição:

Recurso extraordinário em que se examina, à luz dos arts. 40, §§ 1º, 3º, 4º, 8º e 17, da Constituição Federal; 3º, 6º, 6º-A e 7º da Emenda Constitucional nº 41/03 e 2º e 3º da Emenda Constitucional nº 47/05, se o servidor público que exerce atividades de risco e preenche os requisitos para a aposentadoria especial tem, independentemente da observância das normas de transição constantes das referidas emendas constitucionais, direito ao cálculo dos proventos com base nas regras da integralidade e da paridade.

Tese:

O servidor público policial civil que preencheu os requisitos para a aposentadoria especial voluntária prevista na LC nº 51/85 tem direito ao cálculo de seus proventos com base na regra da integralidade e, quando também previsto em lei complementar, na regra da paridade, independentemente do cumprimento das regras de transição especificadas nos arts. 2º e 3º da EC 47/05, por enquadrar-se na exceção prevista no art. 40, § 4º, inciso II, da Constituição Federal, na redação anterior à EC 103/19, atinente ao exercício de atividade de risco.

O STJ não enquadra o tempo de contribuição às Forças Armadas para fins de tempo de contribuição de cargo estritamente policial:

STJ – RECURSO ESPECIAL REsp 1357121 DF 2012/0256024-8 (STJ)

Data de publicação: 05/06/2013

> **Ementa:** "ADMINISTRATIVO. PROCESSUAL **CIVIL. MÉDICO LEGISTA** DA **POLÍCIA CIVIL**. CÔMPUTO DE TEMPO DE SERVIÇO NAS FORÇAS ARMADAS. APOSENTADORIA ESPECIAL. LEI COMPLEMENTAR N. 51 /1985. EXIGÊNCIA DE ATIVIDADE ESTRITAMENTE POLICIAL. RESTRIÇÃO LEGAL. JURISPRUDÊNCIA DO STJ. 1. O Tribunal a quo não se manifestou sobre o Estatuto dos Militares, sobre as Leis n. 3.313/1957 e 4.878 /1965, logo, não se fez o necessário prequestionamento. Aplicação das súmulas 282 e 356 do STF. **2. Não é possível computar o tempo de serviço prestado nas Forças Armadas para concessão de aposentadoria especial de policial civil, porquanto o art. 1º da Lei Complementar n. 51 /1985 exige pelo menos 20 anos de exercício em cargo de natureza estritamente policial. 3. As atribuições dos militares das Forças Armadas não são idênticas às dos policiais civis, militares, federais, rodoviários ou ferroviários. Enquanto aquelas destinam-se à defesa da Pátria, à garantia dos poderes constitucionais, da lei e da ordem, as atribuições dos policiais estão relacionadas com a segurança pública, preservação da incolumidade das pessoas e do patrimônio. Apesar das atividade se assemelharem, em razão do uso de armas, hierarquia e coerção para a ordem, possuem finalidades e atribuições distintas.** 4. Ademais, a atividade estritamente policial a que se refere a Lei Complementar n. 51 /1985 não diz respeito apenas ao exercício do cargo em si, mas deve ser entendida como o efetivo desempenho de atividades em condições de risco ou que representem prejuízo à saúde ou à integridade física, conforme interpretação dada pelo Supremo Tribunal Federal (ADI 3817/DF). Tais condições não poderiam ser examinadas em sede de recurso especial, em razão da súmula 7/STJ. Precedente do STJ. Recurso especial conhecido em parte e improvido".

No entanto, essa jurisprudência foi superada pelo artigo 5º da EC 103/2019, regra reproduzida pelo Estado de São Paulo neste artigo:

> § 1° – Serão considerados tempo de exercício em cargo de natureza estritamente policial, para os fins do inciso III deste artigo, o tempo de atividade militar nas Forças Armadas, nas polícias militares e nos corpos de bombeiros militares e o tempo de atividade como Agente de Segurança Penitenciária ou Agente de Escolta e Vigilância Penitenciária.

Eis o tratamento da carreira da polícia civil no âmbito do Estado de São Paulo (LC 207/1979):

"**Artigo 12** – As classes e as séries de classes policiais civis integram o Quadro da Secretaria da Segurança Pública na seguinte conformidade:

I – na Tabela I (SQC-I):

a) Delegado Geral de Polícia;

b) Diretor Geral de Polícia (Departamento Policial);

c) Assistente Técnico de Polícia;

d) Delegado Regional de Polícia;

e) Diretor de Divisão Policial;

f) Vetado;

g) Vetado;

h) Assistente de Planejamento e Controle Policial;

i) Vetado;

j) Delegado de Polícia Substituto;

l) Escrivão de Polícia Chefe II;

m) Investigador de Polícia Chefe II;

n) Escrivão de Polícia Chefe I;

o) Investigador de Polícia Chefe I;

II – na Tabela II (SQC-II):

a) Chefe de Seção (Telecomunicação Policial);

b) Encarregado de Setor (Telecomunicação Policial);

c) Chefe de Seção (Pesquisador Dactiloscópico Policial);

d) Encarregado de Setor (Pesquisador Dactiloscópico Policial);

e) Encarregado de Setor (Carceragem);

f) Chefe de Seção (Dactiloscopista Policial);

g) Encarregado de Setor (Dactiloscopista Policial);

h) Perito Criminal Chefe; (NR)

- Alínea "h" acrescentada pela Lei Complementar nº 247, de 06/04/1981.
i) Perito Criminal Encarregado. (NR)

- Alínea "i" acrescentada pela Lei Complementar nº 247, de 06/04/1981.

III – na Tabela III (SQC-III)

a) os das séries de classe de:

1. Delegado de Polícia;

2. Escrivão de Polícia;

3. Investigador de Polícia;

b) os das seguintes classes:

1. Perito Criminal;

2. Técnico em Telecomunicações Policial;

3. Operador de Telecomunicações Policial;

4. Fotógrafo (Técnica Policial);

5. Inspetor de Diversões Públicas;

6. Auxiliar de Necrópsia;

7. Pesquisador Dactiloscópico Policial;

8. Carcereiro;

9. Dactiloscopista Policial;

~~**10.** Motorista Policial~~;

10. Agente Policial; (NR)

- Item 10 com redação dada pela Lei Complementar nº 456, de 12/05/1986.

11. Atendente de Necrotério Policial".

15.4. REGRA DE TRANSIÇÃO DO ARTIGO 13 DA LEI COMPLEMENTAR 1.354/2020 – REGRA DOS SERVIDORES EXPOSTOS A AGENTES NOCIVOS

> **Artigo 13** – O servidor que tenha ingressado no serviço público, com vinculação ao Regime Próprio de Previdência Social, até a data de entrada em vigor desta lei complementar, cujas atividades tenham sido exercidas com efetiva exposição a agentes nocivos químicos, físicos e biológicos prejudiciais à saúde, ou associação desses agentes, vedada a caracterização por categoria profissional ou ocupação, poderá aposentar-se desde que observados, cumulativamente, os seguintes requisitos:
>
> I – 25 (vinte e cinco) anos de efetiva exposição;
>
> II – 20 (vinte) anos de efetivo exercício de serviço público;
>
> III – 5 (cinco) anos no cargo efetivo, nível ou classe em que for concedida a aposentadoria;
>
> IV – somatório da idade e do tempo de contribuição equivalente a 86 (oitenta e seis) pontos, para ambos os sexos.
>
> **§ 1°** – A idade e o tempo de contribuição serão apurados em dias para o cálculo do somatório de pontos a que se referem o "caput".
>
> **§ 2°** – Os proventos das aposentadorias concedidas nos termos do disposto neste artigo corresponderão a 60% (sessenta por cento) da média aritmética definida na forma prevista no "caput" e §§ 1°, 2° e 3° do artigo 7°, com acréscimo de 2% (dois por cento) para cada ano de contribuição que exceder o tempo de 20 (vinte) anos de contribuição.
>
> **§ 3°** – Os proventos das aposentadorias concedidas com fundamento neste artigo não serão inferiores ao valor a que se refere o § 2° do artigo 201 da Constituição Federal e serão reajustados na mesma data utilizada para fins de reajuste dos benefícios do Regime Geral de Previdência Social, com base no Índice de Preços ao Consumidor – IPC, apurado pela Fundação Instituto de Pesquisas Econômicas – FIPE.

Essa regra de aposentação exige a exposição a agentes nocivos à saúde por 25 anos. Entendemos que a ausência da previsão de aposentação aos 15 ou 20 anos não trouxe qualquer prejuízo aos servidores do RPPS de São Paulo, pois no Regime Geral essa regra corresponde à atividade do mineiro de subsolo e do mineiro de superfície, atividades não desenvolvidas no âmbito do Estado.

A regra de transição exige 25 anos de efetiva exposição, sem distinção de sexo, 20 anos de efetivo exercício de serviço público, 5 anos no cargo em que se dará a aposentadoria, bem como a pontuação (somatório de idade e tempo de contribuição) de 86 pontos para ambos os sexos, mas sem progressão de pontuação, como ocorre no modelo da União.

Outrossim, a regra do RPPS não definiu o critério de enquadramento da exposição a agentes nocivos para fins de reconhecimento do benefício, sendo omissa nesse sentido, sequer fazendo remissão ao artigo 57 da Lei 8.213/91, que prevê os critérios de aposentadoria especial no Regime Geral de Previdência Social.

Assim, ante a lacuna legal quanto à definição de nocividade, impõe-se a aplicação da Súmula Vinculante 33, com aplicação analógica das regras do RGPS:

> SÚMULA VINCULANTE Nº 33
>
> Aplicam-se ao servidor público, no que couber, as regras do Regime Geral Da Previdência Social sobre aposentadoria especial de que trata o artigo 40, § 4º, inciso III da Constituição Federal, até a edição de lei complementar específica.

Essa transitória pode ser vantajosa para servidores que possuam tempo comum. Para servidores que possuam muito tempo especial essa regra pode não ser tão vantajosa assim, visto que nesse caso a regra transitória pode ser mais rígida que o próprio regramento permanente.

Suponha-se que um servidor estadual da carreira de saúde com exposição permanente anormal a agentes biológicos possua 10 anos de tempo de contribuição comum no RGPS averbado e 25 anos de tempo especial no RPPS estadual, atingindo a 35 pontos. Neste caso, se tiver 51 anos de idade, terá direito à aposentadoria por esta transitória (10 + 25 + 51 + 86).

Ressalte-se que as frações devem ser consideradas, de modo que o cálculo matemático deverá converter a idade e o tempo de contribuição em dias.

Os proventos serão calculados à razão de 100% da média dos proventos após julho de 1994, aplicado um coeficiente de 60% acrescido de 2 pontos percentuais para cada ano que exceder os 20 anos de contribuição, com reajustes anuais pela variação do IPC do ano anterior, inexistindo regra de integralidade e paridade:

IDENTIDADE HOMEM/MULHER

TEMPO DE CONTRIBUIÇÃO	COEFICIENTE
Até 20 Anos	60%
21 Anos	62%
22 Anos	64%
23 Anos	66%
24 Anos	68%
25 Anos	70%
26 Anos	72%
27 Anos	74%
28 Anos	76%
29 Anos	78%
30 Anos	80%
31 Anos	82%
32 Anos	84%
33 Anos	86%
34 Anos	88%
35 Anos	90%
36 Anos	92%
37 Anos	94%
38 Anos	96%
39 Anos	98%
40 Anos	100%
E assim sucessivamente	E assim sucessivamente

16

REGISTRO DAS APOSENTADORIAS E PENSÕES POR MORTE NO TRIBUNAL DE CONTAS DO ESTADO DE SÃO PAULO

A Constituição Federal deixou a cargo do Tribunal de Contas da União a tarefa de auxiliar o Congresso Nacional na realização do controle externo, incumbindo-lhe de apreciar, para fins de registro, a legalidade dos atos de admissão de pessoal, a qualquer título, na administração direta e indireta, incluídas as fundações instituídas e mantidas pelo Poder Público, excetuadas as nomeações para cargo de provimento em comissão, bem como a das concessões de aposentadorias, reformas e pensões, ressalvadas as melhorias posteriores que não alterem o fundamento legal do ato concessório, nos termos do disposto em seu artigo 71, inciso III.

Por simetria, a Constituição do Estado de São Paulo também destinou idêntica função ao Tribunal de Contas Estadual – TCE, nos seguintes termos:

> "Artigo 31 – O Tribunal de Contas do Estado, integrado por sete Conselheiros, tem sede na Capital do Estado, quadro próprio de pessoal e jurisdição em todo o território estadual, exercendo, no que couber, as atribuições previstas no artigo 96 da Constituição Federal".

Referida competência constitucional também é trazida pela Lei Orgânica do TCE (Lei Complementar Nº 709 de 1993), conforme segue:

> "Artigo 1º – O Tribunal de Contas do Estado de São Paulo, órgão destinado à fiscalização contábil, financeira, orçamentária, operacional e patrimonial do Estado e de seus Municípios, auxiliar do Poder Legislativo no controle externo, tem sua sede na cidade de São Paulo e jurisdição em todo o território estadual.
>
> Artigo 2º – Ao Tribunal de Contas do Estado de São Paulo, nos termos da Constituição Estadual e na forma estabelecida nesta lei, compete:
>
> VI – apreciar, para fins de registro, a legalidade dos atos concessórios de aposentadoria, reforma ou pensão, ressalvada melhoria posterior que não altere o fundamento legal da concessão;

Desta feita, é imperioso que os atos concessórios de aposentadoria e transferência para a reserva, reforma e pensão, excluídas as melhorias posteriores que não lhe alterem o fundamento legal, sejam submetidos ao controle do Tribunal de Contas para julgamento.

Acerca da matéria, a Súmula 06, do Supremo Tribunal Federal assim prescreve:

> SÚMULA 06- "A revogação ou anulação, pelo Poder Executivo, de aposentadoria, ou qualquer outro ato aprovado pelo Tribunal de Contas, não produz efeitos antes de aprovada por aquele Tribunal, ressalvada a competência revisora do Judiciário".

De acordo com o artigo 50, VII, do Regimento Interno do TCE/SP, com *redação dada pela Resolução nº 02/2021,* competirá ao tribunal de Contas apreciar, para fins de registro, a legalidade dos atos de concessão de aposentadorias, pensões e **complementação de proventos de aposentadoria e complementação do valor de pensões** dos membros de Poder ou Órgão no âmbito do Estado.

Acontece que, no julgamento do Tema 445, o STF firmou a seguinte tese no sentido de que, em face aos princípios da segurança jurídica e da confiança legítima, os Tribunais de Contas estão sujeitos ao prazo de cinco anos para o julgamento da legalidade do ato de concessão inicial de aposentadoria, reforma ou pensão.

Desta feita, limitou a atuação da Corte de Contas para julgamento das aposentadorias ao referido prazo, a contar da chegada do processo à respectiva Corte de Contas.

No âmbito estadual, a Corte de Contas e São Paulo editou o ato GP 01/2013, para disciplinar o procedimento de encaminhamento das informações concernentes aos processos administrativos relativos aos atos de concessão de aposentadoria, reforma, transferência para reserva e pensão.

Referidas informações são processadas por meio eletrônico ou magnético e devem ser precedidas de análise quanto à legalidade pelo órgão responsável pelo controle interno de cada Poder ou órgão da Administração Pública Estadual e incluídas no Sistema de Controle de Admissões, Aposentadorias e Pensões (SISCAA).

As revisões do ato concessório de aposentadoria, reforma ou pensão deverão ser analisadas pelo órgão ao qual o servidor estiver vinculado e somente estarão sujeitas à registro quando alterarem o ato concessório.

Desse modo, estará sujeita ao crivo do Tribunal de Contas Estadual as alterações do ato concessório que importem em modificação do fundamento legal, bem como no acréscimo de novas parcelas, gratificações ou vantagens ou, ainda, quando houver introdução de novos critérios ou bases de cálculo dos componentes do benefício.

Referida regra é já era prevista na Instrução Normativa nº 55/2007 do TCU, a qual também preconiza que não se encontra sujeito a registro, e, portanto, não deve ser remetido ao Tribunal, ato de alteração no valor dos proventos decorrente de acréscimo de novas parcelas, gratificações ou vantagens concedidas em caráter geral ao funcionalismo ou introduzidas por novos planos de carreira.

Ademais, é imperioso registrar que a competência do Tribunal de Contas apenas lhe permite registrar, negar registro ou recomendar a correção do ato, não lhe competindo alterar o ato sujeito à sua apreciação.

17

ABONO DE PERMANÊNCIA

O abono de permanência é um incentivo financeiro concedido ao servidor que permanece em atividade, apesar de já ter completado todos os requisitos para a sua aposentação voluntária, que era sempre equivalente ao valor da contribuição previdenciária paga pelo servidor público.

Sucede que, com o advento da EC 103/2019, o abono de permanência passou a ser facultativo e inferior ao valor da contribuição previdenciária, nos termos da lei do ente federativo, que passou a ter competência para legislar sobre o tema.

Veja-se o texto comparado do §19 do artigo 40 da Constituição:

> "~~§ 19. O servidor de que trata este artigo que tenha completado as exigências para aposentadoria voluntária estabelecidas no § 1º, III, a, e que opte por permanecer em atividade fará jus a um abono de permanência equivalente ao valor da sua contribuição previdenciária até completar as exigências para aposentadoria compulsória contidas no § 1º, II. (Incluído pela Emenda Constitucional nº 41, 19.12.2003)~~
>
> § 19. Observados critérios a serem estabelecidos em **lei do respectivo ente federativo**, o servidor titular de cargo efetivo que tenha completado as exigências para a aposentadoria voluntária e que opte por permanecer em atividade **poderá** fazer jus a um abono de permanência **equivalente, no máximo, ao valor da sua contribuição previdenciária**, até

> completar a idade para aposentadoria compulsória. **(Redação dada pela Emenda Constitucional nº 103, de 2019)**".

Assim, o Estado de São Paulo optou por manter o benefício de abono de permanência para os servidores que já estavam em gozo em 07/03/2020, inclusive preservando o valor equivalente à sua contribuição previdenciária.

No entanto, condicionou as novas concessões do benefício à existência de disponibilidade orçamentária, bem como de regulamentação do respectivo poder, órgão ou entidade autônoma:

> LC 1.354/2020
>
> "Artigo 28 – O servidor que tenha completado as exigências para a aposentadoria voluntária e optar em permanecer na função, poderá fazer jus a um abono permanência equivalente no máximo ao valor da sua contribuição previdenciária até completar as exigências para a aposentadoria compulsória.
>
> § 1º – A concessão do abono a que se refere o "caput" dependerá de disponibilidade orçamentária e de regulamentação do respectivo poder, órgão ou entidade autônoma.
>
> § 2º – Ao servidor que na data de entrada em vigor desta lei complementar receba abono de permanência, fica assegurado seu recebimento, preservando-se ainda o respectivo valor, até completar as exigências para aposentadoria compulsória".

Assim, passou a ser de responsabilidade do governador, bem como da autoridade máxima de cada Poder estadual atestar a disponibilidade orçamentária para pagamento do benefício, sem a qual o abono de permanência não será devido.

18

CONTRIBUIÇÕES PREVIDENCIÁRIAS

Do ponto de vista do servidor público, há dois pontos negativos na reforma da previdência promovida pela Emenda Constitucional 103/2019:

A) a possibilidade de criação de uma contribuição extraordinária, com prazo de até 20 anos, na situação de déficit atuarial;

B) a redução da imunidade da incidência de contribuição previdenciária sobre as aposentadorias e pensões por morte.

Há, ainda, a possibilidade da adoção de alíquotas progressivas, como o fez a União no seu RPPS, mas aqui há um benefício do servidor que ganha menos e uma elevação tributária dos altos salários e benefícios em razão da progressividade de alíquotas.

Em um cenário em que a maioria dos regimes próprios possuem má saúde financeira, com desequilíbrio financeiro e atuarial, há um claro risco de majoração da carga tributária para os ativos, inativos e pensionistas.

Nesse sentido, veja-se passagem do artigo 149 da Constituição:

> "§ 1º A União, os Estados, o Distrito Federal e os Municípios instituirão, por meio de lei, contribuições para custeio de regime próprio de

previdência social, cobradas dos servidores ativos, dos aposentados e dos pensionistas, que **poderão ter alíquotas progressivas** de acordo com o valor da base de contribuição ou dos proventos de aposentadoria e de pensões. (Redação dada pela Emenda Constitucional nº 103, de 2019)

§ 1º-A. Quando houver **déficit atuarial, a contribuição ordinária dos aposentados e pensionistas poderá incidir sobre o valor dos proventos de aposentadoria e de pensões que supere o salário-mínimo**. (Incluído pela Emenda Constitucional nº 103, de 2019) (Vigência)

§ 1º-B. Demonstrada a insuficiência da medida prevista no § 1º-A para equacionar o déficit atuarial, é facultada a instituição de **contribuição extraordinária, no âmbito da União, dos servidores públicos ativos, dos aposentados e dos pensionistas**. (Incluído pela Emenda Constitucional nº 103, de 2019) (Vigência)

§ 1º-C. A contribuição extraordinária de que trata o § 1º-B deverá ser instituída simultaneamente com outras medidas para equacionamento do déficit e vigorará por período determinado, contado da data de sua instituição. (Incluído pela Emenda Constitucional nº 103, de 2019) (Vigência)".

Nota-se o ônus da medida recai sobre os inativos e pensionistas, uma vez que pode sofrer a incidência de contribuição sobre o valor dos proventos de aposentadoria e de pensões que supere a um salário-mínimo.

Caso essa medida não seja suficiente para estancar o déficit, ainda pode haver a instituição de uma contribuição extraordinária, com prazo de até 20 anos. Esta última incide também sobre os salários dos servidores ativos, em alíquota a ser definida pela lei estadual.

A Emenda 103 possibilitou aos entes a fixação de progressividade de alíquotas de contribuições previdenciárias. O Estado de São Paulo adotou essa progressividade, seguindo a lógica de que os servidores que ganham proventos maiores devem pagar contribuições em um patamar mais elevado. Vejamos:

LC 1.354/2020

Artigo 30 – O "caput" do artigo 8º da Lei Complementar nº 1.012, de 5 de julho de 2007, passa a vigorar com a seguinte redação, acrescido dos § 7º e § 8º, na seguinte conformidade:

> "Artigo 8º – A contribuição social dos servidores públicos titulares de cargos efetivos do Estado de São Paulo, inclusive os de suas Autarquias e Fundações, do Poder Judiciário, do Poder Legislativo, das Universidades, do Tribunal de Contas, do Ministério Público e da Defensoria Pública, para a manutenção do Regime Próprio de Previdência Social, será:
>
> I – **11%** (onze por cento) até 1 (um) salário mínimo, enquanto a do Estado será de 22% (vinte e dois por cento), ambas incidindo sobre a totalidade da base de contribuição;
>
> II – **12%** (doze por cento) de 1 (um) salário mínimo até R$ 3.000,00 (três mil reais), enquanto a do Estado será de 24% (vinte e quatro por cento), ambas incidindo sobre a totalidade da base de contribuição;
>
> III – **14%** (quatorze por cento) de R$ 3.000,01 (Três mil reais e um centavo) até o teto do Regime Geral de Previdência Social – RGPS, enquanto a do Estado será de 28% (vinte e oito por cento), ambas incidindo sobre a totalidade da base de contribuição;
>
> IV – **16%** (dezesseis por cento) acima do teto do Regime Geral de Previdência Social – RGPS, enquanto a do Estado será de 32% (trinta e dois por cento), ambas incidindo sobre a totalidade da base de contribuição.
>
> ...
>
> § 7º – A alíquota prevista neste artigo será aplicada de forma progressiva sobre a base de contribuição do servidor ativo, incidindo cada alíquota sobre a faixa de valores compreendida nos respectivos limites.
>
> § 8º – Excetuados os valores do salário mínimo e do teto do Regime Geral de Previdência Social – RGPS, os demais valores de que tratam este artigo serão reajustados conforme variação da unidade fiscal do Estado de São Paulo – UFESP."

Assim, as alíquotas progressivas são aplicadas por faixas, em função do valor dos proventos recebidos pelo servidor.

Após a Emenda Constitucional 41/2003 passou a existir previsão constitucional para incidir contribuição previdenciária sobre aposentadorias e pensões. De acordo essa previsão, só paga contribuição previdenciária o aposentado ou pensionista que ganha acima do teto do regime geral de previdência social, sobre a parcela do seu benefício que exceder o teto, nos termos do artigo 40, §18, da Constituição Federal:

> "§ 18. Incidirá contribuição sobre os proventos de **aposentadorias e pensões** concedidas pelo regime de que trata este artigo que **superem o limite máximo estabelecido para os benefícios do regime geral de previdência social** de que trata o art. 201, com percentual igual ao estabelecido para os servidores titulares de cargos efetivos". (Incluído pela Emenda Constitucional nº 41, 19.12.2003)

Por outro lado, a Emenda 103/2019 previu que, em havendo déficit atuarial no Regime Próprio, a lei local pode determinar a cobrança de aposentados e pensionistas sobre o valor de parcelas de proventos e pensões que superem o salário mínimo.

Posteriormente, o Estado de São Paulo, ao editar a Lei Complementar 1.354/2020, determinou a cobrança das contribuições previdenciárias sobre o valor da parcela dos proventos de aposentadorias e pensões que supere o teto do RGPS, mas ressalvando que em caso de déficit atuarial haverá cobrança de contribuições previdenciárias sobre proventos e pensões que superem 1 salário mínimo:

> Lei Complementar nº 1.354/2020:
>
> "Artigo 31 – O artigo 9º da Lei Complementar nº 1.012, de 5 de julho de 2007, passa a vigorar com a seguinte redação:
>
> Artigo 9º – Os aposentados e os pensionistas do Estado de São Paulo, inclusive os de suas Autarquias e Fundações, do Poder Judiciário, do Poder Legislativo, das Universidades, do Tribunal de Contas, do Ministério Público e da Defensoria Pública, contribuirão conforme o disposto no artigo 8º desta lei complementar, sobre o valor da parcela dos proventos de aposentadorias e pensões que supere o limite máximo estabelecido para os benefícios do Regime Geral de Previdência Social.
>
> § 1º – Nos casos de acumulação remunerada de aposentadorias e ou pensões, considerar-se-á, para fins de cálculo da contribuição de que trata o "caput" deste artigo, o somatório dos valores percebidos, de forma que a parcela remuneratória imune incida uma única vez.
>
> ~~§ 2º – Havendo déficit atuarial no âmbito do Regime Próprio de Previdência do Estado, a contribuição dos aposentados e pensionistas de que trata o "caput", incidirá sobre o montante dos proventos de aposentadorias e de pensões que supere 1 (um) salário mínimo nacional." (NR)~~

Posteriormente, **sobreveio a Lei Complementar 1380/2022 revogando o parágrafo segundo**, eliminando a possibilidade de cobrança de contribuições previdenciárias sobre aposentadorias e pensões que que superem a um salário mínimo:

> LC ESTADUAL 1.380/2022:
>
> Revoga o § 2º do artigo 9º da Lei Complementar nº 1.012, de 5 de julho de 2007, que altera a Lei Complementar nº 180, de 12 de maio de 1978, a Lei nº 10.261, de 28 de outubro de 1968, a Lei Complementar nº 207, de 5 de janeiro de 1979.

Nos termos do artigo 8º, §1º, da Lei Complementar estadual 1.012/2007, entende-se como **base de contribuição** o total dos vencimentos do servidor, incluindo-se o vencimento do cargo efetivo, acrescido das vantagens pecuniárias permanentes estabelecidas em lei ou por outros atos concessivos, dos adicionais de caráter individual e de quaisquer outras vantagens, **excluídas:**

1. as diárias para viagens;
2. o auxílio-transporte;
3. o salário-família;
4. o salário-esposa;
5. o auxílio-alimentação;
6. as parcelas remuneratórias pagas em decorrência de local de trabalho;
7. a parcela percebida em decorrência do exercício de cargo em comissão ou de função de confiança;
8. as demais vantagens não incorporáveis instituídas em lei; e
9. o abono de permanência de que tratam o § 19 do artigo 40 da Constituição Federal, o § 5º do artigo 2º e o § 1º do artigo 3º da Emenda Constitucional nº 41, de 19 de dezembro de 2003 e referido no artigo 4º desta lei complementar.

Por outro lado, o servidor titular de cargo efetivo **poderá optar** pela inclusão na base de contribuição de parcelas remuneratórias percebidas em decorrência de local de trabalho, de exercício de cargo em comissão ou de função de confiança, para efeito de cálculo do seu benefício previdenciário, o que pode ser **útil para a regra de média**, pois irá elevar a base de cálculo dos proventos, sendo inútil para fins da regra de integralidade.

A inclusão das vantagens referidas para efeito de cálculo do benefício previdenciário dependerá do cumprimento de tempo mínimo de contribuição, valores médios observados, dentre outros requisitos a serem previstos na regulamentação desta lei complementar.

A contribuição previdenciária dos Poderes, órgãos autônomos e entidades do Estado de São Paulo para o custeio do RPPS corresponderá ao **dobro** do valor da contribuição devida pelos servidores ativos.

Sendo insuficientes as contribuições previdenciárias contempladas neste decreto, bem como as demais receitas legais, para fazer frente às despesas do RPPS, o Estado garantirá os recursos suplementares para honrar os compromissos estabelecidos no plano de custeio em cada exercício.

O servidor manterá seu vínculo com o RPPS se estiver:

> I – cedido, com direito à remuneração, a órgão ou entidade do Estado ou outro ente da federação, com ou sem ônus para o cessionário, independentemente do regime previdenciário adotado;
>
> II – afastado, com ou sem direito à remuneração, para o exercício de mandato eletivo.

O servidor **afastado sem direito à remuneração** poderá optar pela manutenção da sua vinculação ao RPPS. A manutenção do vínculo com o RPPS dependerá do recolhimento mensal, pelo servidor, da respectiva contribuição e da contribuição do Estado.

De acordo com o artigo 43 do Decreto 65.694/2021, se o servidor for **cedido** a outro ente federativo ou afastado para o exercício de mandato eletivo e o ônus de pagar sua remuneração for do órgão ou da entidade cessionária ou do órgão de exercício do mandato, caberá:

> I – ao cessionário ou órgão de exercício do mandato:
>
> a) realizar o desconto da contribuição devida pelo servidor;
>
> b) pagar a contribuição devida pelo cedente;
>
> c) repassar ao cedente as contribuições referidas nas alíneas "a" e "b" do inciso I deste artigo.
>
> II – ao cedente:
>
> a) cobrar do cessionário ou órgão de exercício do mandato os valores referentes às contribuições devidas;
>
> b) efetuar o recolhimento, à SPPREV, da contribuição do servidor e da patronal.

Deverá o cedente efetuar o recolhimento à SPPREV, ainda que o cessionário ou o órgão de exercício do mandato não repasse as contribuições no prazo legal, sem prejuízo das medidas cabíveis para fins de reembolso de tais valores junto ao cessionário.

O termo ou ato de afastamento do servidor com ônus para o cessionário deverá prever a responsabilidade deste pelo desconto e repasse das contribuições previdenciárias ao cedente, com cláusula de revogação imediata da cessão no caso de inadimplência das contribuições por 3 (três) meses, consecutivos ou intercalados.

O cessionário deverá regularizar a retenção das contribuições previdenciárias relativas a períodos anteriores à publicação deste decreto e repassá-las ao cedente, a quem compete efetuar o recolhimento à SPPREV, no prazo de 180 (cento e oitenta) dias.

Quando o servidor for cedido a outro ente federativo ou afastado para o exercício de mandato eletivo, sem ônus para o cessionário ou para o órgão de exercício do mandato, o órgão ou entidade de origem continuará responsável pelo desconto e pelo repasse das contribuições à SPPREV.

Conforme firmado pelo STF no **tema 163 em repercussão geral**, não incide contribuição previdenciária sobre verba não incorporável aos proventos de aposentadoria do servidor público, tais como terço de férias, serviços extraordinários, adicional noturno e adicional de insalubridade:

> *RE 593068 / SC – SANTA CATARINA*
>
> *RECURSO EXTRAORDINÁRIO*
>
> *Relator(a): Min. ROBERTO BARROSO*
>
> *Julgamento: 11/10/2018*
>
> *Publicação: 22/03/2019*
>
> *Órgão julgador: Tribunal Pleno*
>
> "Ementa: Direito previdenciário. Recurso Extraordinário com repercussão geral. Regime próprio dos Servidores públicos. Não incidência de contribuições previdenciárias sobre parcelas não incorporáveis à aposentadoria. 1. O regime previdenciário próprio, aplicável aos servidores públicos, rege-se pelas normas expressas do art. 40 da Constituição, e por dois vetores sistêmicos: (a) o caráter contributivo; e (b) o princípio da solidariedade. 2. A leitura dos §§ 3º e 12 do art. 40, c/c o § 11 do art. 201 da CF, deixa claro que somente devem figurar como base de cálculo da contribuição previdenciária as remunerações/ganhos habituais que tenham "repercussão em benefícios". Como consequência, ficam excluídas as verbas que não se incorporam à aposentadoria. 3. Ademais, a dimensão contributiva do sistema é incompatível com a cobrança de contribuição previdenciária sem que se confira ao segurado qualquer benefício, efetivo ou potencial. 4. Por fim, não é possível invocar o princípio da solidariedade para inovar no tocante à regra que estabelece a base econômica do tributo. 5. À luz das premissas estabelecidas, é fixada em repercussão geral a seguinte tese: "Não incide contribuição previdenciária sobre verba não incorporável aos proventos de aposentadoria do servidor público, tais como 'terço de férias', 'serviços extraordinários', 'adicional noturno' e 'adicional de insalubridade." 6. Provimento parcial do recurso extraordinário, para determinar a restituição das parcelas não prescritas".

A decisão do STF no tema 163 em Repercussão Geral foi omissa em diversos pontos e até mesmo contraditória. Inicialmente, deveria ter enfrentado a questão à luz de dois regimes jurídicos: segurados com direito à **regra de transição de integralidade** e servidores com **cálculo dos proventos da aposentadoria pela média remuneratória.**

Isso porque, na segunda situação, **a incidência de contribuição previdenciária sobre verba remuneratória de natureza transitória pode elevar os proventos do servidor**, tanto que no serviço público federal a Lei 10.887/2004 (art. 4º, §2º) dá essa opção de tributária por expressa escolha do servidor público:

> *"§ 2º **O servidor ocupante de cargo efetivo poderá optar pela inclusão, na base de cálculo da contribuição, de parcelas remuneratórias** percebidas em decorrência de local de trabalho e do exercício de cargo em comissão ou de função comissionada ou gratificada, da Gratificação Temporária das Unidades dos Sistemas Estruturadores da Administração Pública Federal (GSISTE), da Gratificação Temporária do Sistema de Administração dos Recursos de Informação e Informática (GSISP), da Gratificação Temporária de Atividade em Escola de Governo (GAEG), da Gratificação Específica de Produção de Radioisótopos e Radiofármacos (GEPR), da Gratificação de Raio X e daquelas recebidas a título de adicional noturno ou de adicional por serviço extraordinário, para efeito de cálculo do benefício a ser concedido com fundamento no art. 40 da Constituição Federal e no art. 2º da Emenda Constitucional nº 41, de 19 de dezembro de 2003, respeitada, em qualquer hipótese, a limitação estabelecida no § 2º do art. 40 da Constituição Federal. (Redação dada pela Lei nº 13.328, de 2016)".*

Outro ponto em que a Suprema Corte foi infeliz foi a comparação do RPPS ao RGPS, pois no Regime Geral verbas remuneratórias transitórias sofrem desconto de contribuição previdenciária nas situações previstas pelo artigo 28 da Lei 8.212/91, como terço de férias gozadas, horas extras, adicional de insalubridade e de periculosidade, bem como repercutem na renda da aposentadoria porque compõem o salário de contribuição e entram no cômputo do salário de benefício.

Daí a falha jurídica desta passagem do voto do Relator, Ministro Roberto Barroso:

> *"20. Veja-se, então, que tanto para o regime geral quanto para o regime próprio a base de cálculo da contribuição previdenciária é o salário ou a remuneração do empregado ou do servidor, aos quais devem ser incorporados*

> *os chamados "ganhos habituais". Tal incorporação se dá tanto para fins de incidência do tributo como para cálculo dos benefícios. A consequência inexorável, portanto, é que o que não constitua ganho incorporável aos proventos da aposentadoria não sofre a incidência da contribuição previdenciária. O tratamento constitucional da questão, portanto, é expresso, não demandando sequer integração interpretativa mais complexa".*

Ademais, **um dos pilares da tese sucumbiu com o advento da Emenda 103/2019**, pois para os servidores federais antigos que não aderiram ao regime de previdência complementar, **inexiste a limitação dos proventos da aposentadoria à remuneração do cargo efetivo**.

Nesse sentido, veja-se passagem do voto do Relator, Ministro Roberto Barroso, que a meu ver atualmente está prejudicado:

> *"26. Note-se que essa lógica se aplica tanto ao regime geral de previdência social quanto ao regime próprio. Todavia, os §§ 2º e 3º do art. 40 da CF/88 enfatizam a pertinência desta assertiva no âmbito do regime próprio. De fato, ao estabelecerem que os proventos de aposentadoria serão calculados com base na remuneração do servidor, e que não poderão excedê-los, os dispositivos reforçam a mínima referibilidade que deve existir entre remuneração de contribuição e proventos de aposentadoria. Portanto, a incidência de contribuição previdenciária sobre verbas não incorporáveis aos proventos do servidor representa negação a esta exigência de referibilidade, em violação aos §§ 2º e 3º do art. 40 e § 11 do art. 201 da CF/88".*

A meu ver, embora com fundamentação deficiente e sem fazer as devidas distinções de regimes jurídicos previdenciários, **a intenção do STF foi vedar a incidência de contribuição previdenciária sobre parcela que não irá refletir na renda da aposentadoria em nenhuma situação**, tese que realmente é pertinente, de modo que, **se houver a respectiva reflexão nos proventos de aposentadoria, a tributação será legítima se prevista por expresso na lei do ente federativo.**

Veja-se, nesse sentido, o julgamento pelo STF da **Reclamação 46.914/Agr, de 31.05.2021**, que manteve a incidência de contribuição previdenciária sobre adicional de insalubridade, pois a lei do **Estado de São Paulo** previa a respectiva reflexão:

Rcl 46914 AgR

Órgão julgador: Primeira Turma

Relator(a): Min. ROSA WEBER

Julgamento: 31/05/2021

Publicação: 04/06/2021

Ementa

EMENTA AGRAVO. RECLAMAÇÃO CONSTITUCIONAL. **RE 593.068-RG (TEMA 163). RE 642.682-RG (TEMA 448). INCIDÊNCIA DA CONTRIBUIÇÃO PREVIDENCIÁRIA SOBRE O ADICIONAL DE INSALUBRIDADE. ART. 6º DA LEI COMPLEMENTAR 432/1985 DO ESTADO DE SÃO PAULO. VERBA INCORPORÁVEL AOS PROVENTOS DE APOSENTADORIA.** POSSIBILIDADE. AGRAVO DESPROVIDO. 1. Esta Suprema Corte, ao exame do RE 593.068-RG (Tema 163), concluiu pela não incidência da contribuição previdenciária sobre verba não incorporável aos proventos de aposentadoria do servidor público, como no caso do adicional de insalubridade. 2. Quanto ao adicional de insalubridade dos policiais militares instituído pela Lei Complementar do Estado de São Paulo 432/1985, esta Suprema Corte, ao julgamento do RE 642.682-RG (Tema 448), reafirmou a sua jurisprudência no sentido de contemplar apenas os servidores que exercem atividades insalubres efetivamente comprovadas, sem declarar, contudo, a inconstitucionalidade do art. 6º do referido diploma legal. 3. Inocorrente violação das decisões proferidas pelo STF no RE 593.068-RG (Tema 163) e no RE 642.682-RG (Tema 448), porquanto mantida a incidência da contribuição previdenciária sobre o adicional de insalubridade com fundamento no art. 6º da Lei Complementar 432/1985 do Estado de São Paulo, por se tratar de verba incorporável aos proventos de aposentadoria do agravante. Precedentes. 4. Agravo conhecido e desprovido.

Daí que, mesmo que a parcela tributada só reflita para o cálculo da aposentadoria pela média de remunerações, e não para fins de integralidade, a meu ver há legitimidade da incidência para fins do Tema 163 em repercussão geral.

19

AFASTAMENTO PROVISÓRIO

O afastamento provisório é uma espécie de licença remunerada, concedida ao servidor após 90 dias da apresentação do seu pedido de aposentadoria voluntária. É um benefício previsto em alguns regimes próprios, visando assegurar ao servidor o direito de aguardar o resultado do seu requerimento sem trabalhar.

O principal requisito do benefício em questão é instruir o requerimento da aposentadoria com prova de ter cumprido requisitos necessários a obtenção do direito.

Nos termos do artigo 29 da Lei Complementar estadual 1.354/2020, o servidor, após 90 (noventa) dias decorridos da apresentação do pedido de aposentadoria voluntária, instruído com prova de ter cumprido os requisitos necessários à obtenção do direito, **poderá cessar o exercício da função pública**, nos termos do regulamento.

Por sua vez, prevê o artigo 16 do Decreto estadual 65.964/2021 que o termo inicial para contagem do prazo de 90 dias é a data do protocolo do pedido de aposentadoria voluntária no SIGEPREV, desde que o requerimento contenha a indicação da sua fundamentação legal e esteja instruído de acordo com o seu artigo 11:

> "**Artigo 11** – O PAS (processo de concessão de aposentadoria) será instruído com os documentos indicados em ato editado da SPPREV, considerando a situação funcional do servidor.
>
> **§ 1º** – Os documentos referidos no "caput" deste artigo serão incluídos no expediente por meio de cópias autenticadas pela unidade de origem, salvo nos casos em que sejam exigidos os documentos originais.
>
> **§ 2º** – Poderão ser requeridos pela unidade de recursos humanos ou pela SPPREV outros documentos que se fizerem necessários para comprovação do direito à aposentadoria, considerando a situação particular de cada servidor.
>
> **§ 3º** – Caberá à unidade de recursos humanos cientificar o servidor quanto a eventuais exigências decorrentes do disposto no § 2° deste artigo.
>
> **§ 4º** – A instrução deficitária do PAS acarretará sua devolução ao órgão de origem para adequação.
>
> **§ 5º** – O descumprimento reiterado das exigências relativas à instrução do PAS poderá implicar responsabilização funcional".

Antes da publicação do ato de deferimento do afastamento provisório o servidor poderá desistir do pedido de aposentadoria voluntária. No entanto, após publicado o ato de deferimento, o servidor não pode mais desistir do seu pedido de aposentadoria.

20

VEDAÇÃO DE INCORPORAÇÕES

Muitos entes federativos já tinham vedado, por meio de lei municipal ou estadual, a incorporação de vantagens financeiras em prol de servidores efetivos pelo exercício de cargos em comissão ou função de confiança.

A Emenda constitucional 103/2019 sacramentou a proibição em âmbito nacional e com aplicação imediata, ao alterar o artigo 39 da Constituição:

> EC 103/2019:"Art. 39. ....
>
> ....
>
> § 9º É vedada a incorporação de vantagens de caráter temporário ou vinculadas ao exercício de função de confiança ou de cargo em comissão à remuneração do cargo efetivo." (NR)

Preserva-se apenas o direito adquirido formado até a data da publicação da Emenda 103/2019:

> "Art. 13. Não se aplica o disposto no § 9º do art. 39 da Constituição Federal a parcelas remuneratórias decorrentes de incorporação de vantagens de caráter temporário ou vinculadas ao exercício de função de

> confiança ou de cargo em comissão efetivada até a data de entrada em vigor desta Emenda Constitucional".

Na reforma constitucional promovida pelo Estado de São Paulo foi reproduzida a proibição em comento:

> EMENDA CONSTITUCIONAL Nº 49, DE 6 DE MARÇO DE 2020
>
> *Publicada no Diário Oficial do Estado de 07.03.2020*
>
> "Artigo 1º – Os dispositivos adiante indicados da Constituição do Estado de São Paulo passam a vigorar com as seguintes alterações:
>
> "Artigo 115 ....
>
> ....
>
> II – O § 5º do artigo 124: "§ 5º – É vedada a incorporação de vantagens de caráter temporário ou vinculadas ao exercício de função de confiança ou de cargo em comissão à remuneração do cargo efetivo." (NR)
>
> Artigo 2º – **Fica revogado o artigo 133 da Constituição do Estado de São Paulo**, assegurada a concessão das incorporações que, na data da promulgação da Emenda Constitucional nº 103, de 12 de novembro de 2019, tenham cumprido os requisitos temporais e normativos previstos na legislação então vigente".

O artigo 133 da Constituição Estadual, atualmente revogado, previa que o servidor, com mais de cinco anos de efetivo exercício, que tenha exercido ou venha a exercer cargo ou função que lhe proporcione remuneração superior à do cargo de que seja titular, ou função para a qual foi admitido, incorporará um décimo dessa diferença, por ano, até o limite de dez.

Note-se que a Emenda Constitucional mencionada padece de um erro material no que tange ao marco temporal do direito adquirido, pois faz menção expressa ao dia 12/11/2019. No entanto, o marco correto é o dia 13/11/2019, data de publicação da Emenda Constitucional 103/2019.

O art. 33 da Lei Complementar estadual segue no mesmo sentido, determinando que as incorporações serão pagas para os servidores que tenham direito adquirido antes da EC 103/2019 a título de VPNI – Vantagem pessoal nominalmente identificada.

Outrossim, caso recebam vantagem de caráter temporário ou vinculada ao exercício de função de confiança ou de cargo em comissão, receberão apenas a diferença entre a VPNI e a remuneração da função:

> LC 1.354/2020:
>
> "Artigo 33 – As incorporações de vantagens de caráter temporário ou vinculadas ao exercício de função de confiança ou de cargo em comissão a que o servidor faça jus até a promulgação da Emenda à Constituição Federal n° 103 de 12 de novembro de 2019, serão pagas a título de vantagem pessoal nominalmente identificada.
>
> Parágrafo único – O servidor que adquirir a vantagem pessoal nominalmente identificada de que trata o "caput", que receba ou passe a receber vantagem de caráter temporário ou vinculada ao exercício de função de confiança ou de cargo em comissão, perceberá apenas a diferença entre essas parcelas, desde que o valor da vantagem pessoal seja o menor".

21

UNIDADE GESTORA ÚNICA

A existência de uma unidade gestora única já era prevista pela Emenda Constitucional 41/2003 e reforçada pela Emenda Constitucional 103/2019, que fixou prazo de 2 anos para sua criação. No entanto, o Estado de São Paulo já possuía unidade gestora única desde o ano de 2007, em função da criação pela Lei Complementar 1010/2007:

> **LEI COMPLEMENTAR Nº 1.010, DE 01 DE JUNHO DE 2007**
>
> *(Última atualização: Lei nº 17.293, de 15 de outubro de 2020)*
>
> *Dispõe sobre a criação da SÃO PAULO PREVIDÊNCIA – SPPREV, entidade gestora do Regime Próprio de Previdência dos Servidores Públicos – RPPS e do Regime Próprio de Previdência dos Militares do Estado de São Paulo – RPPM*
>
> Artigo 1º – Fica criada a **SÃO PAULO PREVIDÊNCIA – SPPREV**, entidade gestora única do Regime Próprio de Previdência dos Servidores Públicos titulares de cargos efetivos – RPPS e do Regime Próprio de Previdência dos Militares do Estado de São Paulo – RPPM, autarquia sob regime especial com sede e foro na cidade de São Paulo – SP e prazo de duração indeterminado.
>
> Parágrafo único – O regime especial, a que se refere o "caput", caracteriza-se por autonomia administrativa, financeira, patrimonial e de gestão de recursos humanos e autonomia nas suas decisões.

Artigo 2º – São segurados do RPPS e do RPPM do Estado de São Paulo, administrados pela SPPREV:

I – os titulares de cargos efetivos, assim considerados os servidores cujas atribuições, deveres e responsabilidades específicas estejam definidas em estatutos ou normas estatutárias e que tenham sido aprovados por meio de concurso público de provas ou de provas e títulos ou de provas de seleção equivalentes;
II – os membros da Polícia Militar do Estado, assim definidos nos termos do artigo 42 da Constituição Federal.

§ 1º – Aplicam-se as disposições constantes desta lei aos servidores titulares de cargos vitalícios, efetivos e militares, da Administração direta e indireta, da Assembléia Legislativa, do Tribunal de Contas do Estado e seus Conselheiros, das Universidades, do Poder Judiciário e seus membros, e do Ministério Público e seus membros, da Defensoria Pública e seus membros.

Artigo 3º – A SPPREV tem por finalidade administrar o Regime Próprio de Previdência dos Servidores Públicos titulares de cargos efetivos – RPPS e o Regime Próprio de Previdência dos Militares do Estado de São Paulo – RPPM, cabendo-lhe:

I – a administração, o gerenciamento e a operacionalização dos regimes;

II – a concessão, pagamento e manutenção dos benefícios assegurados pelos regimes;

III – a arrecadação e cobrança dos recursos e contribuições necessários ao custeio dos regimes;

IV – a gestão dos fundos e recursos arrecadados; e

V – a manutenção permanente do cadastro individualizado dos servidores públicos ativos e inativos, dos militares do serviço ativo, dos agregados ou licenciados, da reserva remunerada ou reformado, e respectivos dependentes, e dos pensionistas.

§ 1º – Na consecução de suas finalidades a SPPREV atuará com independência e imparcialidade, visando o interesse público, observados os princípios da legalidade, impessoalidade, publicidade, moralidade e eficiência.

§ 2º – O ato de concessão dos benefícios para o membro ou servidor do Poder Judiciário, da Assembléia Legislativa, do Tribunal de

Contas do Estado, do Ministério Público, da Defensoria Pública e das Universidades será assinado pelo chefe do respectivo Poder, entidade autônoma ou órgão autônomo, que o remeterá, em seguida, à SPPREV para formalização, pagamento e manutenção.

Assim, nota-se que a SPPREV foi criada apenas para manutenção dos benefícios, visando operacionalizar a formalização e pagamento, porquanto o ato de concessão do benefício continue a cargo do Poder Judiciário, da Assembleia Legislativa, do Tribunal de Contas do Estado, do Ministério Público, da Defensoria Pública e das Universidades.

Manter o ato de concessão sob a responsabilidade do próprio órgão concessor desvirtua o propósito da criação de uma unidade gestora única, posto que favorece a inexistência de uma uniformidade na interpretação da norma previdenciária.

Note-se que até o final de 2023 o SPPREV deve assumir a operacionalização das folhas de pagamento de aposentadorias do Judiciário, Legislativo, MP, Tribunal de Contas do Estado e Universidades:

DECRETO 65.964/2021

"Artigo 51 - Até 31 de dezembro de 2023, a SPPREV deverá assumir a operação das folhas de pagamentos das aposentadorias do Poder Judiciário, Ministério Público, Poder Legislativo, Tribunal de Contas do Estado e das Universidades".

A SPPREV só realiza diretamente a concessão de benefício de servidores do Executivo. Da decisão sobre a concessão da aposentadoria caberá recurso administrativo, no prazo de 15 dias.

De efeito, no âmbito do Poder Executivo, a decisão sobre o pedido de aposentadoria competirá à Diretoria de Benefícios Servidores Públicos – DBS, nos termos do Regimento Interno da Diretoria Executiva da SPPREV, cujo ato deverá constar do SIGEPREV e ser publicado no Diário Oficial do Estado.

Do indeferimento do pedido de aposentadoria caberá recurso administrativo no prazo de 15 (quinze) dias dirigido à DBS, que poderá reconsiderar o ato para deferir o benefício ou, mantendo a decisão, submeter a julgamento, nos termos do Regimento Interno da Diretoria Executiva da SPPREV.

Caberá à unidade de recursos humanos dar ciência ao servidor das decisões de indeferimento do pedido de aposentadoria.

Os processos da SPPREV tramitam em meio eletrônico, e seguem fluxos procedimentais próprios:

> DECRETO 65.964/2021:
>
> "Artigo 2º – Os procedimentos previstos no artigo 1º deste decreto tramitarão por sistema eletrônico integrado de gestão de benefícios previdenciários da São Paulo Previdência – SPPREV, denominado Sistema de Gestão Previdenciária – SIGEPREV, e utilizarão os seguintes fluxos eletrônicos:
>
> I – Validação de Tempo de Contribuição – VTC;
>
> II – Aposentadoria;
>
> III – Pensão por morte".

O Decreto 65.964/2021 também fixa um procedimento de convocação do servidor, caso a Validação de Tempo de Contribuição aponte a possibilidade de concessão voluntária do benefício. Isso possibilita, por exemplo, colher a manifestação de vontade do servidor quanto ao benefício mais vantajoso, quando esse faz jus a mais de uma regra de aposentação:

> DECRETO 65.964/2021
>
> "Artigo 19 – O servidor poderá ser convocado pela unidade de recursos humanos para: I – indicar o fundamento da aposentadoria, caso a VTC aponte a possibilidade de concessão voluntária do benefício;
>
> II – apresentar os documentos necessários à instrução do procedimento de aposentadoria".

O ato que conceder a aposentadoria indicará as regras constitucionais, permanentes ou de transição, aplicadas, o valor dos proventos e o regime a que ficará sujeita sua revisão ou atualização.

Cada Poder, órgão autônomo ou entidade fará as comunicações necessárias para que a SPPREV observe os direitos à integralidade e à paridade de remuneração, quando assegurados.

Fica **vedado à SPPREV** o desempenho das seguintes atividades:

1 – concessão de empréstimos de qualquer natureza, inclusive à União, aos Estados, ao Distrito Federal e aos Municípios, a entidades da Administração indireta e aos servidores públicos ativos e inativos, aos militares do serviço ativo, agregados ou licenciados, da reserva remunerada ou reformado, e aos pensionistas e demais empregados do Estado de São Paulo;

2 – celebrar convênios ou consórcios com outros Estados ou Municípios com o objetivo de pagamento de benefícios;

3 – aplicar recursos em títulos públicos, com exceção de títulos do Governo Federal;

4 – atuação nas demais áreas da seguridade social ou qualquer outra área não pertinente a sua precípua finalidade;

5 – atuar como instituição financeira, bem como prestar fiança, aval ou obrigar-se, em favor de terceiros, por qualquer outra forma.

A manutenção permanente do cadastro individualizado dos servidores públicos ativos e inativos, dos militares do serviço ativo, dos agregados ou licenciados, da reserva remunerada ou reformado, e respectivos dependentes, e dos pensionistas, dentre outras informações julgadas relevantes ou necessárias nos termos da legislação aplicável, conterá:

1 – nome e demais dados pessoais, inclusive dos dependentes;

2 – matrícula e outros dados funcionais;

3 – remuneração utilizada como base para as contribuições do servidor ou do militar a qualquer regime de previdência, mês a mês;

4 – valores mensais e acumulados da contribuição;

5 – valores mensais e acumulados da contribuição do ente federativo.

EDITORA JusPODIVM
www.editorajuspodivm.com.br

Impresso por:
Docuprint
CNPJ 01.036.332/0001-99

JUS3102